老城区住宅
适老化改造理论与对策

陈李波　李琴　著

The Theory and Countermeasures of
the Housing Suitable for Aging
in the Old Urban Area of Wuhan

武汉理工大学出版社

图书在版编目（CIP）数据

老城区住宅适老化改造理论与对策/陈李波，李琴著 . — 武汉 : 武汉理工大学出版社，2021.6
ISBN 978-7-5629-6402-5

Ⅰ . ①老… Ⅱ . ①陈… ②李… Ⅲ . ①旧城改造－研究－中国 Ⅳ . ① F299.23

中国版本图书馆 CIP 数据核字（2021）第 052051 号

项目负责人：杨　涛
责任编辑：刘　凯
责任校对：李正五
书籍设计：艺欣纸语
出版发行：武汉理工大学出版社
社　　　址：武汉市洪山区珞狮路 122 号
邮　　　编：430070
网　　　址：http://www.wutp.com.cn
经　　　销：各地新华书店
印　　　刷：武汉市金港彩印有限公司
开　　　本：880×1230　1/16
印　　　张：15.25
字　　　数：466 千字
版　　　次：2021 年 6 月第 1 版
印　　　次：2021 年 6 月第 1 次印刷
定　　　价：298.00 元

序

陈李波

2021年1月

　　我国已进入人口老龄化快速发展阶段，预计到2050年，我国将有三分之一的人口为老龄人口，届时全国将进入相对稳定的重度老龄化阶段[①]。因此，在当下城市老龄化的严峻背景下，积极推进城市老人宜居环境建设，开展城市既有住宅社区适老化改造，缓解城市老龄化带来的养老压力，急迫而又必要。国务院《"十三五"国家老龄事业发展和养老体系建设规划》便强调："老城区和已建成居住（小）区无养老服务设施或现有设施未达到规划要求的，通过购置、置换、租赁等方式建设。加强社区养老服务设施与社区综合服务设施的整合利用"。

　　中国现今养老模式有居家养老、社区养老与机构养老三种主流模式，具体到社区住宅适老化改造上，则以前两者为基础，在"居家养老模式的住宅空间适老化改造"与"社区养老模式下的社区环境适老化改造"这两个议题下展开研究。在住宅空间适老化改造的研究中，多以老年人生理特征为起点，从户型到家具，从空间尺度到过道宽度的各个细节提出老年住宅的设计方法[②]，并通过居住空间的细分，分别提出相应改造策略[③]，并对20世纪八九十年代老城区既有住宅进行实证研究[④,⑤]。而在社区环境适老化改造相关研究中，则多从老年人的心理行为特征出发，从公共空间[⑥,⑦]、景观

---

① 佚名.中国人口老龄化发展趋势预测研究报告（06-02-24）[J].中国妇运，2007（02）：15-18.

② 周燕珉，王富青."居家养老为主"模式下的老年住宅设计[J].现代城市研究，2011,26（10）：68-74.

③ 王羽贤.居家适老化改造研究[J].城市住宅，2019，26（05）：60-61.

④ 章鸿雁.上海、广州住宅适老化改造实践研究[J].中国房地产，2016（09）：3-8.

⑤ 周一凡.成都80—90年代多层住宅适老化改造研究——以青羊小区为例[D].成都：西南交通大学，2017.

⑥ 籍浩然，聂莹坤，张超.国家康居住宅示范工程的外部空间环境适老化改造——以大连·大有恬园为例[J].设计，2017（02）：139-141.

⑦ 王承华，李智伟.城市更新背景下的老旧小区更新改造实践与探索——以昆山市中华北村更新改造为例[J].现代城市研究，2019,34（11）：104-112.

设计[①]、健身器材[②]、服务设施[③]、资金筹措[④]与法规政策[⑤]等多方面，探索老旧住宅社区适老化改造策略。

事实上，无论是住宅内部适老化改造还是社区环境适老化改造，均应在尊重原居养老的前提下，充分利用家庭支持与社区资源，减轻养老机构不足带来的压力。两者在住宅社区适老化改造中本应齐头并进，不应厚此薄彼。但由于不同类型社区居室硬件、社区环境、周边医护与服务配套各有不同，相应的适老化改造策略也会有所侧重。如有些社区类型硬件条件较好，适老化改造可以社区环境适老化改造为主，住宅内部适老化改造为辅，而有些则恰好相反。有些社区甚至可以利用自身独特的区位优势，通过尝试打包租赁向准机构养老模式转变，有效应对养老机构"郊区化"[⑥]趋势。

有鉴于此，本书尝试以武汉老城区住宅社区为例，在住宅内部适老化改造与社区环境适老化改造相互整合的框架上，从社区类型的差异化视角入手，以调查研究为基础，以数理分析为工具，探索老城区住宅社区有针对性的适老化改造策略，以期对武汉乃至全国城市老城区既有社区适老化改造理论研究与实践工作提供有益参考与借鉴。

① 周翔宇，刘源，刘峰.功能需求导向下的旧社区景观适老化改造研究——以南京市锁金村街道为例[J].园林，2020（02）：60-66.

② 刘永强.中国社区健身设施的适老化[J].中国老年学杂志，2019，39（24）：6145-6149.

③ 程晓青，张华西，尹思谨.既有建筑适老化改造的社区实践——北京市大栅栏社区养老服务驿站营建启示[J].建筑学报，2018（08）：62-67.

④ 郭晓蓓.如何破解老旧小区改造的资金难题[N].中国建设报，2019-12-24（06）.

⑤ 丁魁礼，贺静.城市老旧小区适老化微更新的政策创新研究[J].广州大学学报：社会科学版，2020，19（01）：109-116.

⑥ 王月，葛龙，刘维，等."医养结合"养老模式发展现状及问题分析[J].中国医学伦理学，2019，32（01）：102-106.

本书基于2018年湖北省重大调研课题《武汉老城区适老化改造策略研究》（编号：LX201850）展开相关调查与研究工作，相关成果及其简报也报经湖北省政策研究室存档与推广。本调研倾注了项目调研组成员的辛勤工作与汗水，其中：陈剑宇、徐宇甦与杨涛同志参与研究报告和书籍的撰写工作，笔者指导的研究生与本科生马冰洁、吴赵朕、刘贵然、樊驰弘、肖毓、连佳莹、杨丽伟、庄喻露、米岚、朱文博、陈劭妤、刘晨瑶、裴舜哲、王旭焱、李雪岩、杨卿蓉、刘雪莹、杨琦、曹梦璐、梁润轩、潘珍妮、刘丰硕、何晓粤、姜辛等具体负责案例调查与实践工作。正是他们不辞辛苦为本书提供丰富珍贵的图片资料和详尽的调查数据，并参与制作大量文本，才使得本书案例添色不少。

最后要感谢我们所在的院系领导对本书出版的全力支持。还要感谢武汉理工大学出版社的编辑同志，他们的努力促成本书的出版，感谢对我们的支持与理解。在此，谨向上面所提及的所有人表示最衷心的感谢！

目录

第一章 武汉老城区住宅适老化改造的目标与方法

　　国务院《"十三五"国家老龄事业发展和养老体系建设规划》指出："十三五"时期是我国全面建成小康社会决胜阶段，也是我国老龄事业改革发展和养老体系建设的重要战略窗口期。规划中强调：健全居家为基础、社区为依托、机构为补充、医养相结合的养老服务体系。积极应对人口老龄化、自觉支持老龄事业发展，使敬老养老助老社会风尚更加浓厚，扎实推进安全绿色便利舒适的老年宜居环境建设。在实践操作层面，规划还指出："老城区和已建成居住（小）区无养老服务设施或现有设施未达到规划要求的，通过购置、置换、租赁等方式建设。加强社区养老服务设施与社区综合服务设施的整合利用。"武汉老城区住宅具有优越的地理区位环境与文教医疗条件，具备适老化改造的先天优势，同时借助适老化改造能在一定程度上维系城市肌理，保留城市的记忆与市民的情感。因此，结合国家层面上的建设规划指引，在武汉老城区中推进住宅的适老化改造，缓解城市老龄化带来的养老压力，并塑造老中青幼和谐共荣的城市宜居环境，势在必行，大有可为。

第一节　武汉城区老龄化现状与适老化挑战

　　根据《2017武汉统计年鉴》（图1.1），截至2017年底，武汉60岁以上的老人达到183.752万人，老龄化占比21.75%，武汉市各区全部进入老龄化，并且老龄化程度逐年加剧：有6个中心城区60岁以上老龄人口占辖区总人口比例均超过了20%。随着老龄人口的增加，老年群体的养老需求问题逐步凸显，养老社区的需求量逐渐增多，对于社区的养老质量、养老设施配置也会有更高的要求。然而老城区建筑密度较大，用地紧张，对于养老社区的新建条件较苛刻，老人的养老居住问题不能得到很好的解决，降低了老人晚年的生活质量，因此有必

图1.1　武汉市人口老龄化趋势折线图（万人）

（资料来源：《2017武汉统计年鉴》，中国统计出版社）

要通过老城区既有住宅，特别是近代开埠后兴建的武汉里分以及20世纪80年代前后建设的旧住宅小区（这两类住宅数量多，且户主人群已经步入或正在步入老龄化，住宅在设计之初多倾向于功能布局与空间分配等层面，而对人口格局变化与老龄社会所面对的问题尚缺乏深入研究）的适老化改造来缓解老龄化带来的养老压力。

值得注意的是，武汉老城区住宅，尤其是数量众多的近代里分以及20世纪80年代以来的居住小区，具有优越的地理区位优势，具有其他城市区域无法企及的医疗、教育与环境条件，这些使得老城区住宅具备适老化改造再利用的优势。与此同时，城市建设一味拆迁重建，不仅对城市肌理产生严重的破坏，也摧毁了城市建设特有的时间向度，戕害了市民的情感维系与城市记忆，这也成为促成老城区住宅适老化改造的条件之一。

有鉴于此，基于武汉地区老人居住需求实态调研，紧扣养老服务体系建设，试图为解决武汉地区居家养老模式下老人特定的居住需求问题，提出武汉老城区住宅适老化改造理论与对策，应具有很好的理论价值与实践意义。

第二节 老人特征分析与适老化改造的目标

随着老人年龄的增长，其生理特征、心理特征都明显发生了变化，如何依据老人特有的行为特征，在老人精神赡养的语境下，确定老城区适老化改造的目标，并落实到居住社区的环境细节，是武汉老城区适老化改造的要点，也是适老化改造的难点。

借鉴学者观点并结合马斯洛的"需求层次理论"，笔者将精神赡养需求的内容分为5个层次，即（1）安全保障需求；（2）情感与人际交往需求；（3）休闲娱乐需求；（4）学习与了解社会需求；（5）自我实现需求。为更好地了解老人精神赡养实际需求，笔者依据前期调研（2017年6—8月）的整理数据[1]并结合相关理论，梳理出老城区老人特征、适老化改造目标与对应社区环境改造要素[2]，如表1.1所示。

---

[1] 前期调查面向老人发放调查问卷100份，回收96份，回收率96.0%，内容涉及老人的安全保障情况、人际交往情况、业余活动情况、学习教育情况以及参与社会活动情况5个部分，相关数据详见附录附表1.1至附表1.4，附图1.1至附图1.5。

[2] 在社区环境改造要素中，居室环境涉及住宅内部，本不属于政府层面上适老化改造范畴。然而，在某些类型的小区中，可以通过政府引导，房地产/中介资金整体改造和打包租赁的方式进行居室环境的改造，并实现适老化居住改造和准养老设施建设的整合。此外，政府还可为居室环境的无障碍设施增设提供相应适老化资金补助，还可以提供相应居室环境改造范本供居民自行改造时参照，相关论述详见后续章节。

表1.1　老城区老人特征、适老化改造目标与对应社区环境改造要素

	老人生理、心理与行为特征	精神赡养语境下的适老化目标	对应社区环境因素
生理特征	1.感知功能的弱化 （1）听觉：对高频声音不敏感，听力减弱甚至出现耳聋，需要助听器辅助听觉； （2）视觉：视力聚焦力下降，视野变窄，光敏感度减弱，颜色识别力下降，出现白内障等眼疾； （3）触觉：皮肤感知能力变弱，不能及时发现温度变化与身体疼痛等，易造成潜在危险； （4）味觉与嗅觉：老人难以分辨各类有毒物质与有害气体，身体易受到伤害。 2.运动机能退化 （1）肌肉能力：弹性逐渐减弱，耐力及力量不如以前，无法长时间运动； （2）骨骼：有机物减少导致骨质疏松，一点小的磕碰就容易引发骨折； （3）关节退化：关节强度、韧性、灵活性和活动性下降，易出现风湿病、关节炎等症状。 3.神经系统衰退 （1）记忆力退化：健忘，注意力难以集中，学习能力也随之下降，严重还会引起阿尔茨海默病； （2）认知力退化：难以适应新环境与新事物，更愿意待在自己熟悉的环境中，不愿改变	安全保障需求 医疗保障需求成为老人安全保障需求的核心，即希望拥有安全的居住环境、稳定的收入以及能够保障健康的医疗环境。 （1）60~70岁的老人已进入中度老龄化状态，此时身体机能逐渐下降，对照顾的需求上升，保姆、儿女、兄弟姐妹照顾的形式开始出现。由于儿女长时间不在身边、自身心理压力等情况，老人容易产生孤独感。 （2）70~80岁，老人活动能力逐渐下降，只有通过更专业的医疗照顾才能帮助老人缓解病痛。80岁以上的部分老人生活已经不能自理，需要安排全方位的专业护理人员陪伴，并配备专业的医疗设备来保障老人晚年的生活质量	1.居室环境因素 （1）卧室 （2）卫生间 （3）餐厅 （4）阳台 （5）厨房 2.竖向交通因素 （1）电梯增设 （2）入户空间 （3）入口坡道 3.医疗护理环境 （1）医院 （2）基层卫生设施 （3）护理院 （4）护老院、养老院
心理特征	1.情感的变化 随着年龄增长，社会角色与经济地位变化，加之疾病增多与家庭环境改变，老人容易产生负面情绪。 （1）不安与焦虑：身体机能衰退导致的衰老感，以及对前景的不可预期，老人极易产生不安与焦虑情绪； （2）孤独与失落：退休后生活状态与生活习惯的改变，产生心理落差，引发对现状的失落感，加之子女不能经常陪伴，独居生活使老人孤独感、落寞感增强； （3）自卑感：记忆力与认知力减弱，学习力与适应力不如他人，极易产生社会无用感，引发自卑情绪； （4）抑郁感：因为身体衰老，疾病多发，配偶及亲友离世等，引发精神萎靡与悲伤感，并伴随失眠与厌食。 2.性格的变化 自我意识增强，表现为固执己见，接受新事物能力下降，除了年龄增长外，社会地位、智力、教育、健康变化都对老人性格有重要影响	情感与人际交往 渴望子女与亲人的亲情关爱，希望能建立朋友圈，增进代际交流。 （1）子女精神慰藉和亲情关怀是老人强烈的期盼和精神上的支柱。 （2）配偶的关心和爱护也是老人情感需求的一部分，伴侣之间的相随、相依、相助的默契感是子女的感情无法取代的。 （3）亲戚朋友之间的交流沟通、街坊邻居以及领导的关心问候等也是老人情感寄托的重要对象。 （4）积极交往能让老人有一个乐观向上的生活态度，同时建立一个稳定的社会朋友圈能够使老人获得精神的依靠和慰藉	1.小区环境因素 （1）个性休闲空间 （2）群聚社交空间 （3）硬件设施建设 2.商业购物环境 （1）菜市场 （2）超市 （3）书店 （4）餐饮店 （5）五金店
行为特征	1.聚集性 老人会因为共同的社会背景、兴趣爱好、价值取向、年龄层次、文化程度和健康状况等产生共鸣与聚集。进而在聚集活动中吸引更多人参与其中，拉近老人之间的距离，促进了他们的积极交往。 2.时域性 老人外出活动时域性强，一般在上午8点~10点，下午4点左右与晚上8点左右活动频繁。 3.地域性 因适应力减弱与恋旧心理，老人不轻易改变熟悉的场所，更愿到有老朋友且熟悉的区域	1.休闲娱乐需求 希望社区内多开展社区娱乐活动，培养兴趣，增进交集，丰富自己的晚年生活。活动多以"静"为主，文化娱乐是消磨时间的主要方式。 2.学习与了解社会需求 在当今社会，老人不仅能通过接受教育提高文化素质，与时俱进，还能满足自身的精神需求，丰富内心世界。 3.自我实现需求 人到老年希望能为社会继续贡献，让老人在力所能及的情况下从事相关活动，能够彻底实现社会角色转变，丰富晚年生活，获得精神满足，实现老有所为	1.子孙教育陪护环境 （1）幼儿园 （2）小学 （3）初中 （4）高中 2.生活服务环境 （1）老年服务中心 （2）物业管理 （3）居委会等 3.周边老年设施 （1）老年大学 （2）运动场馆

第三节　研究的预设观点和思路及方法

一、研究的预设观点

本研究整体基于以下3个预设观点，并通过随后的调研数据分析与实证研究加以论证与展开。

（一）预设观点一：原居养老意愿应予以尊重

尊重老人的原居养老意愿[①]，提出城市、建筑与人和谐共生的"老社区·老房子·老人家"理念，打造和谐社会、家园城市与情感建筑，并以此推进武汉老城区住宅适老化改造策略的制定与实施，并最终为建设老中青幼共荣共生的城市宜居环境样本而努力！

毋庸置疑，人对自己居住的房子是有感情的，特别是老城区旧住宅小区中居住的老人，房子和社区寄托了他们的工作情感与青春记忆——"故土难离"，因而他们更愿意留在原来的居住环境，并且有强烈的适老化改造意愿。尊重老人"故土难离"的行为特性，秉承市民"让我居住的家随着我一起，慢慢变老"的情感属性，充分利用地段区位医疗、文教与休闲优势，打造老人居住与服务体系，并与新建老年社区与市郊专门性养老服务机构构建起强有力的老人居住与服务体系整体。

（二）预设观点二：旧城改造当理性有序推进

提倡旧城改造当理性有序推进[②]，此处的理性具有空间与时间的双重含义。城市更新是城市发展的必然，老城区住宅拆迁改造不可避免，全盘无原则地保留老城区住宅不仅不现实，而且毫无意义。但现在关键问题在于：哪些类型的住宅社区必须完全保留，在进行适老化改造后实现品质提升，甚至开创准养老机构建设的模式，并为城市整体适老化环境提供硬件与软件的支撑？哪些类型的小区可在适老化改造中进行适当更新，为将来旧城改造提供时间与空间上的余地？又有哪些小区需要进行逐步拆除？这些便是老城区住宅适老化改造的时

[①] 据2018年6—8月调研问卷显示，老人原居养老意愿中"非常愿意"比例为63.8%，"一般愿意"为24.4%，考虑到适老化改造后，"一般愿意"极有可能转换为"非常愿意"，则老人原居养老意愿比例高达九成，这便是武汉老城区住宅适老化改造的意义和价值所在：尊重原居养老中"非常愿意"的人群，并极力促进"一般愿意"人群朝向"非常愿意"人群的转换。

[②] 陈李波.旧城改造当理性推进[N].长江日报，2006-4-17（专副刊）.

间向度问题，因此有必要对老城区住宅的类型进行全面梳理，分析适老化改造的优势与劣势，以及在城市适老化整体与和谐社会打造过程中的独特价值，抓大放小、优势整合，有所为有所不为，针对性地、有层次地、系统性地进行老城区住宅适老化改造。

（三）预设观点三：城市肌理与情感应该保留

每个城市都是有个性的生命有机体，在漫长的岁月中，城市被注入了思想、资本和感情。因此，除非是遭到不能恢复的破坏，放弃它重新再来是愚蠢的。同时老城区也是城市历史精华最为集中之地，市民情感维系最为长久、最为真挚的场所，如果完全无视家园中内在的文化价值、历史价值，只是简单地用经济利益来衡量土地的价值，只会让市民对城市的发展至少在情感上不予认同：铲土机瞬间就将家园昔日美好的记忆摧毁了，而异地拆迁则将家园的主人拽向遥远的城郊。

要在城区的改造中留下市民的情感记忆与城市的历史痕迹，要对代表着老城区的文化积淀与人文情怀的民居、古建、街道予以完整保护，这其中也包括这些老城区的旧住宅小区，他们的地理区位、文化教育、医疗休闲是适合建筑适老化改造的，并且对于维持老城区肌理、历史地段风貌，拯救城市记忆以及建设养老服务体系是有益的，在经济上是可行的，在情感维系上也是必要的。这些在情感上等同于历史建筑的老住宅，没有必要全部推倒重建。

二、研究的思路及方法

（一）小区类别的划分

不同小区类别之间差异性明显，针对性不同，启示与侧重点也不同。以小区类别为基准，比较差异，找到经验与教训，针对性地指导老城区住宅适老化改造策略的制定，并作为城市整体适老化环境的有机组成部分，优势互补，系统打造与整体提升武汉老城区老人宜居环境品质。鉴于此，按照老城区住宅小区类型以及自身特点不同，本研究按照四种类型进行调研分析（表1.2）。

表1.2　老城区住宅类型说明与适老化改造方式预判

		优势与劣势说明	适老化改造方式预判		相关说明
类型1：机关大院小区		1.区位优势明显； 2.住宅硬件设施比较齐备，适老化改造难度较低； 3.居住高知高干人群较多，适老化改造意愿强烈	依托适老化改造，提升老人居住品质，打造老城区适老化宜居环境，是老城区适老化改造的重点之一		1.历史地段夹缝小区调研对象为汉口里分住宅（调研时间为2017年6—8月），因住宅特点与新建高层夹缝小区类似，改造方式也大致相同，因此在后续论述中合并为类型3：高层（历史地段）夹缝小区； 2.老城区基础样本作为无差别调研样本，目的是将老城区作为整体，调研武汉老城区适老化改造的基础数据，形成类型1~3的对比样本； 3.调研重点小区包括：武汉理工大学马房山教师住宅；省委水果湖北环路小区、汉口里分、武昌石牌园小区、武昌水陆小区与首义小区等①
类型2：高校校内小区		1.依托学校，相关设施配套优越； 2.住宅硬件设施好，但建筑间距造成一定的采光通风弊端； 3.居住高知人群较多，老龄化严重，适老化改造意愿强烈			
类型3：高层（历史地段）夹缝小区	新建高层夹缝小区	1.居民拆迁意愿与地块开发劣势造成的两极分化，致使拆迁前景不明确	3.居住环境差、地块限制多、私搭乱建与滥租滥用，老龄化严重等都造成适老化改造难度最大	1.因产权问题与开发价值因素，建议引入房地产/中介资金整体改造和租赁	3.适老化改造后相关硬件设施可作为城市整体宜居环境的有利支撑，并完成准养老机构转换
	历史地段夹缝小区	2.优秀历史建筑居多，部分为省级（市级）文物保护单位，建筑艺术与文化价值高，是城市肌理、记忆与情感的有机组成		2.适老化的突破点在于功能置换与活化，并改善原有居住条件	
类型4：老城区基础样本		1.居住人群年龄与身体状况整体优于其他小区，但将来不可预期性强，对适老化改造的期望值也最大； 2.老城区基础样本适老化针对性策略，对于老城区老人居住品质的整体改善，具有普遍性与示范性	1.保留部分老旧社区，维系老城区城市肌理与情感记忆； 2.其他老旧小区在适度适老化改造提升居住品质的同时，为后续拆迁或渐进更新还建提供时间和空间		

① 调研小区具体有：

机关大院小区，包括省委水果湖北环路小区、张家湾小区、汉口市委大院、省纺织局宿舍、原宜昌汉办宿舍、空军四站厂宿舍；

高校校内小区，包括武汉理工大学马房山、武汉大学珞珈山、武汉工程大学武昌校区；

高层（历史地段）夹缝小区，包括汉口江汉村、上海村、坤厚里、汉润里、同兴里、泰兴里、兰陵村、中孚里、黄陂一里、黄陂二里、泰宁里、长康里、长安里、德安总里、新华里、辅仁里、三德里、首善里以及工大路石牌园小区等；

老城区基础样本，包括汉阳区桥西社区、碧溪苑、玫瑰新村，硚口区新华社区、仁寿社区、汉水新村、集贤里，江岸区高雄小区、交易四巷，江汉区天仁社区，青山区钢花新村，武昌区武泰闸小区、水陆小区、首义小区、解放路社区等。

调研时间：汉口里分为2017年6—8月，水陆小区与首义小区为2018年3—5月，其他均为2018年6—8月。

（二）调研方法与框架

本调查研究基本思路：以建筑测绘与实地走访为基础，辅以文献研究与数理统计，通过对武汉老城区住宅，尤其是近代里分建筑以及20世纪80年代建设的住宅小区适龄人群的实地调研与走访，掌握武汉老城区住宅老人居住现状第一手资料，并采用问卷调查与深入访谈的方式统计武汉老城区住宅适老化改造意愿，再整体上重点整理出适老化改造示范性样本1～9，以及各类型小区适老化改造重点关注因素，从而为武汉乃至全国住宅适老化规划与建筑设计提供数据支撑与策略参考。

调研方法主要包括：

（1）田野考察法

具体考察方法包括建筑测绘、问卷调查、参与式观察、深度访谈。通过对武汉市老城区住宅，尤其是近代里分建筑以及20世纪80年代建设的居住小区的现场考察，采用实地测绘和观察访谈的方式进行调研，随时记录观察得到的信息、图像、数据等。同时通过对小区物业管理等工作人员的访谈式交流，得到小区的建造时期、住户人数、普遍反映的问题等信息并获得住宅适老性现状数据。

（2）数理分析法

通过对调查结果的数理分析，得出具有客观性与操作性的结论与策略。具体到本项目，即对适老化改造意愿的资料数据，利用Yaahp 10.5、SPSS 23等相关数理分析软件进行数理分析，归纳出老城区住宅中适老化改造的规律与问题，并利用相关检验方法找出其中共性问题与突出环节，并针对性地提出适老化改造的措施与方法。

（3）比较分析法

该方法是指将有一定关联的现象、概念与因素，进行比较对照，判断异同、分析缘由，把握共同规律与特殊规律。具体而言，即广泛收集和查阅国内外有关老龄化背景下城市住房建设的各种文献资料，对其进行整理研究和比较分析，从中获得重要的观点和启示。

最终在调研数据分析、文献查阅与比较分析基础上，建立武汉老城区适老化改造的4级改造策略：结构性调整与改造策略、示范性样本改造策略、重点关注因素改造策略、优化调整因素改造策略，环环相扣、层层推进，系统建立武汉老城区住宅适老化改造体系，问卷设计见表1.3，具体技术路线见图1.2。

表1.3 老城区住宅适老化改造调查内容与分项

调研大项			调查次项	
住区整体因素 （描述性因素）			居住小区类别、居住时间、性别、身体状况、受教育程度、目前居住状态、居住面积与楼层、原居养老意愿、子女续住意愿、住房反向抵押熟悉程度、适老化改造资金筹措方式等	
小区内部 环境因素	居室环境因素		就寝、如厕、就餐、洗漱、烹饪、洗衣、室内晾晒的满意度与改造度	
	竖向交通因素		竖向交通整体满意度、入户坡道与增设电梯满意度与迫切度	
	小区环境因素	个性休闲空间	散步运动、静坐观察、个人兴趣、阅读、视听环境满意度与重要度	
		群聚社交空间	交谈、集体娱乐、老年活动中心满意度、重要度与便捷性	
		硬件设施建设	健身设施、室外铺地、居民存车与停车、垃圾收集、衣服晾晒、绿化环境、照明环境、排水环境重要度与改造急迫度	
	居民自身改造诉求		电梯增设、隔音窗安装、厕所改造、通风采光、公共楼道照明、入户空间、签约医生、老年呼叫系统改造的重要性与急迫性，适老化改造资金摊派比例等	
小区外部 环境因素	医疗护理环境		医护环境整体满意度与重要度；医院、门诊、卫生站、护理院、养老院托老院满意度与重要度	
	商业购物环境		商购环境整体满意度与重要度；超市、菜场、餐饮、中西药店、书店、五金便民店满意度与便捷性	
	子孙教育陪护环境		子孙教育陪护环境整体满意度与重要度；幼儿园、小学、中学、高中满意度与便捷性	
	社区服务环境	生活服务环境	金融邮电、老人服务中心、物业管理、水电气服务站的满意度、重要度与便捷性	
		行政管理氛围	居委会、治安联防站、街道办事处、市政管理机构、派出所的满意度、重要度与便捷性等	
	周边老年设施		老年大学、运动场馆满意度与便捷性	
其他数据			根据相关公式计算得出小区内外环境因素的改造度、相关度等数据（具体详见相关注释）	

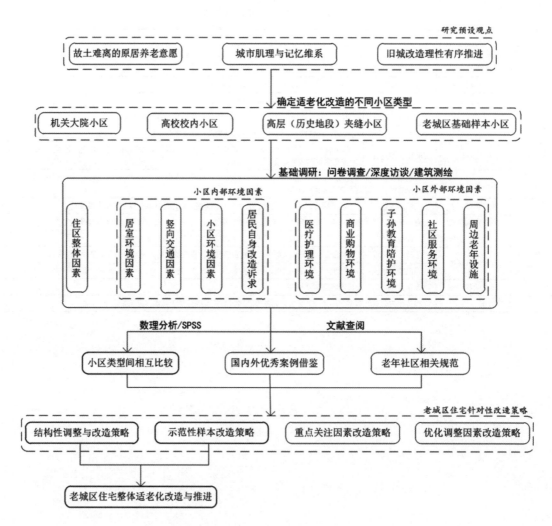

图1.2　老城区住宅适老化改造对策研究总体框架与技术路线图

第二章　武汉老城区住宅适老化调研数据分析与决策建议

为更好地印证上述预设观点，进而有针对性地进行老城区住宅适老化对策研究，本章在前期调研基础之上，于2018年6—8月，对4种类型小区进行重点调研与深入访谈，采集相关数据进行数理分析，其中：发放问卷调查280份[1]（其中网络问卷：问卷星35份），收回264份，有效调查问卷228份（占比81.4%），有效调查问卷均通过数理分析软件（IBM SPSS 23）进行信度与效度分析，具有统计学意义和实践参考价值。

本章第一节将使用专业数理分析软件（IBM SPSS 23）对调研结果进行统计与分析，并在第二节得出老城区住宅适老化改造中的结构性问题，并针对性地提出适老化改造的决策与建议，后续章节将按照小区类型分别进行实证研究，确定相应适老化改造导则与示例参考。

第一节　调研结果统计与分析

一、住区适老化改造整体因素分析

（一）居住小区类别与相关整体因素分析

按照居住小区类别，对相关因素进行数理分析[2]得出结论：因小区类别不同，受访者年龄、身体状况、受教育程度、居住面积、居住楼层、原居养老意愿间均存在显著差异[3]，而受访者性别、目前居住状态之间则不存在显著差异（$p=0.067$，0.332，均大于0.05）。为进一步考察小区类别在相关整体因素下具体差异，考察多重比较结果[4]，并结合均值发现：

---

[1] 调查采用问卷与深入访谈相结合的方式，问卷题量偏大，即便问卷调查份数较少，但仍能很好地反映受访住户的适老化改造需求。除调查问卷外，还采用多媒体手段，采集相关视频与音频资料（数据容量：约1.2T）。

[2] 本章所采用的数理分析方法，主要有单因素方差分析（One-Way ANOVA），非参数"K个独立样本检验"（Kruskal-Wallis H）以及交叉表卡方检验（Chi-Square Test），具体而言便是：对有序数字变量采用单因素方差分析，对名义变量按适用规则与数据特征采用非参数"K个独立样本检验"与交叉表卡方检验，下同。

[3] 显著性水平p值为0.05，若$p>0.05$，则表明原假设不具有显著性差异。大概率事件，两者间不存在显著性差异，此时的均值仍有高低之分，但在统计学上意义不大，下同。居住小区类别间，居住时间也存在显著性差异，但结合均值判断，均在3（20～30年）附近，多重比较并无意义，故略去此项。

[4] 详细分析数据与过程见附录，附表2.1至附表2.3。

（1）受访者年龄

其中老城区基础样本受访者年龄较其他类型而言偏年轻，时逢子女求学上班后离家外迁加之自己身体状况逐渐衰落，对未来发展更加不可预期，这些都带来了住宅适老化改造的不可预知性（图2.1）。

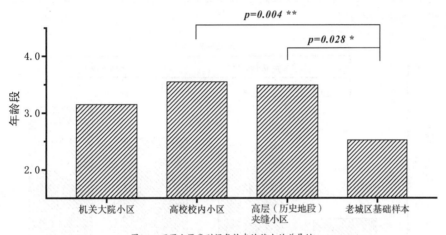

图2.1　不同小区类别间年龄在均值上的差异性

年龄段说明：2—60~64岁；3—65~69岁；4—70~74岁

（2）身体状况

很明显居住在高校校内小区的老人在身体状况上与老城区基础样本存在显著差异，高校校内小区居住的老人身体偏弱，这与高校校内小区居住人群职业性质有关（图2.2）。

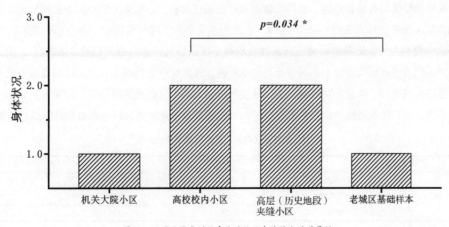

图2.2　不同小区类别间身体的状况在均值上的差异性

身体状况说明：1—身体健康且可照顾家人；2—能自理；3—半自理

（3）受教育程度

除机关大院小区（类型1）与老城区基础样本（类型4）间无显著性差异外，各类型间均存有显著性差异。对照均值发现，在受教育程度上，高校校内小区＞机关大院小区（老城区基础样本）＞高层（历史地段）夹缝小区。这与小区类型中居住人群的职业特征具有明显关系，至于受教育程度是否对适老化改造的需求带来影响，尚需后续深入论证（图2.3）。

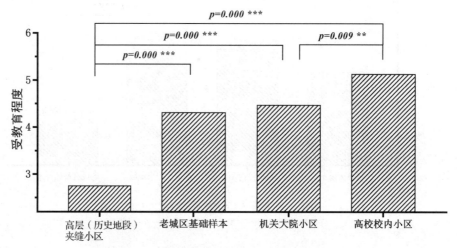

图2.3　不同小区类别间受教育程度在均值上的差异性
受教育程度说明：3—初中；4—中专或高中；5—大专；6—本科

（4）居住面积

除老城区基础样本（类型4）与高层（历史地段）夹缝小区（类型3）、高校校内小区（类型2）不存在显著差异外，其他类型间均有显著差异，对照均值可知，在居住面积上，机关大院小区＞高校校内小区＞老城区基础样本和高层（历史地段）夹缝小区（图2.4）。进一步采用相关性分析得知：居住小区类别与居住面积之间呈现显著的中度相关性，即某种程度上，居住面积是小区的识别符号与福利标签（表2.1）。由于机关大院和高校校内小区的居住面积明显优于后两者，巧妙地规避了适老化改造的难点，进而能够在政府层面顺畅地进行适老化改造与实践推进。那另外两种类型的小区呢？能纳入适老化改造的范畴吗？如果可行，如何改造与操作？如果不可行，适老化改造成效会不会大打折扣？这些都是适老化改造进程中不可绕开的痛点和挑战！

表2.1　居住小区类别与其他因素相关性分析①

肯德尔 tau_b		年龄	居住面积	居住楼层
居住小区类别	相关系数	−0.064	−0.428**	0.052
	显著性（双尾）	0.237	0.000	0.377
	个案数	228	195	190

---

① 灰色底纹区域表示通过了显著性水平检测，其中：*代表$p<0.05$；**代表$p<0.01$；***代表$p<0.001$，本书下同。

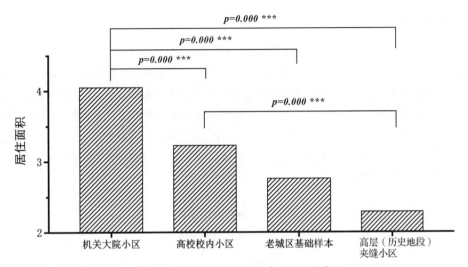

图2.4　不同小区类别间居住面积在均值上的差异性

居住面积说明：1—＜50m²；2—50m²≤S＜70m²；3—70m²≤S＜90m²；4—90m²≤S＜120m²

（5）居住楼层

老城区基础样本与其余三者在居住楼层上存在显著性差异，这与老城区分布范围及房改政策密切相关，就均值而言，老城区基础样本居住楼层明显偏高。而高校校内小区与高层（历史地段）夹缝小区[①]，由于建设年代明显偏早，低层楼房占据相当比例（图2.5）。

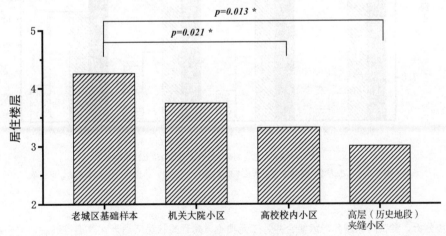

图2.5　不同小区类别间居住楼层在均值上的差异性

居住楼层说明：2—2F；3—3F；4—4F；5—5F

----

① 新建高层夹缝小区与历史地段夹缝小区（汉口近代里分）楼层上的相似性，也是将其合并为一种类型进行研究的前提之一。

（6）原居养老意愿

机关大院小区（类型1）与其他三者相比在原居养老意愿上存在显著性差异，其他类型间差异不明显，但均值都在40%以上，这便是适老化改造的可行性所在。在类型1中原居养老意愿明显偏高，且非常愿意原居养老的比例较大，因此在机关大院小区进行适老化改造提升老人宜居环境品质，可以作为老城区住宅适老化改造的范本之一。然而还应看到：实地调研中，其他3个类型住宅小区居民的原居养老意愿的"一般"选项明显偏高（25.0%、27.0%、42.9%），尤其是老城区基础样本，占比超过40%，恰恰是这部分人群最希望通过适老化改造来提升居住品质。相反不愿意原居养老的比例，整体不足两成，这正是老城区住宅适老化改造的必要性所在，尤其针对后两种类型（图2.6）。

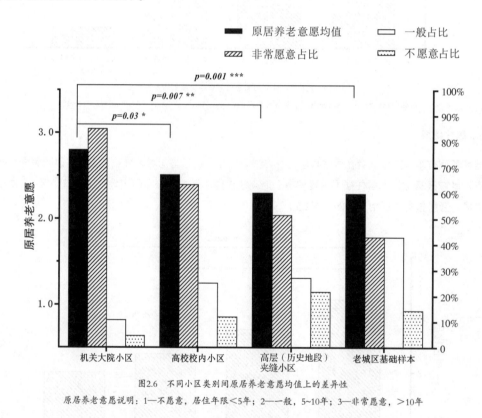

图2.6　不同小区类别间原居养老意愿均值上的差异性

原居养老意愿说明：1—不愿意，居住年限<5年；2——一般，5~10年；3—非常愿意，>10年

进一步分析，尝试将原居养老意愿合并为二元项（设想理想状态下适老化改造推进后，"一般"项可转变为"较为愿意"项，将其与"非常愿意"项合并为"愿意"项）后，原居养老意愿在不同类型间并无显著性差异，因此在老城区进行适老化改造应不分类别，全面铺开（表2.2）。

表2.2　交叉表——原居养老意愿（二元项）×居住小区类别

			居住小区类别				总计
			机关大院小区	高校校内小区	高层（历史地段）夹缝小区	老城区基础范本	
原居养老意愿（二元项）	不愿意	计数	3	9	8	6	26
		期望计数	7.8	8.9	4.4	4.9	26.0
	愿意	计数	63	67	29	36	195
		期望计数	58.2	67.1	32.6	37.1	195.0
总计		计数	66	76	37	42	221
		期望计数	66.0	76.0	37.0	42.0	221.0
卡方检验							
		值	自由度	渐进显著性（双侧）	精确显著性（双侧）	精确显著性（单侧）	点概率
皮尔逊卡方		7.034ª	3	0.071	0.072		
似然比		7.313	3	0.063	0.069		
费希尔精确检验		7.220			0.059		
线性关联		4.132ᵇ	1	0.042	0.043	0.028	0.010
有效个案数		221					

注：a. 2 个单元格 (25.0%) 的期望计数小于 5，最小期望计数为 4.35；b. 标准化统计为 −2.033。

综上，居住小区类型间存在着显著性差异[1]，这种差异造成老城区住宅适老化改造的差异性，因此对小区分类调研归纳共性问题，挖掘差异特征，发现经验与启示，汲取教训与不足，从而有针对性地制定相应适老化改造策略与推进方式，这便是本书的基本思路所在。

（二）原居养老意愿与相关整体因素分析

原居养老意愿是老城区住宅适老化改造的前提条件，所有适老化改造都是围绕着老人在原有社区继续居住与生活展开的，离开原居养老，老城区住宅适老化改造无从谈起。以原居养老意愿为因变量，对相关因素进行分析，发现其内在关联性，从而为适老化改造提供实践论证。

调研数据[2]的原居养老比例中，非常愿意比例超过六成（61.8%），值得注意的是"一般"选项是适老化改造的重点关注对象，若加上此项人群，则倾向原居养老的比例为85.5%，这便是适老化改造的急迫性所在，然而与之形成鲜明对照的是，子女续住意愿的调查数据却恰好相反（图2.7）：受访者约六成表示，子女不会继续在老房子里居住。这为这些老房子后续的使用提供了新的挑战：房子适老化改造后，除老人外，还有谁受益？既然子女不愿意在老房子继续居住，是否可以引入住房反向抵押来解决房子闲置和养老资金供应？但问题

① 事实上，除开整体因素的显著性差异外，居住小区类别间内部环境因素与外部配套因素也均具有显著性差异，这将在后续章节中专门进行详细论述。

② 相关数据见附录一，附表1.15至附表1.17。

的症结恰恰在于：对于住房反向抵押，半数以上（51.2%）的老人不了解，即便了解，约七成人群也明确表示反对，比较愿意仅占一成（11.4%）。那么，可否开创全新的思路，例如在政府主导下进行老城区老房子的功能活化，抑或是通过房地产或中介资金的介入进行整体改造与打包租赁，将适老化改造与准养老机构建设结合起来。这些都是摆在老城区住宅适老化改造中亟须突破的理论与实践问题。

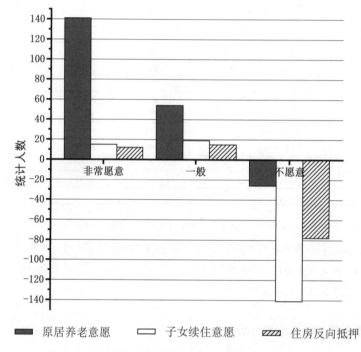

图2.7 居民原居养老意愿与子女续住意愿、住房反向抵押意愿柱状图

以原居养老意愿为因变量，对相关变量进行数理分析，得出结论：原居养老意愿与受访者年龄、居住面积、居住楼层存在显著性差异，而与受访者性别、受教育水平与身体状况不存在显著性差异。进一步观察相关性得知，所有因素均具有显著的相关性，且居住面积影响占据首要位置（表2.3）。

表2.3 原居养老意愿与其他因素相关性分析

肯德尔 tau_b		年龄	居住面积	居住楼层
原居养老意愿	相关系数	0.131*	0.188*	−0.149*
	显著性（双尾）	0.023	0.003	0.017
	个案数	221	191	187

为进一步考察原居养老意愿在相关整体因素下的具体差异，考察多重比较结果[①]，并结合均值可知：

---

① 详细分析数据与过程见附录二，附表2.7至附表 2.11。

（1）受访者年龄

老人随着年龄的逐渐增大，对家的依恋情结愈发明显，原居养老意愿倾向也更为积极，这是在武汉老城区推进适老化改造的前提所在。从分析数据可知，老人在75岁之后，对家的依恋陡增，而在60~74岁间呈现下降趋势，这体现出老人的矛盾与纠结，而在74岁之后，老人居住意愿直线上升，体现出其对家与生俱来的情感与依恋（图2.8）。

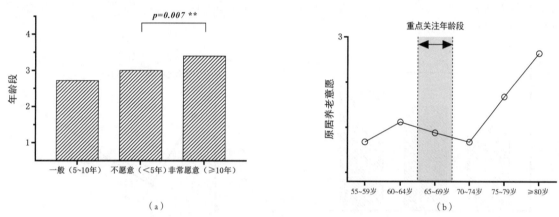

图2.8 原居养老意愿与年龄间的均值差异

　　图（a）年龄段说明：1—55~59岁，2—60~64岁，3—65~69岁，4—70~74岁；
　　图（b）原居养老意愿说明：1—不愿意，居住年限<5年；2—一般，5~10年；3—非常愿意，>10年

（2）居住时间

不同的居住时间，原居养老意愿存在显著性差异，尤其是在两个端头①之间，比较均值发现：居住时间越长，原居养老意愿越强烈，而在20~30年区间内，老人因为子女上学、工作外迁等扰动因素，认同度有所降低（图2.9）。

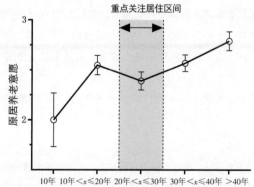

图2.9 原居养老意愿与居住时间之间的均值差异

　　原居养老意愿说明：1—不愿意，居住年限<5年；2—一般，5~10年；3—非常愿意，>10年

---

　　① 即≥40年，标准误最小；<10年，标准误最大。标准误代表调查群体数据均匀分布情况，标准误越小，数据越均匀，意愿倾向越一致。

（3）居住面积

不同居住面积的居民在原居养老两个极端意愿（"非常愿意"与"不愿意"）上存在着显著性差异，这表明适当的居住面积是保证原居养老的必要条件之一。进一步分析得出，50~70m²区间上，原居养老意愿呈现明显拐点，判定此区域为重点改造对象[①]；当居住面积<50m²，原居养老意愿反而强烈，这应与老人对周边环境的适应力有关，并因面积过小，适老化改造程度不显著，使居住的老人安于现状（图2.10）。对比之前的分析也可看到，机关大院小区与高校校内小区因为属于福利性质，居住面积均大于后两种类型，也造成前两者在原居养老意愿上的均值明显高于后两者。

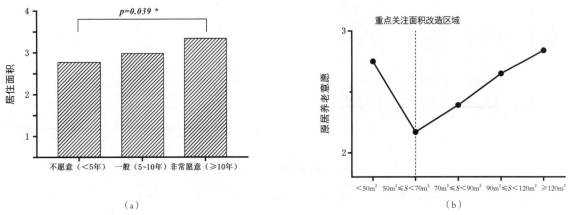

图2.10　原居养老意愿与居住面积间的均值差异

图（a）居住面积说明：1—<50m²；2—50m²≤S<70m²；3—70m²≤S<90m²；4—90m²≤S<120m²；5—≥120m²。

图（b）原居养老意愿说明：1—不愿意，居住年限<5年；2—一般，5~10年；3—非常愿意，>10年

（4）居住楼层

按常理分析，应是楼层高造成老人活动不便，依楼层由高到低在原居养老意愿上表现为"不愿意>一般>非常愿意"，实地调研中选择"一般"选项的楼层反而较选择"不愿意"的要多，且对应楼层均值>4楼，可见原居养老意愿中选择"一般"的受访者对楼层最为敏感，但具体改造楼层（拐点）定在3F还是4F上，则需要继续论证。

进一步分析，在楼层适老化改造上，去除1F样本调查样本[②]，进行数理分析（设置楼层分割点为4F）得出

---

① 居住面积是居室环境的重要指标，本应由住户自行解决，与政府层面的城区适老化改造无关。然而，50~70m²恰恰是高层（历史地段）夹缝小区中最为典型的户型，因此本研究通过功能混用与土地复合等手段尝试在政府主导下，引入房地产或中介资金，将适老化居室改造和准养老机构建设相结合，打造老城区住宅适老化改造的示范性样本，具体论述详后续章节。

② 按常理分析，一楼不存在楼层适老化改造（如增设电梯等）因素。

结论：4F为楼层适老化改造的临界层，以4F为界，3F及以下与4F及以上原居养老意愿具有显著性差异[1]（图2.11）。

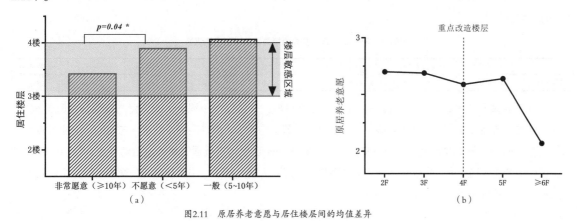

图2.11 原居养老意愿与居住楼层间的均值差异

图（b）原居养老意愿说明：1—不愿意，居住年限<5年；2—一般，5~10年；3—非常愿意，>10年

（5）小区内外部配套因素

原居养老意愿涉及的方面远不止年龄、受教育程度等问卷中涉及的整体描述因素，还包括居住环境、医疗护理等相关细节。事实上经过分析后得知，原居养老意愿与医疗护理、散步运动、个性空间、集体娱乐、子孙教育陪护、公共场所等因素均具有显著相关性（表2.4），这也意味着，适老化改造作为一个系统工程而言，应有针对性地全面改造小区生活环境，才能真正让老人愿意原居养老，安心原居养老，乐于原居养老！

表2.4 原居养老意愿与其他因素相关性

肯德尔系数	静坐观察	运动场馆	老年活动中心	公共场所	集体娱乐	治安联防	散步运动	个性空间	医疗护理
相关系数	0.217**	0.201**	0.170*	0.163*	0.157*	0.153*	0.144*	0.144*	0.143*
显著性（双尾）	0.001	0.005	0.014	0.022	0.020	0.047	0.028	0.025	0.029
个案数	180	158	165	157	174	139	185	181	185

二、居住区内部环境适老化改造因素分析

依据小区类别的不同，对相关因素进行数理分析，得出以下结论：小区类别不同，会造成上述因素存在显著性差异，这更加验证了对小区适老化改造必须依据小区类别针对性地制定改造策略[2]。

---

[1] 关于居住楼层相应的适老化改造分析，后续章将继续从竖向交通层面——电梯增设详细展开说明。
[2] 分析数据详见附录，附表2.12至附表 2.13。

同时，不同小区类别在视听、商购环境、初中、超市、垃圾收集点、消防站、老年大学、中西药店、居民存车处、公交始末站等的满意度上不存在显著性差异（表2.5），这应与城区内商业购物以及市政基础设施的均布性有明显关系。

表2.5　不存在显著性差异的相关因素满意度均值表

	视听	商购环境	初中	超市	垃圾收集点	老年大学	中西药店	居民存车处	公交始末站
满意度均值	4.10	3.51	3.77	3.56	3.67	3.67	3.94	3.05	3.81

整体考虑调研样本，进一步比较相关因素改造度得出：个性空间（视听）改造度与商购环境改造度＞3（理想状态改造临界值），且标准差偏大（整体改造意愿不均衡），个性空间（视听）与商购环境应是重点改造的因素。同时，超市改造度与垃圾收集点、居民存车处改造度也接近理想状态改造临界值，且标准差也偏大，说明适老化改造尚有一定优化调整空间。但是对于老年大学、初中、中西药店与公交始末站，市政基本布局已然完善，维持原状即可（图2.12）。

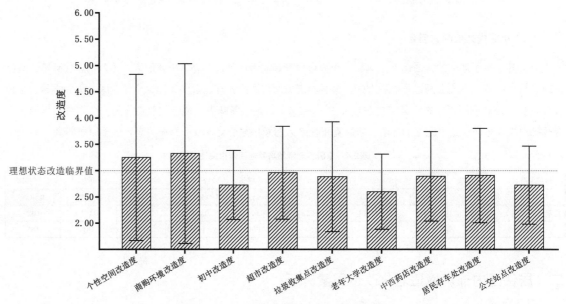

图2.12　不同小区类别相关因素改造度均值（含误差棒）

为进一步考察小区类别相关因素的具体差异，以下将从小区内部环境因素（居室环境、竖向交通与小区环境）与小区外部环境因素（医护环境、商购环境、子孙教育陪护环境、社区服务环境与周边老年设施）进一步对小区适老化改造各构成要素深入展开分析。

（一）居住环境满意度与改造度分析

对居室环境[①]因素进行事后多重比较[②]，并结合均值得知：高层（历史地段）夹缝小区与老城区基础样本的居室环境满意度层次较低，而高校校内小区与机关大院小区的居室环境满意度层次较高，均值全部＞4（比较满意），居室改造度上较前两者明显偏弱（图2.13）。

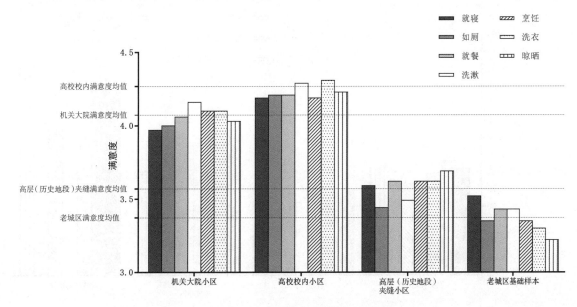

图2.13　不同小区类别居室环境满意度均值

进一步分析各类小区居室环境改造度[③]得出：居室改造度与居室满意度呈现反向关系，即高校校内小区＜机关大院小区＜高层（历史地段）夹缝小区＜老城区基础样本，其中高校校内小区居室改造度均低于3（理

---

①居室环境包括就寝、如厕、就餐、洗漱、烹饪、洗衣与晾晒环境，特指住宅内部硬件环境。

②详细分析数据与过程见附录，附表2.14。

③居室环境改造度＝居室环境非满意度×重要系数，居室环境改造度可以科学判定适老化改造的程度与紧迫性，即：越不满意又越重要的因素改造度越高。其中居室环境非满意度＝（6－居室环境满意度）；重要系数按照问卷中相应重要度确定。为更准确地反映重要系数的合理性，假定：重要度为"一般"（3分，见附录"调查问卷样表"）时，系数为1，重要度为"非常不重要"（1分）时，系数为0.5，重要度为"非常重要"（5分）时，系数为2，这之间的系数按照等比数列（a，ab，ab^2，ab^3，ab^4，ab^5）设置，其中a=0.5，b=sqrt（2），重要度为1、2、3、4、5分时，对应的重要系数为：0.5、0.7711、1、1.41421、2。假定当满意度为一般，且重要度也为一般时，相应值3为理想状态改造临界值，而涉及居室环境之外的环境因素，以便捷性代替重要度，类似认为：越不满意、越不便捷的，改造度越高，计算公式同前论述。

想状态改造度临界值），不存在需要特别改造的项目，但机关大院小区在卧室、如厕与室内晾晒上，仍有调节余地，这些因素可适当优化调整。对于后两类小区，居室环境则需要重点关注。尤其是卧室、如厕以及室内晾晒上，应在适老化改造中提出针对性策略[①]（图2.14）。

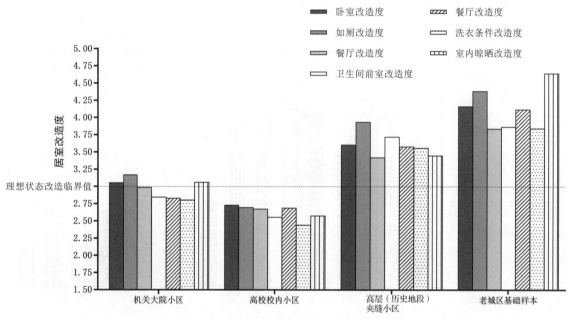

图2.14 不同小区类别居室环境改造度均值

（二）竖向交通满意度与改造度分析

竖向交通[②]满意度直接影响着老人的出行以及与社会接触的便捷性。在问卷调查中，竖向交通，尤其是电梯改造成为关注热点。对满意度、重要度进行数理分析得出结论：不同小区类型间，竖向交通的满意度与入户坡道的重要度均存在显著性差异，而在电梯增设因素上差异不显著，证明电梯增设是老城区改造中全体居民关心的核心议题[③]。

---

① 参见之前就居室面积是否纳入适老化改造范畴的相关注释。
② 竖向交通包括：入户空间、电梯、入户坡道这三个关键因素，简单而言就是老人方便出来、下得去。
③ 电梯增设牵涉面太广，即便是全体居民关心的核心问题，也只能在有限区域展开，在不适合增设电梯的住宅采用替代性选择方案，例如采用楼道电梯等。

结合事后多重比较与满意度、改造度均值[①]：竖向交通满意度上，高层（历史地段）夹缝小区与其他三者皆具有显著性差异，这是因为与其毗邻的高层小区中，电梯与入口无障碍坡道已成为常态，心理形成落差（会影响其对竖向交通的正确判断，造成评价略显消极），而在其他类型中，因老人居住时间较长，环境较为封闭，对竖向交通满意度尚为正面评价（图2.15）。

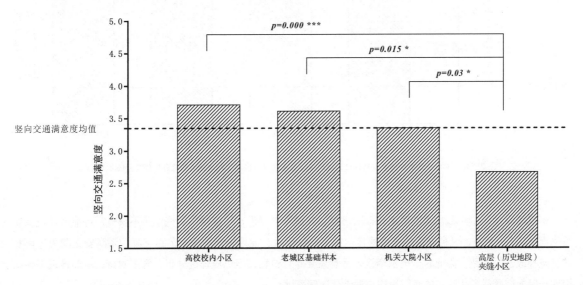

图2.15　不同小区类别竖向交通满意度均值

（1）增设电梯

不同小区类别在增设电梯上并无明显差异（均值＝3.89≈4，比较重要），进一步考察相关改造度：所有类型小区对电梯增设的改造度[②]远高于理想状态改造临界值3，接近理想状态改造临界值的2倍以上（图2.16）。这之间的明显差距，反映出电梯增设在老人改造意愿中，心理需求远大于实际需求（刚性需求）。因此在老城区住宅适老化改造中，我们不仅要满足老人的生理需要（刚性需求），更要重视老人的心理需求，在这个层面上，电梯增设在适老化改造中具有无法替代的示范作用和扩散效应[③]。

---

① 详细分析数据与过程见附录，附表2.12、附表2.15至附表2.17。

② 电梯增设改造度＝电梯增设重要性×迫切性系数，迫切性系数取值参照居室改造度相关公式。

③ 在实地调研与访谈中，老人对适老化改造的第一印象是：如何加装电梯？费用如何摊派？如何运营？

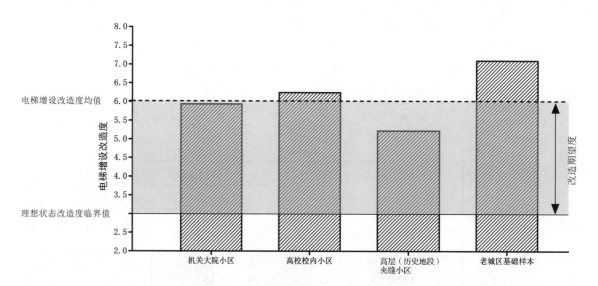

图2.16　不同小区类别的电梯增设改造度均值（灰色区域为理想状态改造临界值与均值差异区域）

电梯增设是一个实践性强的适老化改造进程。在调查中发现，一栋楼中居民意见不统一，可能造成电梯安装悬而未决[①]；此外，电梯安装的资金筹措、低层居民反对、通风采光与居室质量下降、消防安全隐患等都制约了电梯改造的实践。因此对于电梯增设，尽管重要并且迫切，但仍应理性分析、区别对待，从而推进电梯增设这一竖向交通适老化改造的实际操作与适老化政策落地。

首先要考虑的是居住楼层对电梯增设的影响，即到底增设电梯的临界楼层在哪一层最为经济合理？将原本居住一楼的居民调查数据剔除[②]，分析电梯改造中增设电梯迫切性的楼层临界点（增设电梯的最低楼层），得出结论：在4F增设电梯，在经济性和统计学上更具有意义，同时与原居养老意愿结论一致，也符合现行老人居住建筑相关法律规范[③]。

---

① 在调研问卷中，武汉理工大学马房山校区的受访者告知我们，即便是在学校出资的情况下，不同楼层的居民在加装方式上的意见不统一，造成住宅电梯增设一事拖延了十年，至今无法解决。

② 对于一楼居民而言，电梯增设不是适老化改造的加分项，甚至有可能是扣分项。增设电梯在适用上与之无关，因此分析时排除一楼居民调查数据带来的影响，从而使得数据分析更为合理。

③ 采用比较均值·独立样本T检验，当临界楼层点分别取3F、4F时，都通过显著性水平检测，处于分界点两侧的楼层在迫切性上具有明显差异，分割点为3F时样本数量偏少（样本数＝21），且≥3F样本中，迫切性＝4.08≈4，迫切性倾向不明显；反之，分割点选择4F时，迫切度均值＞4，而3F及以下均值≈3，证明分割点为4F，分析结论更为合理。详细数据分析与过程见附录，附表2.18至附表2.19。

　　因此，4F以下住户要求增设电梯的相关调研数据，应看作基于心理因素的需求，而4F以上的需求才是刚性需求，这也是4F在重要性、迫切性与改造度上均成为特殊拐点的原因所在。随后的摊派比例数据也进一步验证出这一点：4F居民更为渴求电梯改造，摊派比例也最高（图2.17）。

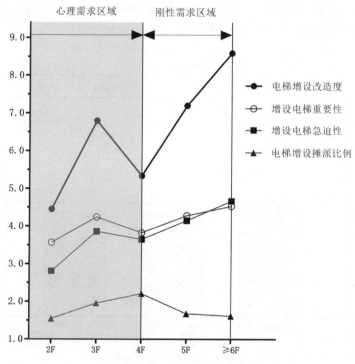

图2.17　楼层间电梯增设差异性波动线图

　　其次，我们还要注意增设电梯对原1F居民的影响（迫切度＝2.73，不迫切，摊派比例＝1.42，全额公共资金），在改造中要尽量减少对1F居民生活的负面影响，可考虑在政府主导下自上而下引导低层住户通过楼层置换以及增加部分使用面积（电梯入口平台，不计房产证面积）的方式协调解决。综上，针对小区类型的不同，尝试预判电梯增设的改造方式（表2.6），以便指导后续章节的论证深入。

表2.6　小区类别中电梯增设的预判与建议

预测与说明	小区类别			
	机关大院小区	高校校内小区	高层（历史地段）夹缝小区	老城区基础样本小区
基础条件	1.居室环境硬件优良；2.楼栋间距较为理想	1.居室环境硬件优良；2.楼栋间距不太理想	1.居室环境硬件不佳；2.楼栋间距不太理想	
改造预判	1.直接增设电梯；2.推进楼层置换消除低层住户不适	1.推荐楼道电梯建设；2.引导楼层置换消除低层住户不适	采用下居上租、代际互助等功能复合方式，避开增设难题	以楼道电梯建设为主，直接增设电梯为辅，两者相结合
相关说明	能在政府层面自上而下全面推行电梯增设	能在事业单位相关政策下解决资金投入	楼层均值在电梯增设临界值以下，可不设电梯	对确需保留且有增设余地的社区，增设电梯；其他则通过楼道电梯建设为后续拆迁提供时间与空间的余地

（2）入户坡道

老城区基础样本（4.0）与其他三者在入户坡道的重要性上均具有显著性差异，其他三者之间差异性不明显，且均接近3.0，感受性一般，究其原因，应与其基础设施陈旧、老化密切相关，进一步分析入口坡道改造度也验证这一点：除老城区基础样本以外，其他三者改造度均低于改造度均值，因此前者应重点加强入口坡道的适老化改造，而其他三者则进行调整优化即可满足要求（图2.18至图2.19）。

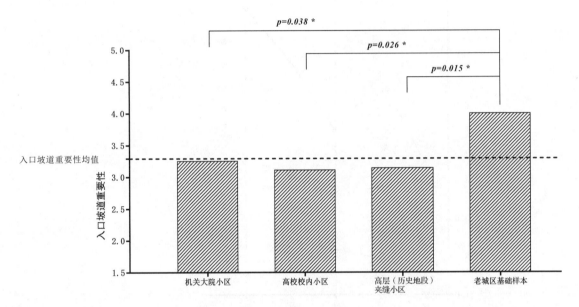

图2.18 不同小区类别入口坡道重要性均值

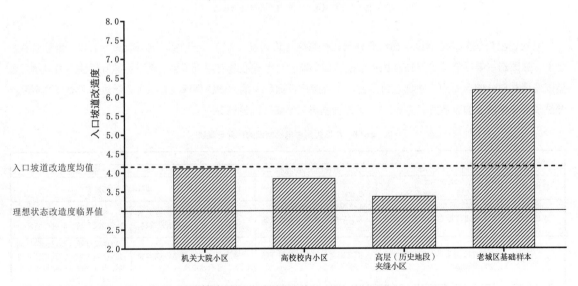

图2.19 不同小区类别入口坡道改造度均值

（3）入户空间

不同小区类别在入户空间的重要性与改造度上无明显差异，整体考察得知：各社区类型入户空间的重要性均在3左右（变化幅度在3.5～2.5之间），证明居民对其倾向性不明显，但在改造度上，各社区类型整体改造度与理想状态改造临界值（3）均有一定差距，这表明仍有部分居民具有调整和优化愿望（这在高校校内小区中尤为明显），可在适老化过程中适当优化调整（图2.20）。

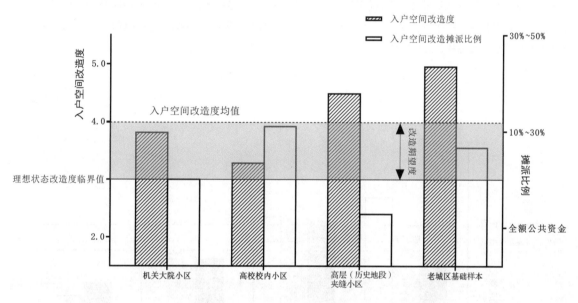

图2.20　不同小区类别入户空间改造度均值

（三）小区环境满意度与改造度分析

小区是老人活动的第一场所（表1.1），是政府主导下居住区适老性改造的主要实践场所，小区环境的好坏直接影响着老人对小区的认同与原居养老意愿的倾向，并且由于小区内环境属于公共区域，以政府主导的适老化改造更加容易实践铺开，产生立竿见影之效果[①]。

---

① 此调查问卷在设计之初，便重点关注相关选项设定，将小区环境因素选题占据问卷题量的1/4，并从个性休闲空间（散步运动、静坐观察、个人兴趣、阅读、视听）、群聚社交空间（交谈、集体娱乐、老年活动中心）、硬件设施建设（健身设施、室外铺地、居民存车与停车、垃圾收集、衣服晾晒、绿化环境、照明环境、排水环境）等方面，多方位、全维度地考察适老化改造中应关注的问题，从而为后续改造策略与措施的制定提供数据支撑。

（1）个性休闲空间

不同小区类型在个性休闲空间上存在显著性差异。对相关子项（散步运动、静坐观察、个人兴趣、阅读、视听）进行数理分析[1]得出结论，所有子项在不同小区类别间均具有显著性差异，继续进行事后多重比较，并结合均值[2]得出：在散步运动上，高校校内小区与机关大院小区、老城区基础样本之间存在着显著性差异，这与高校环境资源有密切关系；在静坐观察空间上，老城区基础样本与高校校内小区以及机关大院小区具有显著性差异，这也和小区建成环境与历史背景有关；在个性空间上，机关大院小区与老城区基础样本间存在显著性差异。结合均值判断：在个性休闲空间上，机关大院与高校校内小区属于满意度较高层级，老城区基础样本属于较低层级，理应重点关注（图2.21）。

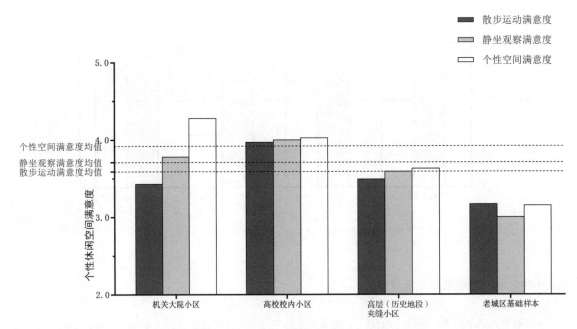

图2.21 不同小区类别个性休闲空间满意度均值

①需要说明的是：在调查问卷中，老人对个人兴趣、视听与阅读的个人理解分歧太大，普遍存在漏项，因此取三者的平均值定义为个性满意度，同样取三者改造度的均值作为个性空间改造度。为使均值更具代表性，取满意度平均值＝[Max（个人兴趣、视听、阅读）＋Min（个人兴趣、视听、阅读）]/2，改造度均值取值方式与之类似，公式同之前居室环境改造度。

②详细数据分析与过程见附录，附表2.20至附表2.22。

进一步分析改造度发现：散步运动空间在各类型小区中改造度最高。而在老城区基础样本中，个性空间相当重要，老人希望通过个性空间绽放个性，摆脱老城区社区均质化。适老化改造应该按照改造度次序进行，同时对小区相关的硬件设施建设，如室外铺地、绿化环境、照明环境、排水环境要协调、跟进（图2.22）。

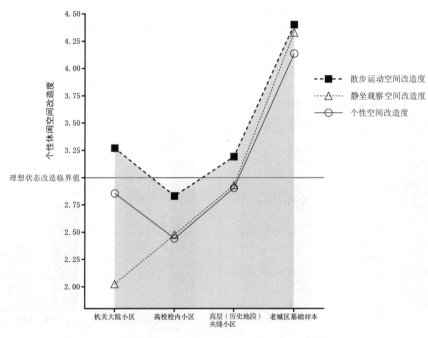

图2.22　不同小区类别个性休闲空间改造度折线图

（2）群聚社交空间

不同小区类型在群聚社交空间（交谈空间、集体娱乐空间、公共场所、老年活动中心）满意度上存在显著性差异，对相关子项进行数理分析[1]得出：不同小区类型间，群聚社交空间各子项均存在显著差异。其中在交谈满意度上，高校校内小区与老城区基础样本之间存在显著性差异（图2.23），结合均值考察：高校校内小区（3.91）大幅度高于老城区基础样本（3.17），而与机关大院小区（3.75）、高层（历史地段）夹缝小区（3.69）差别不大；而在集体娱乐空间满意度上，老城区基础样本与其他三者间差异显著，其余类别间差异不显著，结合均值判断：老城区基础样本（2.70）大幅度低于其他三者，后三者均值差别不大（3.65，3.98，3.56）；公共场所满意度上，老城区基础样本与机关大院小区、高校校内小区存在显著性差异，结合均值判

---

① 详细数据分析见附录，附表2.23至附表2.25。

断：机关大院小区（3.85）和高校校内小区（3.82）属于满意度较高层次，高层（历史地段）夹缝小区属于中间层次（3.43），而老城区基础样本属于较低层次（3.00）。因此老城区基础样本的公共场所适老化改造要借鉴前两者的经验。

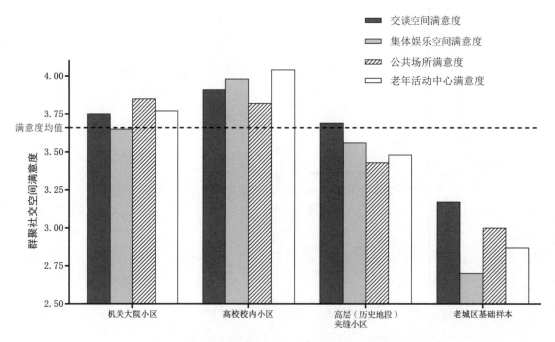

图2.23　不同小区类别群聚社交空间满意度均值

最后在老人活动中心满意度上，老城区基础样本与机关大院、高校校内小区差异明显，其他差距并不明显，结合均值得知：高校校内小区与机关大院小区满意度较高，高层（历史地段）夹缝小区与老城区基础样本满意度较低，均值分别为3.77、4.04、3.48、2.87，其中高层（历史地段）夹缝小区与老城区基础样本属于重点改造对象，尤其以老城区基础样本最为关键。

进一步考察改造度发现：在交谈空间、集体娱乐空间与公共场所方面，高校校内小区因为自身独特环境，居民改造倾向不显著；而机关大院小区、高层（历史地段）夹缝小区，也略高于理想状态改造临界值，可根据实际情况进行空间的调整与优化；对于老城区基础样本，其改造度指标与满意度指标明显对应，其交谈空间和集体娱乐空间的改造迫在眉睫（图2.24）。

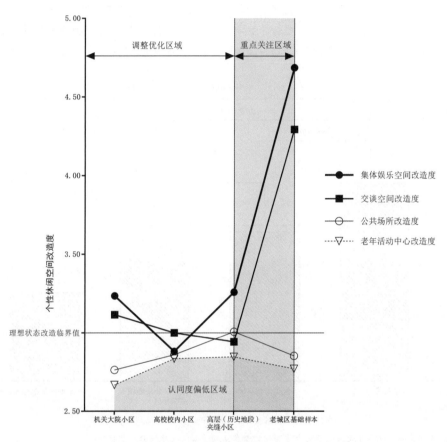

图2.24　不同小区类别群聚社交空间改造度折线图

　　此外，在改造度分析上还存在一个有趣的现象，即：尽管老年活动中心在高层（历史地段）夹缝小区和老城区基础样本中满意度偏低（分别为3.48、2.87），但居民对其改造意愿却不强烈[①]，这从侧面说明老年活动中心的适老化示范效应不明显，应该与之长期外租或功能滥用后，老人对其认同感不强烈有关。但这不意味着老年活动中心不重要，相反在后续适老化改造中，应该对其加强宣传，合理利用，均衡布局，充分发挥老年活动中心的独特价值。

---

　　① 事实上，就整体老城区调研样本而言，老年活动中心在群聚休闲空间各子项改造意愿中也是最低的，且远低于理想状态改造临界值。

此外，便捷性也会影响老人对老年活动中心的认同度与满意度。在对便捷性进行数理分析并进行事后多重比较[①]中得知：便捷性在不同小区类别中存在显著性差异，这与老人对老年活动中心的满意度明显对应，正是便捷性的影响，使得老人对活动中心不感兴趣，或许是老人根本不知道有老年活动中心的存在（图2.25）。

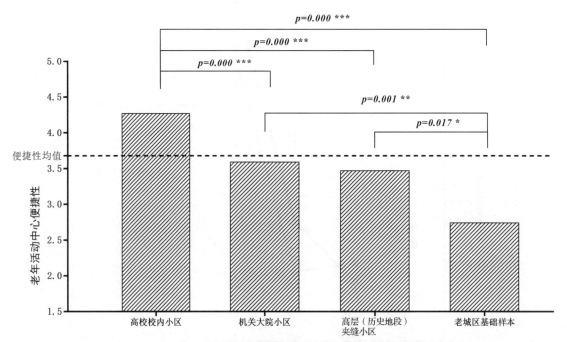

图2.25　不同小区类别老年活动中心便捷性均值

注：便捷性的均值差异，也部分验证了不同小区类别的老年活动中心满意度的分布状况。

相关性分析也证明老年活动中心的便捷性与满意度存在显著的强相关性（肯德尔系数＞0.7，表2.7），在考虑小区类别差异后，相关系数还会明显上升，更说明高层（历史地段）夹缝小区和老城区基础样本在便捷性上欲望更为迫切。因此在后续适老化改造中，应从便捷性入手，均衡布局，恢复完善老年活动中心功能，更好地发挥其适老化示范作用。

表2.7　老年活动中心满意度与便捷性相关性分析

肯德尔 tau_b		老年活动中心满意度	
		未引入控制变量	引入小区类别控制变量
老年活动中心便捷性	相关系数	0.707**	0.739（↑）
	显著性（双尾）	0.000	0.000
	个案数	169	166

①详细数据分析见附录，附表2.26至附表2.28。

（3）硬件设施建设

小区硬件设施包括健身设施、室外铺地、居民存车与停车、垃圾收集、衣服晾晒、绿化环境、照明环境、排水环境等。室外停车（机动车与非机动车）、垃圾收集点是小区最为直观的硬件因素，也是小区居民反应最为强烈的因素。首先对室外存车、停车与垃圾收集点进行数理分析[①]得出：这三者在小区类别间不存在显著性差异。其中垃圾收集点在小区类别之间不存在显著性差异，这应该是卫生环境基础设施均布性的结果，满意度整体均值为3.67，说明居民对其比较满意，适老化改造中可略去此项。

居民存车处满意度总体均值为3.05，居民停车场满意度均值为2.94，均表明居民满意度上稍显负面，这说明存车或停车（无论是机动车停车场还是非机动车存车处）是一个普遍性结构问题，也是居民最为关切的问题。进一步考察居民停车改造度，得出结论：改造度与满意度之间斜率异常明显，说明居民在停车硬件设施改造上的诉求十分强烈，并带有明显的主观因素（图2.26）。

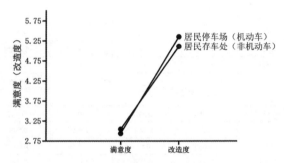

图2.26　居民存停车满意度与改造度的斜率图

此外，停车问题还是小区适老化改造中关键的扰动因素，导致小区人车混行现象突出，空气污染、噪声污染严重，从而对居民个性休闲与群聚社交行为带来负面影响，并且随着机动车保有量的逐月上升，这种负面影响有逐渐激化之倾向。

通过考察相关性得知：居民存车、停车（非机动车与机动车）与公共场所的相关系数在0.26～0.35之间，具有显著的中度相关关系，而与集体娱乐与散步运动的相关系数未超过0.22，具有显著的轻度相关关系，因此解决居民存车、停车问题对于优化公共场所、集体娱乐和散步运动有着积极作用，应该首要解决（表2.8）。

表2.8　居民存车、停车与小区环境其他因素间的相关性分析（肯德尔 tau_b 相关性系数）

满意度		散步运动	静坐观察	交谈	集体娱乐	老年活动中心	公共场所
居民存车处	相关系数	0.171**	0.111	0.138*	0.218**	0.151*	0.348**
	显著性（双尾）	0.009	0.091	0.039	0.001	0.025	0.000
居民停车场	相关系数	0.099	0.094	0.118	0.223**	0.025	0.260**
	显著性（双尾）	0.131	0.151	0.077	0.001	0.708	0.000

[①] 详细数据分析与过程见附录，附表2.29至附表2.31。

此外，对于居民诉求中的其他居住小区硬件设施，考察均值发现：各项因素改造度均在4以上，高于理想状态改造临界值，说明居民具有积极的改造欲望。但我们仍有必要对这些硬件的改造进行排序，从而便于适老化的有序实施和对经济方面的考量。通过相关性分析得知，室外铺地、活动广场、健身器材、绿化环境、照明环境以及无障碍设施的改造与居民在小区中的个性休闲空间、群聚社交空间具有明显关联。其中：活动广场改造对居民个性休闲空间和群聚社交空间贡献度最大，影响因素最宽泛，皮尔逊相关性（Pearson系数）最高值（绝对值）>0.3，具有明显中度相关性；其次是室外铺地的改造贡献度，皮尔逊相关性均值>0.2；再次是绿化环境，对散步运动和老年活动中心具有显著的中度相关性；其他如健身设施、照明环境等均与居民个性休闲空间与群聚社交空间产生或多或少的相关性（表2.9）。

表2.9　小区硬件设施与居民个性休闲空间、群聚社交空间子项的相关性分析

肯德尔 tau_b		散步运动满意度	静坐观察满意度	个性空间满意度	交谈满意度	集体娱乐满意度	老年活动中心满意度	公共场所满意度
室外铺地改造度	皮尔逊相关性	−0.183*	0.021	−0.122	−0.181*	−0.217**	−0.217**	0.048
	显著性（双尾）	0.023	0.795	0.129	0.025	0.007	0.008	0.559
活动广场改造度	皮尔逊相关性	−0.333**	−0.098	−0.078	−0.224**	−0.284**		−0.202*
	显著性（双尾）	0.000	0.232	0.342	0.006	0.001		0.015
健身器材改造度	皮尔逊相关性					−.0176*		−0.189*
	显著性（双尾）					0.030		0.022
绿化环境改造度	皮尔逊相关性	−0.170*	−0.158	0.012	−0.083	−0.045	−0.300**	−0.159
	显著性（双尾）	0.036	0.051	0.884	0.309	0.588	0.000	0.059
照明环境改造度	皮尔逊相关性	−0.156	−0.085	−0.011	−0.073	0.022	−0.195*	−0.045
	显著性（双尾）	0.052	0.288	0.896	0.369	0.792	0.016	0.588
排水环境改造度	皮尔逊相关性	−0.001	−0.060	−0.031	−0.044	0.001	−0.112	0.010
	显著性（双尾）	0.991	0.458	0.700	0.591	0.995	0.172	0.909
无障碍改造度	皮尔逊相关性	−0.100	−0.194*	−0.024	−0.088	−0.124	−0.011	−0.151
	显著性（双尾）	0.217	0.016	0.770	0.277	0.133	0.891	0.070

因此在适老化改造中，我们对于这些硬件设施，应依次着重处理活动广场、室外铺地与绿化环境的改造。这其中有个有趣的现象值得我们关注，即排水环境与居民生活满意度没有"相关性"，这应该是由于老人在天气不好的情况下较少出来运动，但也应在适老化改造中进行关注，毕竟这将影响到老人的健康与出行安全，我们应该未雨绸缪，预先考量。

三、居住区外部环境适老化改造因素分析

小区外部环境因素包括医护环境、商购环境、子孙教育陪护环境、社区服务环境与周边老年设施，以下对这5个层面分别展开论述。

（一）医护环境满意度与改造度分析

不同小区类型的医护环境之间具有显著性差异，对相应子项，即医院、门诊、卫生站、护理院、养老院托老所满意度进行数理分析[1]得出结论：在医院满意度上，机关大院小区、高校校内小区与老城区基础样本具有显著性差异，这与机关大院小区与高校校内小区的区位有着很大的关系；门诊满意度上，老城区基础样本与其他三者均存在显著性差异，其余类型间差异不显著，原因在于老城区基础设施，尤其是门诊设施存在一定的不均衡性，且公立诊所远没有其他三种类型的小区[2]完善；卫生站与护理院满意度上，高校校内小区与老城区基础样本间存在显著性差异，这与学校独特的内部资源（学校医院）密不可分，其余类型间差异不显著；养老院托老所满意度上，机关大院小区与高层（历史地段）夹缝小区与老城区基础样本间存在显著性差异，机关事业单位对职工尤其是离退休职工的相应福利决定了其养老院托老所水平较高。因此在适老化改造中，在医护环境上应该对高层（历史地段）夹缝小区与老城区基础样本进行整体升级（图2.27）。

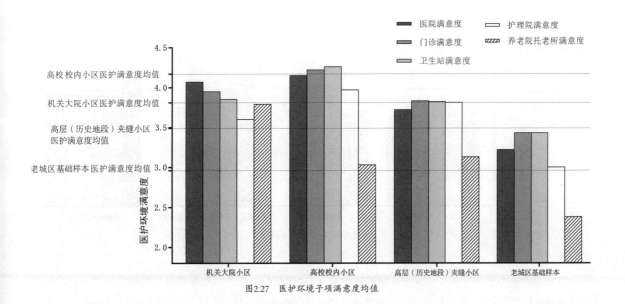

图2.27 医护环境子项满意度均值

---

① 改造度＝满意度×便捷系数，计算方式同居室环境改造度，详细分析数据与过程见附录，附表2.32至附表2.34。

② 高层（历史地段）夹缝小区，因为毗邻小区设施的完善，其门诊的短板相对得到了弥补。

深入分析相应改造度①：除高校校内小区医护环境改造度均值（2.93）基本等同于理想状态改造临界值（3）之外，其他类型小区的均高于理想状态改造临界值（图2.28），这是一个有趣的现象，说明医护环境即便整体上满意，然而老人仍然认为医护环境的改造至关重要，这应该是心理需求和对未来不可预期的顾虑导致的。针对分析发现，高校校内小区因为受访者对养老院托老所具有先天的排斥心理，应在后续工作中以宣传为主，打消老人顾虑，并适当引入养老地产概念；在机关大院小区中，卫生福利比较优越，但基层卫生设施尚有优化调整之空间；对于另外两类小区而言，重中之重是调整优化基层卫生设施布局，尤其是公立医院附属门诊布局，并对就诊的交通条件进行针对性改造②。

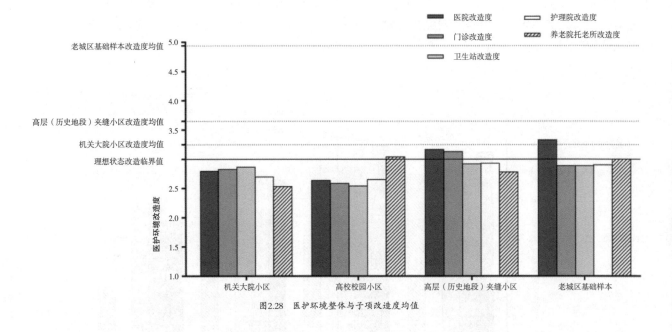

图2.28 医护环境整体与子项改造度均值

进一步考察不同小区类型在医护环境整体满意度③上的差异，力求找到影响其的关键性因素。经过多重比较并结合均值④得知：高校校内小区、机关大院小区医护整体水平较高，而老城区基础样本医护整体水平较低。尝试进行双变量相关性分析得出：与医护环境整体满意度呈现中度相关关系的依次为护理院（接近强相关

---

① 详细分析数据与过程见附录，附表2.35。
② 本文将在第四章医护环境改造策略中通过"绿色就诊通道"详细论述医院交通条件的适老化改造议题。
③ 医护环境满意度的子项包括医院满意度、门诊满意度、卫生站满意度、护理院满意度、养老院托老所满意度。
④ 详细分析数据与过程见附录，附表2.36至附表2.38。

性，0.5~0.7），医院与基层卫生设施（门诊、卫生站）[1]。单从满意度整体与局部之间相关性得出：护理院、医院和基层卫生设施是改造关注的主要方面。

　　进一步考察改造度相关性得出：与医护环境整体改造度具有显著相关关系的依次是医院、门诊与护理院，而养老院托老所与整体无显著性关系。这与不同的小区类别无关（引入控制变量小区类别后进行的偏相关分析中相关性影响不显著）。因此适老化改造的关键是护理院、医院和门诊的优化布局，尤其是基层卫生设施的改造（表2.10，图2.29）。

表2.10　医护环境满意度、改造度整体与子项之间相关性

满意度整体与子项之间相关性							
			医院满意度	门诊满意度	卫生站满意度	护理院满意度	养老院托老所满意度
肯德尔 tau_b	医护环境整体满意度	相关系数	0.383**	0.373**	0.368**	0.465**	0.293**
		显著性（双尾）	0.000	0.000	0.000	0.000	0.000
		个案数	166	159	154	135	133
	改造度整体与子项之间相关性（合并门诊与卫生站）						
			医院改造度	基层卫生设施改造度	护理院改造度	养老院托老所改造度	
	医护环境整体改造度	相关系数	0.219**	0.237**	0.175*	0.069	
		显著性（双尾）	0.001	0.000	0.011	0.311	
		个案数	160	157	129	128	

① 在调查问卷中，受访对象对门诊与卫生站无法明确区分，从上述相关性可看到整体与门诊和卫生站的相关性基本一致；并且在调查问卷中，对门诊和卫生站这两项，漏项问题较为普遍，为更加真实地反映问卷结果，克服漏项带来的统计失误，故将其视作基层卫生设施整体考虑，重新计算变量：基层卫生机构满意度（便捷性、改造度）=0.5×[Max（门诊，卫生站）+Min（门诊，卫生站）]。再次分析医护环境整体满意度与相关因素的相关性得出，基层卫生设施满意度略有降低，但仍是中度相关关系，证明消除漏项后的统计分析结果更加合理。

表2.1脚注　基层卫生设施满意度与医护环境整体满意度之间的相关性分析

肯德尔 tau_b		医院满意度	基层卫生设施满意度	护理院满意度	养老院托老所满意度
医疗护理满意度	相关系数	0.383**	0.351**	0.465**	0.293**
	显著性（双尾）	0.000	0.000	0.000	0.000
	个案数	166	163	135	133

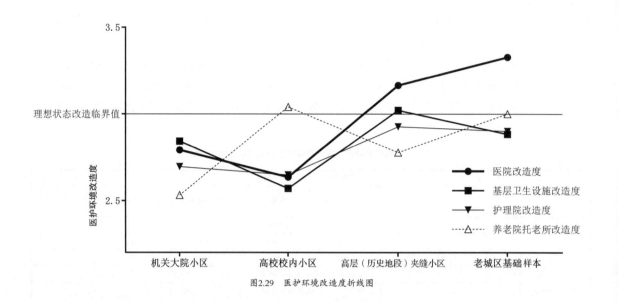

图2.29 医护环境改造度折线图

存在一个有趣现象，即尽管医护环境对于原居养老意愿倾向具有显著相关性（肯德尔系数＝0.143），但居民改造意愿并不明显，这与老人对外界改造中的控制性不强有关。鉴于此，老城区基础样本与高层（历史地段）夹缝小区在基层卫生设施、医院与护理院上应下足工夫。综上分析得出适老化改造中医护环境适老化改造的要点，见表2.11。

表2.11 适老化改造中医护环境改造要点

		医院	基层卫生设施	护理院	养老院托老所
机关大院小区	改造要点	△	○	△	△
	具体策略		适当增加基层卫生设施布点		
高校校内小区	改造要点	△	△	△	○
	具体策略				加强宣传
高层（历史地段）夹缝小区	改造要点	●	●	●	△
	具体策略	优化交通*；绿色就诊通道	重点优化基础卫生设施、护理院布局		
老城区基础样本	改造要点	●	○	●	●
	具体策略	优化交通*；绿色就诊通道	适当增加基础设施布点*	增加护理院、养老所布点*	

注：●—重点改造，○—调整优化，△—维持现状。*这是高层（历史地段）夹缝小区改造方向与目标，也是实现老人对城区医护环境心理诉求的方式之一。详细内容见"第三章 高层（历史地段）夹缝小区适老化改造策略"。

（二）商购环境满意度与改造度分析

居住小区商购环境主要包括超市、菜场、餐饮店、中西药店、书店、五金便民店，中西药店前文已经论述过，各小区类别之间无显著性差异，且满意度均值较高（3.94），维持现状即可。之前已经论述，商购满意度各小区类别间不存在显著性差异，但均值为3.51，仍有提升空间（比较满意值＝4），然而在不同类别中，商购环境子项还是存在显著性差异，因此需要针对性地对子项进行改造或优化，提升小区商购环境适老化品质。

对商购环境子项进行数理分析[①]得出结论：各小区类别间超市不存在显著性差异，这与超市的综合布局和均衡布局有显著关系。超市满意度整体均值3.56≈4（比较满意），居民对小区超市的满意度还比较高，适老化改造可结合实际情况维持现状或稍微引导即可。然而其他因素在不同小区类别中具有显著性差异，尤其是书店和菜市场需要我们关注（图2.30）。不同类型小区之间，菜市场、书店与五金便民店满意度均存在显著性差异，其中：

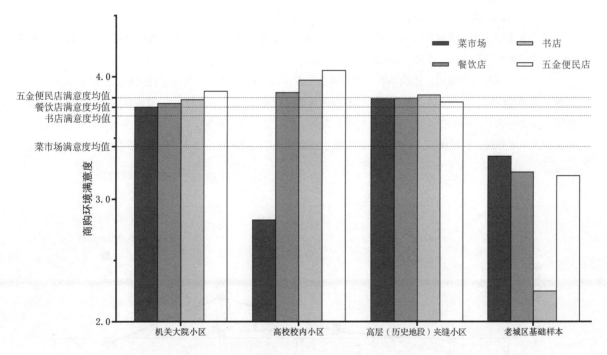

图2.30　商购环境各子项满意度均值

---

① 详细分析过程与数据见附录，附表2.39至附表2.40。

（1）菜市场

高校校内小区与机关大院小区和高层（历史地段）夹缝小区之间具有显著性差异，其他类别之间差异不显著，高校校内小区菜市场满意度均值整体水平明显低于其他三者，究其原因是高校校内小区较为封闭，与外界交通较为不便，老人买菜不便利，应该重点改造，其次是在老城区基础样本中，尽管与其他三者差异性不明显，但是整体满意度偏低，低于菜市场满意度均值（3.43），也应该在适老化改造中进行关注。

（2）餐饮店

高校校内小区与老城区基础样本之间具有显著性差异，这与高校校内具有自身食堂以及多样化的餐饮设施密不可分，相对而言，老城区中，尽管餐饮店众多，但是适合于老人的餐饮设施明显不足，这是高校与机关的优势所在，也是老城区建设老人专有食堂（老年食堂）的意义所在。

（3）书店

老城区书店设施不足，尤其是为老人开设的书店，高校和机关小区在这方面有着独特的优势。

至于五金便民店，老城区同样存在短板，但是由于在调研过程中，老人无法很好地区分五金便民店和超市，造成样本数量偏少，此项仅作为老城区住宅适老化改造的参考因素。

进一步分析改造度可知，商购环境子项整体改造度（＜3.5）并不高，希望维持现状，因此商购环境改造的重点是调整优化。但在小区类型上，仍然有些因素值得注意（图2.31）。其中：高校校内小区关注菜市场与餐饮店（这与调研时间放在暑假，高校食堂不开有关）的改造，而在高层（历史地段）夹缝小区则应继续优化相关商购环境布局，在老城区，则应关注老年食堂的建设问题。菜市场改造是不同类型小区共同关注的问题。

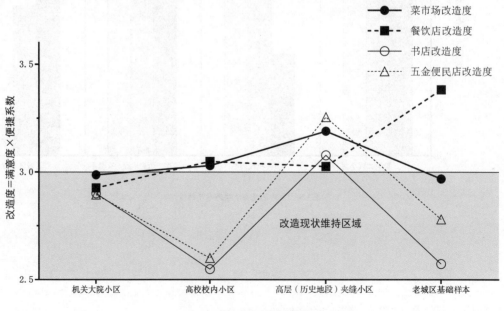

图2.31　商购子项改造度折线图

（三）子孙教育陪护环境满意度与改造度分析

陪护小孩上学、参加学习与娱乐是老人享受天伦之乐，继续发挥余热的基础，是和谐社区建设的关键因素之一，也是武汉老城区中"老社区·老房子·老人家"中老中青幼共居共荣的活力源泉，在适老化改造中需要重视。其中子孙教育陪护环境包括幼儿园、小学、初中、高中，下面对其满意度与便捷性依照小区类别的不同进行针对性分析。经分析可知：不同类型小区在子孙教育陪护环境满意度上存在显著性差异。对不同小区类型下子孙教育陪护环境各子项（幼儿园、小学、初中、高中）满意度[①]进行数理分析得出结论（图2.32）：

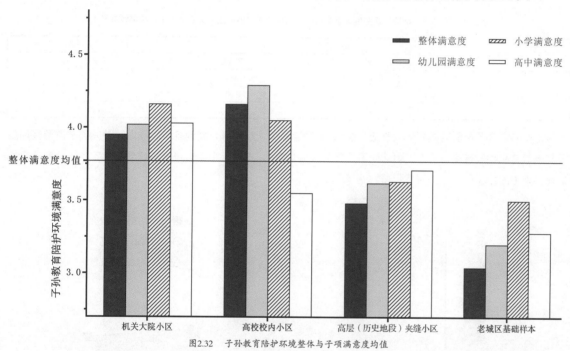

图2.32　子孙教育陪护环境整体与子项满意度均值

（1）初中

不同小区类别间初中满意度不具有显著性差异，结合之前分析，初中维持现状即可，适老化改造中无须涉及。

（2）幼儿园、小学、高中

这三者均通过显著性检测，不同小区类别间存在显著性差异，具体而言，机关大院小区、高校校内小区与老城区基础样本具有显著性差异，这与机关大院小区与高校校内小区优秀的教育资源，尤其是幼儿园、小学等

---

① 详细分析过程与数据见附录，附表2.42至附表2.44。

教育附属设施密不可分。

　　教育资源布局涉及面太广，只能按照小区的能及范围考虑，尝试对幼儿园、小学、高中的满意度和便捷性进行相关性分析（表2.12），得出结论：子项满意度和便捷性从大到小依次为幼儿园便捷性（0.505）＞小学便捷性（0.483）＞小学满意度（0.462）＞幼儿园满意度（0.447）＞高中满意度（0.389）＞高中便捷性（0.353）。其中幼儿园便捷性在0.5～0.7之间，说明子孙教育陪护中，幼儿园便捷性的影响力最大，应在适老化改造中密切关注，而小学便捷性与满意度相关性在0.3～0.5之间，属于中度相关性，可在经济情况允许范围内调整优化。

表2.12　子孙教育陪护环境整体满意度与子项满意度之间相关性（肯德尔 tau_b 相关性系数）

肯德尔 tau_b		幼儿园		小学		高中	
		便捷性	满意度	便捷性	满意度	便捷性	满意度
接送小孩满意度	相关系数	0.505**	0.447**	0.483**	0.462**	0.353**	0.389**
	显著性（双尾）	0.000	0.000	0.000	0.000	0.000	0.000
	个案数	133	127	133	127	125	119

　　进一步考察子孙教育陪护环境改造意愿[1]，发现除机关大院小区，其他各类别小区，幼儿园的改造度均高于其他教育机构改造度，再次证明幼儿园是首要改造对象[2]，这也是小区自身能够控制与决定的子孙教育陪护环境因素（图2.33）。

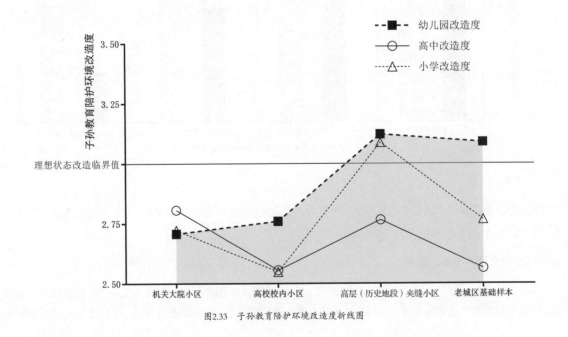

图2.33　子孙教育陪护环境改造度折线图

①详细数据见附录，附表2.45。
②这也符合常理，照顾孙子辈上幼儿园，是中国大多数老人日常生活中的一部分。

（四）社区服务环境的满意度与改造度分析

社区服务环境作为老年社区的软件配置，影响着老人对社区的归属感，是实现和谐社区的重要指标。社区服务是老人与其他年龄层次的人互动交流的途径之一。小区类别不同，社区服务环境也会有差异，下面对社区服务环境，即生活服务环境（金融邮电、老人服务中心、物业管理、水电气服务站）与行政管理氛围（居委会、治安联防站、街道办事处、市政管理机构、派出所）进行相关分析。

（1）生活服务环境

对相关子项进行数理分析[①]得出结论（图2.34）：在金融邮电满意度上，尽管高校校内小区与高层（历史地段）夹缝小区、老城区基础样本之间存在显著性差异，高校校内小区（机关大院小区）＞高层（历史地段）夹缝小区（老城区基础样本），然而整体满意度均在3.70以上，说明金融邮电布点尚属均衡，对老人服务较为全面细心，在适老化改造中可以略去此项。

在老人服务中心满意度上，老城区基础样本与其余三者具有显著性差异，对照均值发现，老城区基础样本中老人服务中心满意度远低于其余三者，满意度倾向于负面，需要在适老化改造中进行关注。

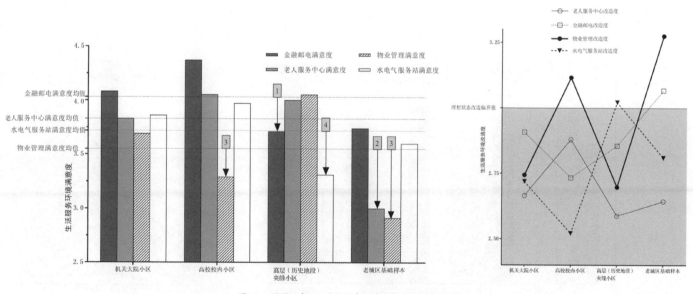

图2.34　社区服务——生活服务环境满意度与改造度均值

---

① 详细分析过程与数据见附录，附表2.46至附表2.48。

在物业管理满意度上，不同类别小区间差异性显著：高层（历史地段）夹缝小区（4.05）>机关大院小区（3.69）>高校校内小区（3.29）>老城区基础样本（2.91）。这说明在老城区基础样本中物业管理有更多调整的空间，而高校校内小区也应在物业管理上进行关注（图2.34，并详见图中方框数字提示）。

生活服务改造涉及经营商利益，应本着经济性、协调性的原则，抓住主要矛盾，以取得实际效果为目标。进一步考察改造度，证明上述论断，即在高校校内小区中改善物业管理，引入市场化经营，弥补校园老年社区的短板，老城区基础样本则应考虑物业管理服务升级。

（2）行政管理氛围

对相关子项进行数理分析[1]得出结论（图2.35）：首先是在居委会满意度上，老城区基础样本与高层（历史地段）夹缝小区存在显著性差异，其他类别间差异度不明显，对照均值得出，高层（历史地段）夹缝小区（4.08）>高校校内小区（3.84）>机关大院小区（3.76）>老城区基础样本（3.35），这与居委会成立时间应该有很大关系。此外，老城区中涉及的问题方方面面，也有一些固有顽疾，应该是适老化改造中要重点关注的。

其次，在治安联防站上，机关大院小区（4.05）与高校校内小区（3.56）的满意度大于高层（历史地段）夹缝小区（3.33）与老城区基础样本（2.81）的，这与小区特定环境与管理机制有关，因此前两类小区普遍反应治安状况较好。

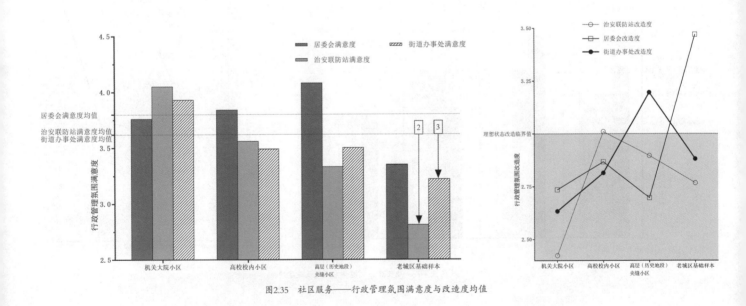

图2.35 社区服务——行政管理氛围满意度与改造度均值

---

① 详细分析过程与数据见附录，附表2.49至附表2.51。

最后在街道办事处满意度上，机关大院小区明显占据优势，均值（3.74）明显高于后三者，其他均值差异不大。从图中看出，老城区在第2项和第3项上的改造需求较大。此外，市政管理机构、派出所差异性不明显，这与许多老人和这些机构打交道较少有关，因此，此项可视作参考[1]，适老化改造中不过多涉及。

进一步观察行政管理氛围改造度，高层（历史地段）夹缝小区的街道办事处与老城区基础样本中的居委会有调整优化的空间。居委会和街道办事处的优化改造应从外部条件入手。继续分析相关性得知，原居养老意愿与街道办事处满意度、居委会满意度有着显著相关性，因此街道办事处和居委会还应改变内部服务环境，多为老人着想，提高服务质量，并尽量在便捷性上下工夫、做文章，让老人少走冤枉路（表2.13）。

表2.13 社区服务——行政管理氛围子项与原居养老意愿之间相关性

肯德尔 tau_b		居委会便捷性	居委会满意度	街道办事处便捷性	街道办事处满意度	治安联防站满意度
原居养老意愿	相关系数	0.211**	0.247**	0.151*	0.294**	0.153*
	显著性（双尾）	0.002	0.001	0.035	0.000	0.047
	个案数	173	161	158	153	139

（五）小区周边老年设施满意度与改造度分析

小区周边老年设施包括老年大学、运动场馆两项，要适当为健康老人提供文化体育活动。因为涉及小区周边，故将满意度和便捷度共同纳入分析中，进行相应数理分析[2]得出结论：除老年大学满意度外，老年大学便捷性、运动场馆满意度、运动场馆便捷性均存在显著性差异。

其中在老年大学便捷性上，高校校内小区明显占据优势，老年大学便捷性为3.86，高于高层（历史地段）夹缝小区的（3.32）与老城区基础样本的（2.94）；运动场馆满意度与便捷性上，老城区基础样本与机关大院小区、高校校内小区均存在显著性差异，对照均值发现：运动场馆便捷性/满意度上，老城区基础样本（2.74/2.87）明显低于后两者（3.41/3.63，4.04/3.84），说明老城区在运动场馆等基础体育硬件建设上大有可为。

事实上，老年大学和运动场馆为全市均匀分布，满意度产生偏差，应是便捷性不同造成的，尝试双变量相关性分析，考察便捷性与满意度之间关联性，发现老年大学与运动场馆的便捷性与满意度均存在显著极强相关性（肯德尔系数＞0.7），且随居住小区类别的变化，相关性趋势愈发明显，因此针对性地改善老年大学与运动场馆的便捷性，是社区周边老年设施适老化改造的核心所在[3]，对于高层（历史地段）夹缝小区与老城区基

---

① 事实上，这两项满意度分别为3.49与3.71，维持现状即可。

② 详细分析过程与数据见附录，附表2.52至附表2.54。

③ 基于便捷性这一关键因素，本研究立足于在高层（历史地段）夹缝小区，通过整体的适老化改造，利用该类型小区的区位与文教优势，配备相应老年服务设施，形成部分准养老机构，如老年大学（分部）、老年活动中心等，为周边小区提供硬件支撑，促进武汉老城区老人宜居环境的整体改善。

础样本尤其关键（表2.14）。

表2.14　周边老年服务设施中便捷性与满意度之间相关性

肯德尔 tau_b		相关性（未引入控制变量）		相关性（引入控制变量：小区类别）	
		老年大学满意度	运动场馆满意度	老年大学满意度	运动场馆满意度
老年大学便捷性	相关系数	0.747**		0.801（↑）	
	显著性（双尾）	0.000		0.000	
	个案数	141		131	
运动场馆便捷性	相关系数		0.775**		0.778（↑）
	显著性（双尾）		0.000		0.000
	个案数		162		131

第二节　居住区适老化改造的决策建议

综上分析汇总可以看出：不同类别小区住宅适老化改造侧重点与实践方向各有不同，有些是共性问题，有些可以从其他相关小区中获得经验、启示甚至是教训。

一、老城区住宅适老化改造的结构性问题

通过调研发现，老城区建筑密度大、用地紧张，加上居住环境与基础设施的严重滞后，降低了老城区老人晚年的生活质量，伤害了老年人的城市记忆与岁月情感，这些都制约了老城区住宅适老化改造的顺利开展与大力推进，造成实际工作中的难题与窘境。具体包括：

（一）老人原居养老意愿与子女续住意愿间的强烈反差，造成老城区住宅适老化改造后前景不明

原居养老是老城区住宅适老化改造的前提条件，所有适老化改造都是围绕着老人在原有社区继续居住与生活展开的，离开原居养老，老城区住宅适老化改造就无从谈起。实地调研中非常愿意原居养老的老人占比超过六成，倘若加上"一般"意愿人群，则倾向原居养老的比例接近九成，这便是适老化改造的急迫性所在。然而形成鲜明对照的是，子女续住意愿却恰好相反：约六成受访者子女表示不会继续在老房子里居住。既然子女不愿意续住，可否引入住房反向抵押来解决房子闲置和养老资金供应的问题？但症结恰恰在于，对于住房反向抵押，半数以上的老人不了解，即便了解，约七成人群也明确表示反对，比较愿意的仅占一成。那么老城区住宅适老化改造后，除老人外，还有谁受益？倘若房子改造后子女不愿意续住，仅仅用于出租、出售或静待拆迁货币补偿，那适老化改造的意义又在何处？

（二）小区类别的差异性及其周边服务设施的不均衡，造成老城区住宅适老化改造的多元化与复杂性

小区类别的不同，体现在住户年龄、居住时间、居住面积、原居养老意愿、住区内外部环境的差异性上，并进而带来医护环境、商购环境、教育环境与周边老年设施的失衡。这造成两个主要问题：第一，老城区住宅适老化改造进程中，有些对于某类型小区至关重要的适老化改造要素，在其他小区可以忽略不计，如居室环境恶劣与居室面积过小，又或者同样是重要迫切的改造因素，在不同小区的实际操作也不相同，如电梯增设的方式，这使得老城区整体住宅适老化，必须针对小区类别差异进行改造与实践；第二，即便小区内部环境的品质可以通过适老化改造来提升改善，然而小区外部的服务设施的失衡与滞后，又当如何应对？所有这些都带来了老城区住宅适老化改造中实际操作上的多元化、复杂性，甚至是未知性。

（三）既有住宅与环境改造能力受限，严重抑制了老年人改造的诉求，损害了适老化改造的应有成效

例如电梯的改造问题，这是适老化改造中十分迫切、异常明显的改造议题，而且老人对住宅适老化改造的第一印象都是如何加装电梯和费用如何摊派等相关问题。但对于没有电梯增设条件的住宅小区我们应该如何操作？对于有条件的老城区住宅，在现行消防、日照采光、结构安全、低层住户干扰以及资金摊派等多因素制约下，我们又应该如何操作？再如居室环境的改造问题，由于机关大院和高校校内小区的居住面积明显占优，巧妙地规避了适老化改造的难点，进而能够在政府主导下顺畅地进行适老化改造与实践推进。那其他类型的小区呢？居室环境适老化改造能否纳入适老化改造的范畴？如果可行，如何改造与操作？如果不可行，适老化改造成效是否大打折扣？又如停车设施的问题，老城区住宅停车场地严重不足，导致小区人车混行问题突出，空气污染、噪声污染严重，从而给老年人出行与社交带来负面影响，随着机动车保有量逐月上升，这个全局性的问题又当如何解决？这些都是适老化改造进程中不可绕开的痛点或是挑战。

二、老城区适老化改造中的既定目标

（一）在尊重原居养老意愿的前提下，通过适老化改造树立"老社区·老房子·老人家"的城市和谐名片，塑造国家级优秀"情感城市"与"乡愁城市"，扎实推进城市老年宜居环境建设

毋庸置疑，人对自己居住的房子是有感情的，特别是老城区旧住宅小区中居住的老人家，房子和社区凝结了他们的青春记忆与奋斗岁月，"故土难离"与"城市乡愁"使他们更愿意留在原来的居住环境，并且有强烈的原居适老化改造意愿。因此尊重老人"故土难离"的行为特性，以"让我居住的家随着我一起，慢慢变老"为改造目的，通过老城区住宅适老化改造工作的全面铺开，挖掘城市中的记忆与乡愁，充分利用地段区位医

疗、文教与休闲优势，打造属于老人居住的社区与服务体系，为树立武汉市"老社区·老房子·老人家"的城市和谐名片以及塑造国家级优秀"情感城市""乡愁城市"而努力。

（二）提倡旧城改造当理性有序推进，通过适老化改造为城市健康发展提供时间和空间的余地

旧城改造当理性有序推进，此处的理性具有时间与空间的双重含义。城市更新是城市发展的必然，老城区住宅拆迁改造不可避免，全盘无原则地保留老城区住宅不仅不现实，而且也毫无意义。因此在老城区适老化改造的实践操作中，有必要对老城区住宅的类型进行全面梳理，分析适老化改造的优势与劣势，以及在城市适老化整体与和谐社会打造过程中的独特价值，整体保护与重点改造一批，实现品质提升，开创准养老机构建设模式，为城市整体老人宜居环境提供硬件支撑。有序拆除一批，为将来旧城改造提供时间与空间上的余地。只有在适老化改造中抓大放小、优势整合，有所为、有所不为，我们才能在具体操作与实践中分清层次，把握全局，少走弯路，进而将政策落到细处，将福利落到实处。

（三）借助老城区住宅适老化改造，保存老房子的空间形态，留存老人家的记忆，从而维系城市记忆、街道肌理与市民情感

每个城市都是有个性和生命的有机体，在漫长的岁月中被注入了思想、资本和感情。因此，除非是遭到不能恢复的破坏，放弃它重新再来是荒谬的。同时老城区也是城市历史精华最为集中之地，市民情感维系最为长久、最为真挚的场所，绝对不能无视家园中内在的文化价值、历史价值，简单地用经济利益来衡量土地的价值。有鉴于此，有必要通过老城区适老化改造与推进，留存市民的情感记忆与城市的历史痕迹，维持老城区肌理、历史地段风貌，拯救城市记忆。这不仅有益于城区养老服务的体系建设，而且在经济上是可行的，在情感上也是必要的。

三、老城区住宅适老化改造的针对性策略

武汉老城区住宅类型多样，既有企事业单位的福利住房，也有因特定历史时期而搭建的自有住房，甚至包括一定数量的历史优秀建筑，小区类别之间差异明显，适老化改造的策略也各有不同。只有以小区类别为基准，比较差异，找到经验与教训，针对性地指导老城区住宅适老化改造策略，并作为城市整体适老化环境的有机组成部分，优势互补，系统打造与整体改善武汉老城区老人宜居环境。

（一）创新思考，多元融合。消除破解老城区老人原居养老与子女续住的矛盾，通过适老化改造，达成老人宜居环境与房产保价升值的动态平衡

第一，针对子女续住意愿不强烈的现状，可进一步加大住房反向抵押贷款的宣传力度，并在政府引导下，

适当引入房地产或中介资金，通过整体改造与打包租赁等多元模式，在尝试将居室环境纳入政府层面的适老化改造范畴的同时，开创社区准养老机构建设模式，将老人居家养老与养老机构租赁收益相结合，弥补适老化改造中的短板，彻底消除老人顾虑，合理保障房产保价升值。

第二，充分考虑老城区住宅现状与硬件设施，积极寻求适老化改造关键因素的替代方案，通过共享楼道电梯、流动菜市场、周边机构协同停车等方式，满足老年人改造的心理诉求，保证适老化改造的应有成效，让老人在城市中安于养老，乐于养老。

（二）合理预判，规划先行。秉承"一条主线、两个结合、三个坚持"方针，针对性地提前规划不同小区类型的住宅适老化改造方式与策略

不同小区类型在城市整体上对老人宜居环境的贡献度、自身住宅的区位价值、环境配套状况各有不同，应针对性地对其适老化方向进行合理预判与先行规划，有效推进适老化改造。

第一，"一条主线"。以点（机关大院小区与高校校内小区）、线［高层（历史地段）夹缝小区］与面（部分老城区小区与新建小区）相结合为主线，点线面互为支撑、相互整合构筑城区老人宜居环境，极力打造武汉老城区"老社区·老房子·老人家"的和谐社会名片。

第二，"两个结合"。一是有序理性拆迁与整体保留、功能活化相结合；二是社区环境适老化改造与社区准养老机构建设相结合，充分发挥老城区住宅的区位优势，保存城市记忆与情感，并为后续旧城改造提供时间与空间的充足余地。

第三，"三个坚持"。一是坚持尊重老人原居养老意愿，维系老人对老城区的情感与记忆；二是坚持维系老城区城市肌理与情感记忆；三是坚持考虑适老化政策的操作性与落地性，适老化改造不是全盘性保护，也不是一味改造，该拆就拆，能改则改，当建则建。在适老化改造方向与愿景下依据小区类型的不同针对性地规划老城区住宅的适老化改造的近期和中远期策略与目标（表2.15）。

表2.15 武汉老城区住宅适老化改造的近、中远期策略与目标

小区类型		近期策略与目标	中远期策略与目标
高层（历史地段）夹缝小区	历史地段夹缝小区	在整体保护前提下，结合历史街区与建筑保护，通过功能活化的方式，全面推进住区适老化改造，提升老人宜居环境质量与幸福指数	1.通过适老化全面改造，注入机构养老设施，实现适老化小区向准养老机构的转变，从而为周边小区提供医护、文教等老人宜居环境的硬件支撑； 2.高层（历史地段）夹缝小区是武汉老城区老人宜居环境中重要的"线域与骨架"，尤其是历史地段夹缝小区
	新建高层夹缝小区	在政府主导下，引入房地产/中介资金，进行整体改造与打包租赁，尝试住区适老化改造的新思路、新模式，彻底解决夹缝小区生存与开发窘境，充分挖掘潜在价值	
老城区基础样本		在政府主导下，外部环境综合整治与户主自行居室环境改造相结合，综合经济性、社会性考量，在短期内提升社区环境品质，提升老人居住的舒适度与幸福感	1.除保留在经济上具有价值，并有操作空间的部分老社区之外，其他社区按照有序、理性的原则进行拆迁重建，并保证原址还建，确保实现老人原居养老意愿； 2.适老化改造的目的是为旧城改造的有序理性推进提供时间和空间的余地，并为后续新建小区的适老化设计提供经验与启示
机关大院小区高校校内小区		机关大院小区与高校校内小区是武汉老城区老人宜居环境中重要的"基质"。在整体保留的前提下，充分利用区位环境，文教、医护优势，通过适老化改造，形成老城区老人宜居环境样本，打造"老社区·老房子·老人家"和谐社会名片	

（三）环环相扣，层层推进。挖掘老城区住宅的区位优势，打造老城区适老化改造的全局体系。

在不同类别小区中归纳共性问题，挖掘差异特征，总结经验与启示，汲取教训与不足，找出结构性调整改造策略，提炼示范性样本改造策略，建立武汉老城区适老化改造的4级策略，环环相扣，层层推进，系统建立武汉老城区住宅适老化改造体系，尽量缓解由小区类别的不同带来的适老性差异，抓大放小，立足各类型小区优势的互补性，环境的互动性，而不应该无序铺开，面面俱到，从而在适老化改造中真正把握全局，以点带面，系统推进城市老人宜居环境建设（表2.16）。

表2.16 老城区住宅适老化改造中的示范性样本及其说明

改造要素		指导策略	适用小区
居室环境	示范性样本1	在整体租赁或政府持有前提下，对居室环境进行整体适老化改造与升级，并遵循功能混合与楼层分治的原则，以下居上租、下养上商的方式，实现适老化居住、出租经营与历史建筑保护的三赢局面，解决改造资金筹措渠道和房产的地段价值实现等问题	高层（历史地段）夹缝小区
	示范性样本5	通过卧室家具的布局优化与调整，加强隔音降噪措施以及卫生间干湿分区与设施布置优化，并在政策上扶持厕所无障碍设施改造与安装	老城区基础样本小区
医护环境	重点推荐1	力争在不改变原有道路结构、不影响市政交通的前提下，设置符合当前道路状况的绿色通道，为及时救治病人提供保障	
老年设施	示范性样本2	利用小区楼层普遍偏低的特点，通过整体租赁，吸引房地产中介资金投入和政府资金扶持，利用现有楼房和地段优势改建相应护理院和小型托老院、老年大学分院、老年读书角、老年食堂与运动场馆，并优先考虑原居民使用，并为周边老城区提供医护环境硬件支撑，实现不拆迁前提下原居养老、房租收益与建筑沿用的三赢局面	高层（历史地段）夹缝小区
商购环境	示范性样本3、示范性样本4		
停车设施	示范性样本7	寻求周边既有停车设施，以费用分摊与共同管理等方式实现共用；合理布局、区域划分、昼夜结合，并加强社区排水基础设施建设，提前消除出行隐患	机关大院小区
电梯增设	示范性样本6	利用自身优越的居室硬件与政策持持，在满足现行消防、日照规范条件下，尝试住宅电梯适老化改造试点	
	示范性样本8	针对居民意见不统一，互为掣肘，且小区住宅间距较小等问题，积极寻求替代性措施——共享楼道电梯，消灭小区竖向交通的顽疾	高校校内小区
菜市场	示范性样本9	居民对菜市场满意度最低，必须重点改造菜市场布局，尝试菜市场进社区的多元模式，并与小区群聚社交空间改造相整合	

（1）高层（历史地段）夹缝小区改造因素

高层（历史地段）夹缝小区是一种比较特殊的小区类别，因为历史、行政或开发原因，在原有小区周边新建高层小区，使其成为孤岛。因为地段限制，以及分布零散，可开发面积较少，因此开发商没有兴趣进行楼盘建设（图2.36、图2.37）。

图2.36　中山大道三阳路某多层住宅　　　　　　　　　图2.37　洪山区工大路某多层住宅

　　尽管小区有部分居民盼望拆迁，社区的意见也是模棱两可，但是实际上，拆迁的前景并不明确[1]，加之这一类型小区处于周边高层夹持环抱之下，适老化处境堪忧，因此有必要结合全新思路与多元模式对这一类型的小区，有针对性地进行住宅适老化改造（表2.17）。

---

　　① 问卷调查中高层（历史地段）夹缝小区居民最排斥住宅的适老化改造，认为小区会被拆迁，但事实上，该小区尽管具有一定的地段价值，但无一定量的有效整体开发面积，即便竖起一栋楼，因为地方狭小，势必对周边楼盘日照通风产生干扰，唯一可能的是政府收回去作为公共绿地，但这明显不太现实。此外，从高层（历史地段）夹缝小区调查数据来看，该类别小区除了毗邻高层小区或依托高校具有一定的外部环境条件外，其他的居住环境不理想，并且地块限制、私搭乱建严重，造成适老化改造难度最大。在所有小区类别中，该类型小区老龄化程度严重，居住老人身体状况不容乐观，受教育程度和居住面积均为受调查类型中最低，原居养老意愿（均值＝2.30）仅略高于老城区基础样本的（均值＝2.29），原居养老不愿意倾向比例最高，达到21.6%。

表2.17 高层（历史地段）夹缝小区适老化改造要素与决策建议

大项	子项	改造要素	整体判定	决策建议
整体因素	原居养老	1.整体保护； 2.功能复合； 3.土地混用		1.利用区位优势与建筑自身文化、历史与艺术特征，建设老人宜居硬件设施，并作为周边小区适老化改造的硬件支撑； 2.拓宽历史建筑功能活化领域，引入养老服务功能，丰富老城区商业业态，实现老、中、青、幼共居共荣的和谐社会氛围
住区内部环境		居室环境（所有构成整体）	示范性样本1	方式1：在整体租赁或政府持有前提下，对居室环境进行整体适老化改造与升级，并遵循功能混用与楼层分治的原则，实现适老化居住、出租经营与历史建筑保护的三赢局面，解决改造资金筹措渠道和房产地段价值实现等问题（推荐方式）； 方式2：个人筹措资金实现居室环境的适老化改造，或者将房产出租后迁居
	竖向交通	电梯增设	优化调整	因楼层均值为3F，低于电梯增设改造临界楼层（4F），采用下居上租、代际互助等方式规避电梯增设，优化小区竖向交通
	小区环境	个性休闲空间	重点关注	对个性休闲空间和群聚休闲空间中的散步运动、集体娱乐，结合室外铺地、活动广场、日间遮阳雨棚与夜间照明设施的改造进行适老化改造，同时开辟公共场所，新建或改造老年活动中心，消除便捷性低造成的使用不适，完成社区个性休闲空间与群聚社交空间整体升级，并为周边老城区提供硬件支撑
		群聚社交空间		
		硬件设施建设		寻求周边既有停车设施，以费用分摊与共同管理等方式实现共用，完善排水基础设施建设，提前消除老人出行安全隐患
住区外部环境	医护环境	医院		建设绿色就诊通道与双向转诊制度
		护理院	示范性样本2	利用小区楼层普遍偏低的特点，采用整体租赁的方式，吸引房地产中介资金投入和政府资金扶持，利用现有楼房和地段优势改建相应护理院和小型托老院、老年大学分院、老年读书角、老年食堂与运动场馆，优先考虑原居民使用，并为周边老城区提供医护环境硬件支撑，实现不拆迁前提下原居养老、房租收益与建筑沿用的三赢局面
		养老院托老所 （老年公寓）		
	老年设施	运动场馆	示范性样本3	
		老年大学		
	商购环境	餐饮店	示范性样本4	
		书店		
		五金便民店	重点关注	利用现有房屋建设老年人便利店，以老年人为目标人群解决相应五金、日用品、医护品与蔬菜果鲜的需求问题，且配备老年人快餐厅
		菜市场		
	子孙教育陪护环境	幼儿园		新建、改扩建相应幼儿园，增强社区活力；明确小学对口问题，完成老城区价值升级，这是实现老年社区对年轻人仍具吸引力的重要方式
		小学		
	社区服务	金融邮电	优化调整	加设金融邮电与水电气服务站布点而不仅仅是增设ATM或自动缴费机，提升街道办事处服务质量
		水电气服务站		
		街道办事处		

（2）老城区基础样本适老化改造关键因素

作为无差别调研样本，老城区基础样本调研目的：将其作为整体调研武汉老城区适老化改造的基础数据，并作为其他3种类型小区的参照样本。与其他3种类型小区相比，老城区基础样本的普遍性更强，适老化问题更为突出，推进难度也更大。整体来看，老城区基础样本中，居住人群更为年轻，身体状况更好，但将来更具不可预期性，因此对适老化改造的期望值也最大。加上居住楼层均值最高（均值为4.26）[①]，原居养老意愿中"一般"倾向比例最高，达到42.86%，老城区适老化改造的挑战性最大，但收到的效果可能会最好。整体而言，老城区基础样本在适老化改造中，机遇与挑战并存，同时在老城区老人居住品质整体改善上，具有普遍性与示范性（表2.18）。

---

① 这与老城区存在一定数量的8层无电梯房有关。

表2.18 老城区基础样本小区适老化改造要素与决策建议

大项	子项	改造要素	整体判定	决策建议
整体因素	原居养老	由一般愿意向非常愿意的转化	适老化社区整体形象塑造	通过老城区住宅系统的适老化改造，明确政府决心，为建设和谐社会奠定基础，树立武汉"老社区·老房子·老人家"的城市情感与记忆名片
住区内部环境	居室环境	就寝（卧室）	示范性样本5	卧室家具的布局优化与调整，加强隔音降噪措施
		如厕（洗漱）		无障碍设施改造与安装；卫生间干湿分区，卫生间设施布置优化
		烹饪		改造厨房空间，调整厨房方位
		室内晾晒	优化调整	阳台晾晒空间优化，扩大或调整室外晾晒空间，并与小区集体社交空间相整合
		餐厅		餐厅家具的布局优化与调整，并与厨房改造相结合，如通风问题等
	竖向交通	电梯增设	重点关注	住区电梯增设改造度最高，急迫性也最高（均值=4.67，非常急迫），且楼层均值最高（4.26），高于电梯增设改造临界楼层（4F）。电梯增设是适老化改造的重点
		入口坡道		重点加强小区无障碍设施建设与维护
		入户空间	优化调整	改造意愿与资金投入意愿强烈，应加强设计与改造
	小区环境	个性休闲空间	重点关注	对个性休闲空间中散步运动空间、静坐观察空间与个性空间，以及群聚社交空间中交谈空间、集体娱乐空间进行整体重点关注，并结合室外铺地、活动广场、日间遮阳雨棚与夜间照明设施的改造，完成社区个性休闲空间与群聚社交空间的基础改造
		群聚社交空间		
		硬件设施建设		寻求周边既有停车设施，以费用分摊与共同管理等方式实现共用；并加强社区排水基础设施建设，提前消除老人出行隐患
		公共场所*	优化调整	充分利用周边资源如高校、机关大院等解决住区老年活动中心问题，在便捷性和开放性上下足工夫
		老年活动中心*		
住区外部环境	医护环境	医院	重点关注	建设绿色就诊通道与双向转诊制度
		护理院*	优化调整	寻求老年护理院的服务模式与理念
		养老院托老所*	宣传引导	通过宣传打消老人排斥的心理，完善对口养老院托老所设施建设
	商购环境	餐饮*	重点关注	按比例建设老年食堂，引入事业机关或行政力量
		书店*		建设老年书屋或读书角，结合多媒体提供适合老人的视听平台
		五金便民店*		进一步改善五金便民店、菜市场布局，引入流动菜场
		菜市场		
	子孙教育陪护环境	幼儿园		新建、改扩建相应幼儿园，明确小学的对口问题，完成老城区价值升级，这也是实现老年社区对年轻人具有吸引力的重要方式，从而增强社区活力
		小学		
	社区服务	物业管理	优化调整	提升物业管理水平
		居委会		提升居委会服务质量
		金融邮电		加设金融邮电布点而不仅仅是增设ATM，扩展治安联防站辖区范围，提升管理机构服务质量
		治安联防站		
	老年设施	运动场馆*		针对性地对老年大学与运动场馆的便捷性进行改造，完善路牌和引导
		老年大学*		

*充分利用高层（历史地段）夹缝小区相应的医疗硬件进行改造。

（3）机关大院小区适老化改造的关键因素

机关大院小区的环境优越，老人数量众多，居住面积在其他小区中处于绝对优势（均值=4.05），居住楼层也最低（均值=3.74），原居养老意愿也最为强烈[1]，具有适老化改造的最佳条件，在政策扶持下，理应成为老城区适老化改造中自上而下实践的范本。除上述论述的结构性问题以外，机关大院小区在适老化改造中也

---

[1] 原居养老意愿均值=2.80，"非常愿意"意愿人数比例为84.8%，若加上"一般"意愿人数，则高达95.5%。

存在一定个性层面的问题，需要在后续适老化中针对性地予以改造、调整与优化（表2.19）。

表2.19　机关大院小区适老化改造要素与决策建议

大项	子项	改造要素	整体判定	决策建议
住区内部环境	居室环境	就寝（卧室）	优化调整	卧室家具的布局优化与调整，加强隔音降噪措施
		如厕		厕所无障碍设施的改造与安装
		室内晾晒（阳台）		阳台晾晒空间的优化，扩大或调整室外晾晒空间进行补充
	竖向交通	电梯增设	示范性样本6	利用自身优越的居室硬件条件与政策扶持，在满足现行消防、日照规范的情况下，尝试住宅电梯适老化改造试点
		入户空间	优化调整	针对性地优化入户空间与布局
	小区环境	个性休闲空间	重点关注	对个性休闲空间中散步运动空间、集体娱乐空间、交谈空间（其改造度最高），结合室外铺地、活动广场、日间遮阳雨棚与夜间照明设施的改造，完成社区个性休闲空间与群聚社交空间的改造与优化
		群聚社交空间		
		硬件设施建设	示范性样本7	寻求周边既有停车设施，以费用分摊与共同管理等方式实现共用；合理布局、区域划分、昼夜结合，并加强社区排水基础设施建设，提前消除出行隐患
住区外部环境	医护环境	护理院*	重点关注	寻求老年护理院的服务模式与理念
	商购环境	菜市场	优化调整	进一步改善菜市场布局，参照高校校内小区，多方式引入流动菜场
	社区服务	物业管理		完善业主委员会，并提升物业管理服务质量

*结合历史地段里分以及高层（历史地段）夹缝小区的医护环境适老化改造。

（4）高校校内小区适老化改造的关键因素

高校校内小区的内外环境优越，文化教育、休闲娱乐资源丰富，高知人群（均值＝5.13）众多，老龄化（均值为3.55）趋势明显，居室环境整体上优于其他类别小区（满意度均值＝4.19），原居养老意愿仅次于机关大院小区[1]，因此对于老城区住宅适老化改造中外部环境改造具有范本性的参考价值。除上述论述的结构性问题以外，高校校内小区在适老化改造中也存在一定的个性层面的问题，需要在后续适老化中予以改造、调整与优化，具体如表2.20所示。

表2.20　高校校内小区适老化改造要素与决策建议

大项	子项	改造要素	整体判定	决策建议
住区内部环境	居室环境	就寝（卧室）	优化调整	该类型小区居室满意度整体最高，改造度整体最低，仅就寝与烹饪空间尚有优化调整余地，户主可自行处理
		烹饪（厨房）		
	竖向交通	电梯增设	示范性样本8	该类型小区居住楼层均值接近4F，电梯改造度6.24高于均值6.03，证明居民对小区电梯增设具有明显心理预期，但居民意见不统一，互为掣肘，加上小区住宅间距较小，有必要寻求电梯增设的替代性措施，消灭小区竖向交通的顽疾
		入户空间		针对小区居民愿意自行出资比例最高，针对性地优化入户空间与布局
	小区环境	群聚社交空间	重点关注	对群聚社交空间中改造度最高的交谈空间，结合室外铺地、活动广场、日间遮阳雨棚与夜间照明设施的改造，完成社区群聚社交空间优化升级
		硬件设施建设		分区管理，解决停车扰民问题，并完善排水基础设施建设，提前消除老人出行安全隐患
住区外部环境	医护环境	养老院托老所*	宣传引导	该类型小区整体医护满意度最高，但对养老院满意度偏低，改造度偏高，存在一定的改造升级空间
	商购环境	菜市场	示范性样本9	居民对菜市场满意度最低，必须重点改造菜市场布局，尝试菜市场进社区等多元模式，并与小区群聚社交空间改造相整合
		餐饮	优化调整	针对学校寒暑假特点，开辟相应的假期食堂，满足老人就餐需求
	社区服务	物业管理	重点关注	进一步引入社会力量，提升物业管理水平与层次

*结合高层（历史地段）夹缝小区的医护环境适老化改造。

[1] 原居养老意愿均值＝2.51，"非常愿意"意愿人数比例为63.2%，若加上"一般"意愿人数，则高达88.2%。

第三章　高层（历史地段）夹缝小区适老化改造策略

在政府主导下，适当引入房地产或中介资金进行复合功能与土地混用的尝试，为后续小区整体改造和功能置换提供实践空间，同时通过准养老机构建设，为周边小区乃至老城区提供养老硬件设施支撑，同时加大住房反向抵押政策的宣传力度，正确面对高层（历史地段）夹缝小区的困境，把握此类型小区老人精神赡养语境下适老化改造的机遇，重塑小区价值。

第一节　积极老化语境下适老化改造的生存之路

尝试对高层（历史地段）夹缝小区进行SWOT分析，探索适老化改造的思路（表3.1）。通过分析得知：高层（历史地段）夹缝小区只能通过积极适老化的姿态，利用城市老城区与夹缝地块这两个重要的区位优势，以历史建筑与街区保护和适老化改造为契机，通过整体改造并引入政府和社会力量，将老人急需的医护功能、特色商业、文教氛围移植和消化到小区之中，在保持建筑密度与街巷肌理基本不变的前提下，利用反哺支撑整个城市适老化总体改造中的硬件设施，并构筑起和谐社会中"老社区·老房子·老人家"的情感基质，从而为老城区之外的城市发展与扩张提供时间与空间。基于此，本章选取汉口近代里分和武昌工大路石牌园作为对象，进行相关实证研究，通过示范性样本1～示范性样本4[①]，并辅以重点关注因素的适老化改造方案，确定相应适老化改造导则与策略[②]。

---

① 本报告中依据各类型小区自身特点与优势，共总结出9个示范性样本，即高层（历史地段）夹缝小区示范性样本1～4，老城区基础样本小区示范性样本5，机关大院小区示范性样本6～7，高校校内小区示范性样本8～9，基本涵盖适老化改造的相关因素，并可为其他类型小区适老化中重点关注与优化调整因素提供硬件支撑与参考启示。

② 除示范性样本和重点关注因素之外，还有一些因素可以通过优化调整的方式进行改造，具体包括：

a.竖向交通环境的优化与调整，因楼层均值为3F，低于电梯增设改造临界楼层（4F，参见图2.16至图2.17）。尽量寻求电梯增设的替代性措施，优化小区竖向交通。

b.社区服务的优化与调整，在调研数据中，金融邮电、水电气服务站与街道办事处尚需优化调整，可通过加设金融邮电与水电气服务站点，而不仅仅是增设ATM或自动缴费机，提升街道办事处服务质量。

此外优化调整的具体策略还可参见其他类型相关因素的适老化改造策略，尤其是示范性样本的适老化改造策略。

表3.1　高层（历史地段）夹缝小区适老化改造SWOT分析

优势S（Strengths）	劣势W（Weaknesses）	机会O（Opportunities）	威胁T（Threats）
1.城市语境："低密度适老化住区"应对"城市无限增容压力" （1）低层居住方式降低中心城区的居住密度，缓解周边交通压力； （2）优越区位条件和廉价租金为社会弱势群体在中心城区提供安居之地。 2.社区层面："适老化积极更新"应对"居住小区被动淘汰" 较之城区机械式腾出土地空间，全盘新建直接式更新策略而言，采取渐进式更新策略，能对社区优势资源加以利用，在保留城市肌理与场所记忆的同时，激发小区生命活力。 3.家庭方面："社区邻里守护"应对"结构观念弱化" 通过亲切的建筑尺度、友好的街巷空间、熟悉的社交网络和安全的邻里守望，维系传统的家庭伦理、居住方式和家庭结构。 4.个人因素："周边资源充分利用"应对"舍近求远望梅止渴" （1）优秀的医疗设施资源——与稀缺医疗设施相邻； （2）优秀的交往娱乐空间——与老城区公园绿地相邻； （3）优秀的文化教育资源——与博物馆和美术馆相邻	1.小区居室环境设计缺陷 面积普遍偏小，且具有一定的结构安全隐患，加上小区多未安装电梯，严重影响原居养老意愿及老人生活舒适度与便利性。 2.小区环境普遍不佳 因为地段限制，改善和调整的余地不多，甚至有些小区违背现行的消防、日照采光、绿化要求。 3.小区停车问题突出 严重制约了子女对小区情感与价值认同。 4.小区外部建设环境与日俱增的挤压感与排斥 造成小区居民对小区环境与居室改造的心理预期和实际现状的反差日益强烈，继而产生失落与排斥。 5.某些小区产权不明，私搭乱盖严重 进而造成出租行为不规范，使得小区治安存在隐患，也不利于小区整体改造	1.积极层面：和谐社会·老社区·老房子·老人家 国家和地方政府对老城区历史地段与历史建筑日益重视，对城市肌理与记忆、市民生活情感的逐步关切，这为历史地段夹缝中的小区的保留与整体改造提供了机遇，作为城市记忆与市民情感的承载者——老社区·老房子·老人家，理应是我们和谐社会全体市民关注的主题之一。 2.消极层面：地块零碎，传统开发思路下，价值不理想 因为历史、行政或开发原因，夹缝小区往往成为城市建设的孤岛。因为夹缝小区受地段限制，以及分布零散，可开发面积较少，开发商没有兴趣进行楼盘建设，若被政府收回，可供选择的城市建设功能也受到限制（公共绿化抑或市政设施？），这导致此类小区只能从自身寻找出路	1.周边新建高层小区相应基础设施与配套商业服务功能完备，小区环境良好，停车充裕，势必削弱居民对本小区的认同感；进而刺激该类小区居民的拆迁与迁居欲望。 2.老人原居养老意愿与子女续住意愿的强烈反差，导致该类小区发展前景不明确，基于不动产价值的考量，简单性的出租导致社区居住人员混杂，治安环境堪忧，成为老城区中的三不管地区
优势与劣势分析（SW）		机会与威胁分析（OT）	
1.相较于大拆大建的高层高密度城区更新模式，适当保留低层低密度的空间模式显然更有利于城市的健康发展，也有利于化解城市化压力带来的社会问题； 2.积极面对老化，并将市民情感与居住岁月融入城市肌理中，有利于维系城市的地域性特征，促进城市居住方式的多元化； 3.相比于高楼之上或远郊之外的居住选择，老人们更向往这种老城区低层亲切的邻里尺度，这也为里分住区的适老化改造提供了契机和动力		1.在积极层面上，充分发挥高层（历史地段）夹缝小区的自身价值，通过贯彻"老社区·老房子·老人家"理念，打造和谐社会、和谐城市的主题旋律，并融入历史建筑与历史街区的整体保护中，保留城市弥足珍贵的城市肌理、记忆与情感； 2.在消极层面上，通过灵活的适老化改造方式，利用好地段的优势，在城市医疗、绿化公园与文教资源上，充分挖掘汲取，补齐周边小区相应设施（如医护）的短板，形成与周边小区的良性互动，完成小区自身价值的保有与增值，在老龄化日益加剧的语境下，在打造和谐社会与城市整体适老性居住环境中，贡献自己的力量	

第二节　示范性样本改造策略

本研究选择汉口近代里分和武昌石牌园小区作为示范性样本改造的实证对象。适老化改造的方式有两种：（1）整体租赁或政府持有前提下，对居室环境进行整体适老化改造与升级，以功能混用与楼层分治为原则，实现适老化居住（准养老机构建设）、出租经营与历史建筑保护的三赢局面，解决改造资金筹措渠道问题和房产的地段价值实现问题（推荐采用）；（2）个人筹措资金实现居室环境的适老化改造，或者对房产出租后迁居（难度较大，且成效不明显，不建议采用）。

近代汉口里分[①]大多数位于汉口原租界区，里分建筑见证了武汉历史的变迁，也是近代汉口繁荣的象征，它承载了老一辈人对老汉口的记忆，构成了武汉老城区的城市肌理，具有十分重要的历史价值和情感价值（图3.1），充分体现出老城区适老化改造的整体形象与适老化实践价值，因此以近代汉口里分作为案例论述武汉老城区整体改造策略。

为使改造具有更好的示范性并达到最佳效果，在调研之前首先对调研对象进行了选取，选择了联保里、上海村、汉润里、同兴里、三德里、坤厚里6处代表性里分。这些里分建成年代各有不同，规模大小也有所差别，具有不同的街巷布局及建筑特点，同时周边配套资源各有不同，能够反映普遍的里分现状和老人在居住方面的问题[②]。

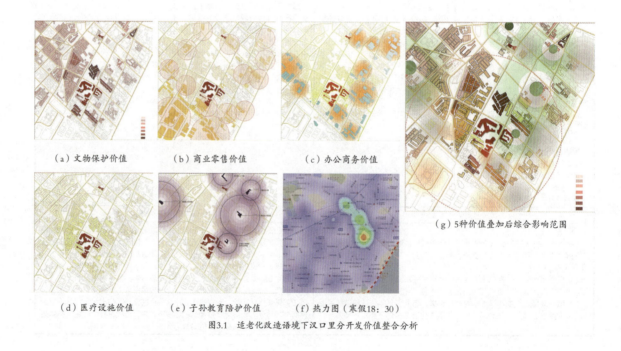

（a）文物保护价值　（b）商业零售价值　（c）办公商务价值　（g）5种价值叠加后综合影响范围

（d）医疗设施价值　（e）子孙教育陪护价值　（f）热力图（寒假18：30）

图3.1　适老化改造语境下汉口里分开发价值整合分析

---

① 江汉路至三阳路片区的80处里分周边主要设施资源，详见附录附表3.2，近代里分空间特征现状概述详附录，附表3.3至附表3.4。

② 相关调研资料与统计数据，详附录，附表3.5至附表3.7。

一、居室环境改造策略（示范性样本1）

　　居室环境改造在老城区住宅适老化改造中属于比较特殊的改造因素。原则上，住宅外部环境改造问题可由政府层面解决，而住宅内部的居室环境改造问题本应由户主自行解决，但高层（历史地段）夹缝小区的整体居住环境相对落后，已经严重影响了居民的正常生活。可充分利用其区位优势，在政府主导下，引入房地产或中介资金进行整体改造，以打包租赁的方式，将住宅适老化居住改造和准养老机构建设相结合，对居室环境进行全局改造，既维持住宅的房产价值，满足老人养老与房地产保值需求，又创造出更好的经济与社会效益。因此本书将其作为示范性样本探寻代际互助、功能符合与土地混用的适老化改造模式。

（一）居室环境改造的方向：代际互助居住体系

　　根据里分内的家庭构成，将居住单元分为多样化的居住体系，主要有独立居、两代居、多代同堂居、老人互助居、多代际互助居和租用单元，不仅满足了里分社区内独立居住家庭和代际互助家庭的不同生活需求，还充分利用了里分的区位优势，方便在周边工作创业的年轻人，吸引不同生活背景、不同年龄段的人进入里分生活居住，为里分注入新鲜血液，形成代际互助、邻里守望的社区生活氛围，在尽量满足适老化改造通用性要求[1]之外，根据里分社区内的家庭组织结构和原有户型，结合不同的居住类型以及老人的需求，对居住单元内部进行改造设计，通过不同的空间组织方式在原有空间内系统布局，不同的居住套型采取同楼层不同户、同楼不同层、同社区不同楼等布局模式，使整个社区形成网络式的代际互助居住体系，居住在其中的老人能够通过家庭互动、相互交往，对生活产生积极性，得到精神上的满足（表3.2）。

表3.2　居住类型及设计要求

居住类型	居住主体	居住空间构成	设计要求	布局示意图
独立居	空巢老人、青年夫妇	小型居住单元，独立的餐厨、卫浴，起居室与卧室合并设置	为独立居住的老人及青年服务提供舒适的居住场所	
两代居	老人及孙辈或青年夫妇及子女	门厅、起居室、餐厨共用，老人与子女居室分离，卫浴分离	保证老人既能独立自主生活，又能够与子女保持联系	
多代同堂居	老人及子女孙辈	门厅、起居室、餐厨共用，居室分离，老人卧室中自带卫生间（图纸中未画出）	提供简洁经济型的多代居住户型，增进代际交流与代际互助	

----

①通用性要求与图示，详见附表3.8至附表3.10。

续表3.2

居住类型	居住主体	居住空间构成	设计要求	布局示意图
老人互助居	两户以上空巢老人	相邻两套独立居住单元，共用起居室与餐厨	两户老人生活完全独立，但有利于他们互相帮扶照顾，增进交流	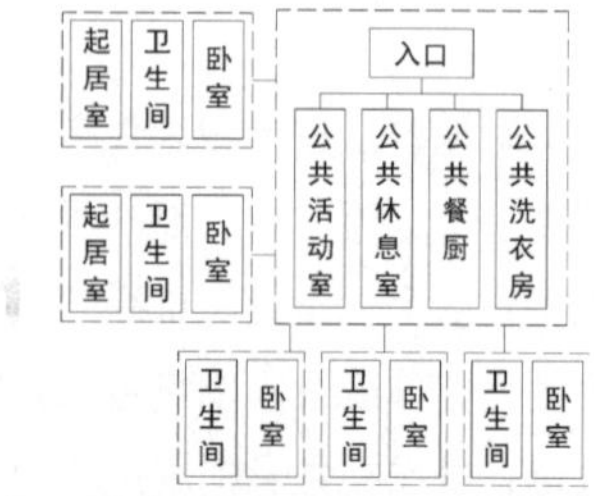
多代际互助居	空巢老人、青年夫妇、三口之家等多户共同居住	同一栋楼内的多套相邻居住单元，共用公共服务空间	不同年龄的人群共同居住，单元内既有每户家庭居住的私密空间，又有进行集体活动的公共空间，有利于形成交流帮扶大环境	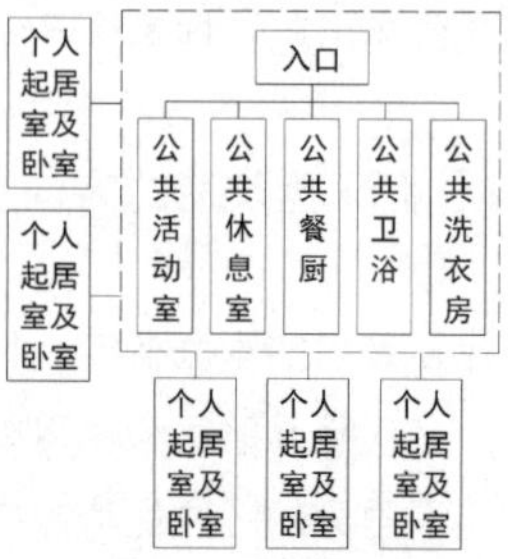
租用单元	创业工作人群	同一居住区的不同居住单元	租给老城区的创业工作者，解决了老城区创业工作者租房难问题，提高其上下班的便利性	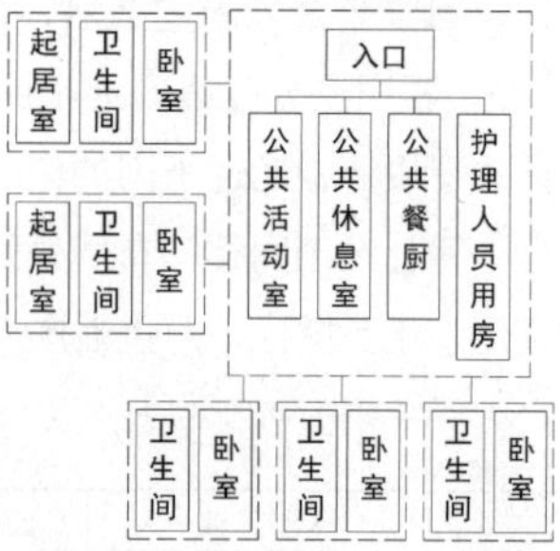

（二）代际互助居住体系方案示例

由于里分主要分为三种平面形式，分别是一间半式、两间式和三间式，因此选取了不同平面形式的代表户型进行改造设计。该示例充分利用内院空间加设电梯，同时考虑代际合居的特点（表3.3至表3.5）。

表3.3 一间半式平面改造策略（以坤厚里6[#]为例）

更新前	一层平面	二层平面	
更新后	一层平面	二层平面	三层平面
户型与居住主体	一室一厅一厨一卫 （独立居）	一室一厅一厨一卫 （独立居）	一室一厅一厨一卫 （租用单元）
	空巢老人	青年夫妇	创业青年
改造策略	1.维持原有建筑结构，增加建筑面积，利用坤厚里层高4m的特点，将原有的两层改为三层，层高变为2.7m； 2.将楼梯加宽，保留原有天井，为厨房和餐厅提供采光通风，厨房采用开敞式设置，节约空间； 3.在有老人的住宅中增加适老化设施，适当增加房间使用面积，保证乘坐轮椅老人的活动空间； 4.将一层用作老人居住，二、三层提供给青年居住，为混合居住模式，形成多代际人群互助氛围，并且能够省去电梯的设置，节省空间		

表3.4　两间式平面改造策略（以同兴里14#为例）

更新前	一层平面	二层平面	
更新后	一层平面	二层平面	三层平面
户型与居住主体	一室一厅一厨一卫（独立居/空巢老人） 二室一厅一厨一卫（两代居/老人及子女）	二室一厅一厨二卫（多代同堂居/老年、子女及孙辈） 二室一厅一厨一卫（独立居/空巢老人）	3户一室一厅一卫、公共起居室、公共厨房（老年互助居/空巢老人）

改造策略	1.维持原有建筑结构，增加建筑面积，同兴里原有建筑层高4.5m，可将原有的两层改为三层，层高变为3m； 2.将楼梯与电梯组合成的交通空间设在入口处，平面维持原有的两开间，一层的前天井作为入户门厅，形成内外过渡空间，保留后天井，为后部用房提供采光通风； 3.在老年住宅中增加适老化设施，房间面积按照乘坐轮椅老人的使用需求设计，适当增大厨卫尺寸； 4.二、三层户型提供了两种不同的改造模式，二层为两个两室户，三层缩小三户面积，每户不单独设置厨房，中庭内形成一个大的公共活动空间，供三户老人共同使用，增进交流互助

表3.5 三间式平面改造策略（以汉润里25#为例）

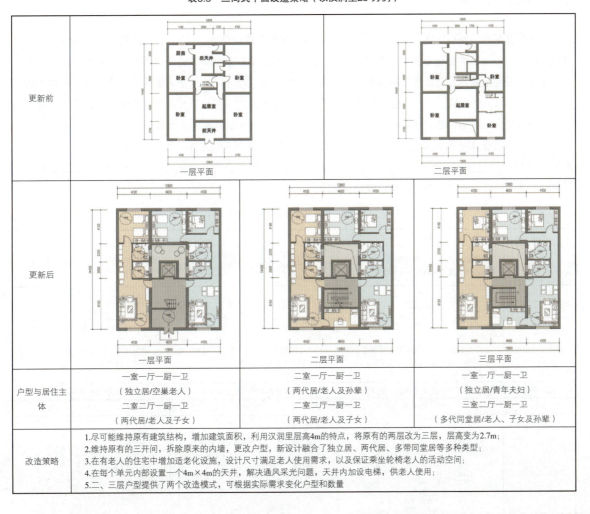

更新前	一层平面		二层平面
更新后	一层平面	二层平面	三层平面
户型与居住主体	一室一厅一厨一卫 （独立居/空巢老人） 二室二厅一厨一卫 （两代居/老人及子女）	二室一厅一厨一卫 （两代居/老人及孙辈） 二室二厅一厨一卫 （两代居/老人及子女）	一室一厅一厨一卫 （独立居/青年夫妇） 三室二厅一厨一卫 （多代同堂居/老人、子女及孙辈）
改造策略	1.尽可能维持原有建筑结构，增加建筑面积，利用汉润里层高4m的特点，将原有的两层改为三层，层高变为2.7m； 2.维持原有的三开间，拆除原来的内墙，更改户型，新设计融合了独立居、两代居、多代同堂居等多种类型； 3.在有老人的住宅中增加适老化设施，设计尺寸满足老人使用需求，以及保证乘坐轮椅老人的活动空间； 4.在每个单元内部设置一个4m×4m的天井，解决通风采光问题，天井内加设电梯，供老人使用； 5.二、三层户型提供了两个改造模式，可根据实际需求变化户型和数量		

二、医护环境改造策略（示范性样本2）

利用小区楼层普遍偏低的特点，采用整体租赁方式，吸引房地产中介资金投入和政府资金扶持，利用现有楼房和地段优势改建相应护理院和小型托老院、老年大学分院与运动场馆，优先考虑原居民使用，为周边老城区提供医护环境硬件支撑，实现不拆迁前提下原居养老、房租收益与建筑沿用的三赢局面，并尝试社区养老与准机构养老相结合的多元模式。基于此点考虑，高层（历史地段）夹缝小区的医护环境改造的意义在于突破适老化改造既定思路，引入准养老机构建设，为其他类型小区乃至整个老城区相应短板提供适老化改造的支撑硬件，并为旧城改造的有序理性推进提供充分的空间与时间。

（一）增加护理型老年公寓

汉润里能够利用周边的医疗设施资源及护理人员资源设置护理型老年公寓①。社区内的普通居住单元可以收住自理型的老人，半自理与失能老人可以入住护理型老年公寓，享受基本的生活照料、康复训练以及专业的医疗照护，护理型老年公寓还能够服务于一些生活在其他社区的老人，这些老人面对公立养老院一床难求和民营养老院设施落后的困境，迫切希望能够获得医养社区质优价廉的服务，享受社区邻里的关怀，满足了他们的居住需求其实也就缓解了部分社会矛盾，同时在一定程度上也有助于缓解医患矛盾。

考虑到不同身体状况老人的护理需求，护理型老年公寓居住空间分为自理型、介助型和介护型三种。同时为了保证改造的经济性，对于完全自理老人的公寓户型可部分采用公用卫生间，介助型和介护型老人居室全部为独立卫生间，设计要求及布局示意如表3.6所示。

表3.6　护理型老年公寓设计要求

类型	自理型	介助型	介护型
居住主体	健康状态良好、生活能自理，不愿独自在社区生活或希望集体生活的老人	健康状态较差、生活不能完全自理、残障、行动不便，偶尔需要照顾并且适应集体生活的老人	健康状态很差、生活不能自理或行动不便的老人
居住目的	养	养+护	护+医疗
居住条件	安全性	康复性	疗养性
居住空间组成	1.居住空间（卧室兼起居室、卫生间、储存空间）2.公共服务空间（活动室、休息室、餐厅、厨房、洗衣室、公共浴室用房）3.交通空间	1.居住空间（卧室、卫生间、起居室、储存空间）2.公共服务空间（活动室、休息室、餐厅、厨房、洗衣房等用房）3.交通空间	1.医疗护理空间（理疗房、病房、卫生间）2.辅助用房空间（公共活动室、护理人员用房、休息室等）3.交通空间
居住服务	提供一般生活服务（膳食、家政等）	提供基本的个人护理	提供个人护理和医疗康复护理
配比	75%	20%	5%
布局示意图	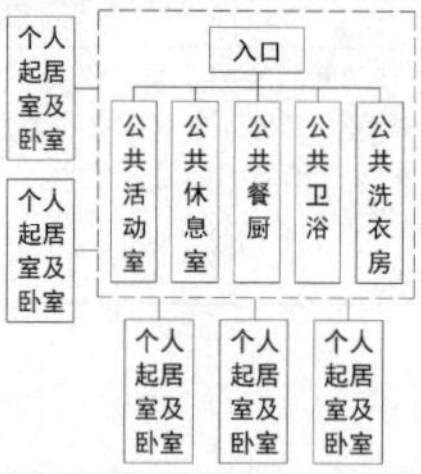		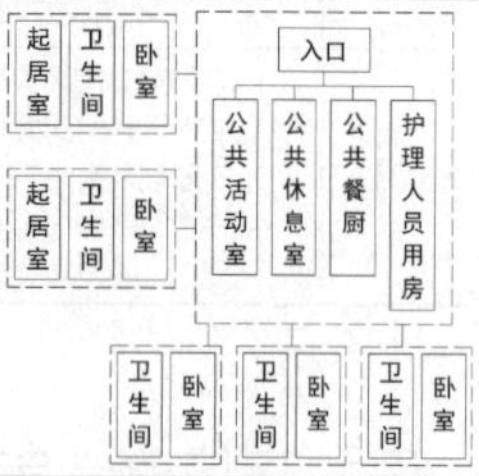

① 汉润里位于整个中心医院片区的核心部位，周边环绕多片老里分社区：北侧紧邻同丰里，南侧紧邻崇正里，西侧毗邻武汉美术馆，东侧紧邻咸安坊，南侧又与大陆坊和中孚里隔街相望；同时毗邻的武汉市中心医院能满足老人安全保障需求，因此改造具有示范性意义。

续表3.6

类型	自理型	介助型	介护型
居室空间设计示例			

汉润里21#、23#、25#、27#号联排住宅平面由三个三间式和一个两间半式合并而成，笔者建议将其合并改造成老年公寓，维持原有的开间，利用开间的独立性，将每一个开间改造成独立的老年居室，每一间设置有卧室、小起居室、独立的卫生间与阳台，保证老人居住的舒适性与私密性。一层中间部分作为公共活动空间，为整栋老年公寓居住者服务，每层还单独设置活动室与健身房，方便老人活动健身（表3.7）。

表3.7　老年公寓改造示例（以汉润里21#、23#、25#、27#号联排住宅为例）

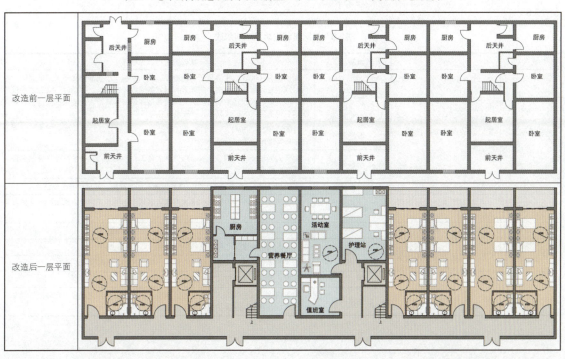

续表3.7

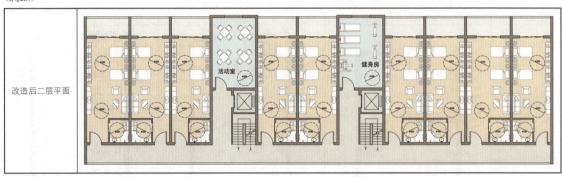

| 改造后二层平面 | |

（二）扩展医护单元功能构成

汉润里适老化社区配套服务设施以医疗设施为主，构建医护单元，兼具文化娱乐设施。较普通社区而言，汉润里医疗设施更加完善与成熟，不仅能够为老人提供小病能医、大病能防的服务，还能实现康复护理、医疗保健和重症监护等，其主要功能包括医疗保健功能、核心养护功能和适老照顾功能。社区的整体布局应首先关注内部配套服务设施配比，同时充分考虑医护单元三大功能的可达性、使用的便捷性和环境的舒适性，并重点考虑医护单元与其他附属单元的流线组织、功能配置，协调多方面运营管理和合作方式。

结合汉润里现有空间模式类型，笔者建议将中心区域建筑拆除或异地重建，开辟室外活动空间，对活动空间周边居住建筑进行功能置换，将中心区域打造成社区服务区，增强社区中心区域活力，美化社区，绿化景观，同时医护单元能够充分利用室外活动空间，为自理老人提供室外休闲场所，为患病老人提供康复活动绿地（表3.8）。

表3.8　汉润里医护单元功能组成

功能类别	功能	配套设施及服务	功能内容与配置要求
基础医疗	形成为老人提供诊疗康复、预防保健服务的核心医疗区	社区医院	面积500~1000m²，主要用于保健康复、疾病预防、小病医治和第一时间急救，同时承担社区老人健康档案的管理和日常的医疗照护服务，并通过与临近的武汉市中心医院、武汉市中医医院建立绿色通道实现快速转诊，为老人和其他社区居民提供便捷高效的医疗服务，一般设置在社区中心
		医疗室	每间面积20~30m²，小型的医疗保障设施，主要针对半自理及失能型老人，可与护理型老年公寓结合设置
		心理咨询室	为老人提供心理咨询、开展心理健康教育工作的场所，并提供医疗保健信息咨询服务，结合社区医院设置
		保健康复室	面积40~60m²，为患病老人提供康复设施与保健器材，并与社区医院结合
核心养护	为老人提供生活起居帮助的养护区	老年公寓	主要收住有医疗照料需求的老人及愿意集体生活的老人，提供基本的生活照料及医疗护理服务
适老照护	形成满足老人休闲娱乐及日常照料需求的适老照护区	活动室	为老人提供休闲娱乐的场所，可与老年公寓结合设置
		多功能厅	为老人提供继续学习和交流的专门场所，可单独设置
		营养餐厅	给老人提供营养、保健、绿色的食品，有助于患病老人的康复治疗
		护理站	为老人提供个人护理和医疗康护服务，结合老年公寓设置
		特殊监控室	对重症老人或失能老人进行监控，避免患病老人发生突发状况，保障治疗的及时性，结合社区医院或护理型老年公寓设置

医疗服务与生活服务等设施在布局上与原有居住功能进行适度功能复合、体块增补，实现资源利用和服务效率的最大化。老年公寓紧邻医护单元进行设置，方便医护人员工作与患病老人就诊，实现治疗及时性，为老人的健康提供保障（表3.9、图3.2）。

表3.9 老年医护环境适老化改造示意（以汉润里为例）

改造类型	里分现有空间模式	配套服务设施功能关系	
医疗保健类		文化娱乐/生活服务 老年公寓 社区管理 适老照护 普通居住单元 基础医疗 急性医疗 来自于周边医疗资源的支持	
老年精神赡养社区新空间示意		**社区医疗中心及老年公寓布局示意**	
普通居住单元 普通居住单元 老年公寓 普通居住单元 老年公寓 医护单元 普通居住单元 室外活动空间单元 老年公寓 生活服务单元 交往娱乐单元 文化教育单元		社区医疗中心	保健室 心理咨询室 输液室 办公 药房 门厅 入口 治疗室 医梯 检验区 WC 收费
		老年公寓	电梯 老人居室 护理站 特殊监控 WC 医梯 老人居室 营养餐厅 活动室 老人居室

（a）步行转诊流线

（b）车行转诊流线（一）

（c）车行转诊流线（二）

图3.2 绿色就医/转诊通道（以汉润里为例）

车行转诊流线1：汉润里正门→中山大道→宝华街→南京路→鄱阳街→武汉市中心医院，0.778km，4个红绿灯，耗时约3分钟。

车行转诊流线2：汉润里正门→中山大道→天津路→鄱阳街→武汉市中心医院，1.1km，3个红绿灯，耗时约6分钟。

三、文教环境改造策略（示范性样本3）

以文化教育为核心的改造模式主要针对老人学习与了解社会的需求和自我实现需求，利用同兴里周边的教育资源与文化氛围，在社区内创造老人学习空间，丰富老人精神文化生活，提高他们的素质和生活质量，真正实现终身教育。同时老人不仅是受教育的学员，是社区教育的受益者，还能自愿作为社区内的临时教员，为年轻人现身说法，举办爱国主义、孝道亲情、革命先烈的各类讲座，弘扬中国传统文化；有才华的老人还能够在社区内组建培训班，如楚剧培训、书画培训、乐器培训等，使自己的才能得以发挥。老人在社区内兼具教员与学员的双重身份。

（一）文教环境的组成与配置要求

文教环境的组成与配置要求见表3.10。

表3.10 同兴里交往娱乐单元功能组成

功能类别	功能	配套设施或服务	功能内容与配置要求
文化学习	组织进行过社区专业老年教育培训的教师进行授课，充分利用周边高校教育资源与成熟的课程建设团队，创建老年教育精品课程，提高师资队伍专业水平，使对老人的教育贴近社区、立足生活，让老人学有所用、学有所得	阅览室	为老人提供继续学习和交流的专门场所，开设法律法规、初级识字、时事政治等适合老人学习的课程，帮助老年居民提高自身文化素质，主动融入文化教育建设中，可集中设置在老年大学中，也可分开设置
		多功能教室	
		网络学习室	培养老人计算机应用能力，建立数字化学习资源，利用远程教学或手机APP课程软件，实现老人网络教育
		参观展览活动	利用社区周边展览馆和博物馆资源定期组织老人参观活动，培养兴趣、增加交流、丰富知识、陶冶情操
		技能培训班	为有再就业需求的老人提供培训服务，有利于工作及生活技能的提升
文化教育	由社区内老年志愿者为游客们进行培训与教学，使他们的技能、特长得以发挥，从而获得精神上的成就和满足感，有利于老人晚年生活品质的提升。在课程的设计上体现武汉地域文化特色及社区建设的需要	楚剧培训班	楚剧是湖北省独有的剧种，代表了湖北地区的文化；组织了解楚剧的老人在社区内组建培训班，发扬湖北特色楚剧，传承湖北楚文化
		武汉历史讲座	同兴里有着特殊的地理位置，周边历史文化建筑丰富，结合同兴里本身的文化价值，在社区内举办历史讲座，由老人为游客们讲述老建筑背后的故事，不仅传承了建筑历史文化，还丰富了老人的精神生活
		红色革命讲座	结合革命老战士的资源，邀请革命战士来社区举办革命事迹的讲座，让社区内的居民了解老一辈的革命事迹，并结合里分周边红色革命旧址制作红色革命宣传栏，组织观看红色电影，传承革命文化精神，发扬社会主义核心价值观，在居民们受到教育的同时，丰富社区的文化内涵
文化传承	在提升老人知识文化素养的同时，使建筑文化及武汉文化传播开来，让更多人了解并尊重历史	文化展览	在社区内举办各类文化展览，吸引人气，传承里分历史文化
		文艺演出活动	联合周边社区一同举办文艺演出活动，为老人提供展示自我的机会，也让老人在活动中提升自己的文化素养

（二）以街巷肌理为基础的文教空间改造示例

同兴里属于法国风情历史街区，片区内有大量法式风格的优秀近代建筑，具有优良的历史人文景观基质。另外，片区周边有武汉市非物质文化遗产展览中心、黎黄陂路街头博物馆、湖北省电力博物馆等博物馆建筑物，还有许多名人故居与革命旧址，如八七会议会址、武汉中共中央机关旧址纪念馆、詹天佑故居等，大量的优秀历史建筑遍布在周围，历史人文景观丰富，为将小区改造成文化教育里分养老社区提供了有利的条件。因此，笔者建议同兴里采用以文化教育为核心的改造模式，将外部的人文景观与社区内的人文景观相结合进行设计改造，并在社区内加入新的文化教育场所，使老人积极参与文化教育活动，在学习中得到精神的满足，实现自我价值。同兴里的巷道空间模式为主巷型，由一条主巷贯穿整个社区，有较强的人流导向性，笔者建议将主巷作为文化教育展示空间，作为平时老人学习成果展示区以及历史文化展示。将文化教育单元设置在入口处，既方便社区外的学员来此学习，又不会打扰到居民的生活；其他配套服务设施集中布置在社区内部，对内部居民服务。拆除入口的临时建筑，进行景观设计，丰富里分的景观界面，同时作为社区与城市的过渡空间，丰富空间层次（表3.11）。

表3.11　同兴里住区文教空间模式

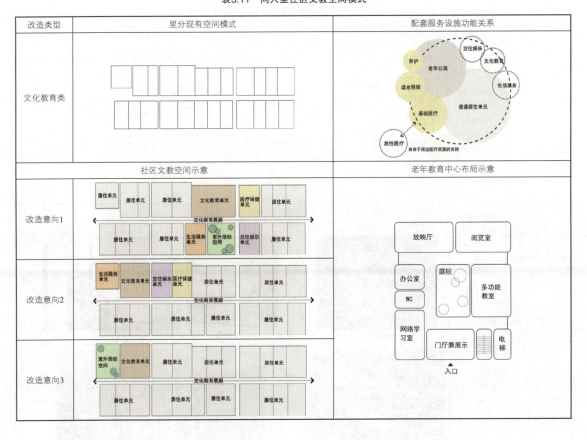

（三）以建筑单体为基础的老年大学（分部）改造示例

坤厚里的总体布局和道路形式为网格型，过街楼形式，过街楼的下面为平顶，楼上为住宅；次巷多使用牌坊的形式，各种巷道形成的公共活动空间和单体住宅公共空间略为狭小，公共设施基本不能发挥作用。坤厚里65#是本里分住宅形式的特例，它位于坤厚里的东南角，原本是业主的住宅。其建筑面积大，设计及装饰都较为精细，是武汉里分建筑中不多见的形式。65#的平面布局为对称式，宽敞的客堂取代了天井，卧室均为大开间，通风采光良好。二层主要房间都配有阳台，这是其他住宅所没有的特点。

平安里入口位于友益街西端，始建31栋建筑，现存23栋，均为砖木结构，布局完整，建筑保存较好。近代汉口里分的投资来源主要是外资和华资两类，外资投资主要包括"洋行建造型里分"、"教会建造型里分"和"工商业资本家建造型里分"。平安里规划设计相对完整，建筑风格统一，属于"洋行建造型里分"。

此处以坤厚里与平安里为例，论述以建筑单体为基础的老年大学（分部）改造导则与示例（表3.12、图3.3、图3.4）。

表3.12　坤厚里老年大学（分部）改造导则

行为需求		1.根据国务院办公厅印发的《老年教育发展规划（2016—2020年）》，到2020年，全国县级以上城市原则上至少应有一所老年大学。老年大学授课丰富，形式多样，可以满足老人丰富多彩的精神文化生活需求。 2.目前，老年大学的发展存在供需矛盾，如课程设置不合理；教室资源不足，无法满足个性化课程需求；师资力量薄弱；普遍存在"一座难求"的现象
基于标准的改造策略	基本原则	力争在不改变原有承重结构前提下，满足教学、交流、活动、娱乐等功能需求，并设置墙面水平扶手、地面防滑、墙角防护等无障碍设施
	用地选址	1.应选在交通便利、阳光充足、安静整洁的区域，有良好的可达性，符合老人的出行习惯； 2.与周边道路用绿化带隔离，争取良好的景观朝向，便于老人学习、生活
	平面布局	1.布局核心是教学部分，应为其提供良好的朝向和采光通风条件，并与其他辅助部分有便利的交通联系； 2.功能分区明确，流线清晰，能满足老人特殊心理需求和生理要求
	色调处理	1.色调选择偏向素雅，但不能过于冷，否则会产生压抑孤独感，优先选择淡黄色或乳白色； 2.色调选择可据功能需求灵活调整，普通教室可采用素雅简洁的色调，如米黄色、淡蓝色，娱乐室则采用活泼大胆的色调，如橘红色、绿色等
	室内选材	1.墙面、天花宜使用石膏板、乳胶漆等漫反射材料，营造温馨的氛围； 2.地面宜使用防滑易清洁的材料，不宜使用反光大理石或铺设地毯，避免为老人出行制造障碍
	相关图示	 入口处无障碍设计　　竖向交通无障碍设计 教室意向图　　卫生间意向图

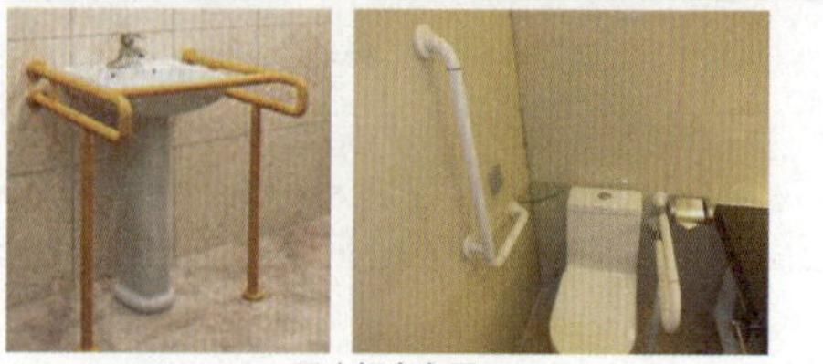

续表3.12

推荐标准的改造策略	基本原则	在基本标准的基础上通过扩大门洞尺寸、增大窗地比、改变室内色调、降低室内噪声、改变室内空间组合等方法优化老人在老年大学（分部）的学习体验		
	扩宽门洞	教室门洞的宽度至少为800mm，且室内需预留直径不小于1500mm的轮椅回转空间		
	平面改造设计	对住宅的原有结构进行调整，可采用空间重组、房间合并、加建夹层等方法		
		改造方式	具体措施	使用后评价
		功能置换	住宅原有结构不变，置换内部功能	造价低，可行度高
		空间重组	住宅承重结构保持原状，调整非承重墙位置，合理更新平面布局	丰富平面组合形式
		房间合并	原有两间合为一间或者三间合为两间	满足各种空间需求
		加建夹层	在层高较高处加建夹层，合理利用空间	空间利用率提高
	室内改造设计	1.丰富教室桌椅的摆放形式，以满足不同课程学习要求，便于师生交流互动； 2.采用玻璃、木质等软隔断划分空间，同时保证一定私密性； 3.色彩宜用暖色调，营造温馨的氛围，通过不同色调、亮度的灯光营造不同的活动氛围，给予老人舒适的学习体验		
	相关图示	 棋牌室意向图 	 多媒体室意向图	

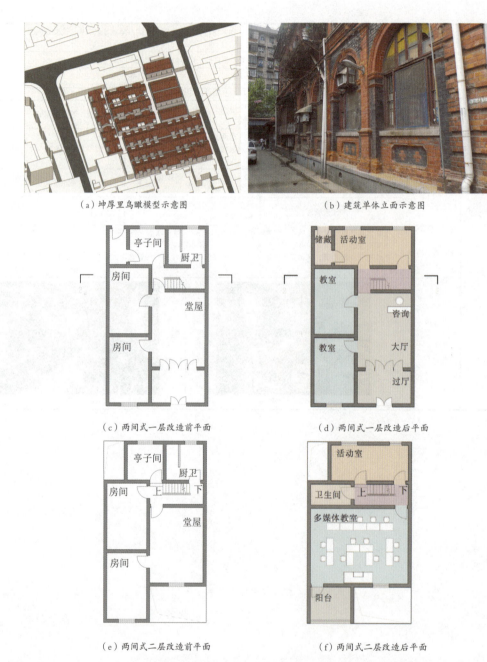

（a）坤厚里鸟瞰模型示意图　　　　　　　　（b）建筑单体立面示意图

（c）两间式一层改造前平面　　　　　　　（d）两间式一层改造后平面

（e）两间式二层改造前平面　　　　　　　（f）两间式二层改造后平面

图3.3　坤厚里老年大学（分部）改造示例（以坤厚里两间式住宅为例）

（a）平安里鸟瞰模型示意图

（b）平安里街巷空间

（c）三间式一层改造前平面

（d）三间式一层改造后平面

（e）三间式夹层改造前平面

（f）三间式夹层改造后平面

（g）三间式二层改造前平面

（h）三间式二层改造后平面

图3.4 平安里老年大学（分部）改造示例（以平安里三间式住宅为例）

四、商购环境改造策略（示范性样本4）

（一）老年读书角与老年食堂改造导则

利用小区楼层普遍偏低的特点（低于安装电梯临界值4F），采用整体租赁的方式，以吸引房地产中介资金投入和政府资金扶持，利用现有楼房和地段优势改建成老年读书角、老年食堂，优先考虑原居民使用，并为周边老城区提供医护环境硬件支撑，实现不拆迁前提下原居养老、房租收益与建筑沿用的三赢局面（表3.13）。

表3.13　老年读书角与老年食堂改造导则

		老年读书角		
行为需求		1. 为了营造良好的学习氛围，丰富老人的业余生活，建立老年读书角； 2. 各种类型的书籍可以丰富老人知识面，使老人与时代接轨，真正让老人做到"老有所学，老有所乐"		
基于标准的改造策略	基本原则	力争在不改变原有承重结构前提下，满足读书学习和交流等功能需求		
	用地选址	1. 应选在交通便利、安静整洁之处，和老年大学（分部）接近，与周边道路用绿化带隔离； 2. 争取良好的景观面，为老人读书学习提供良好的环境与舒适的氛围		
	平面布局	1.平面主要分为阅读区与交流区两部分，动静分区； 2.书籍分类摆放形成分区，每个分区配备定量桌椅，供老人阅读使用		
	色调处理	1.色调选择偏向素雅，但不能使用过于冷的色调，否则容易让人产生压抑孤独感，应优先选择淡黄色或乳白色； 2.局部标志亮色点缀，便于识别		
	室内选材	1.墙面、天花宜使用石膏板、乳胶漆等漫反射材料，营造温馨的氛围； 2.地面宜使用防滑易清洁的材料，不宜使用反光大理石或铺设地毯，避免为老人出行制造障碍		
	相关图示	 阅读空间意向图	 交流空间意向图	
推荐标准的改造策略	基本原则	在基本标准的基础上通过扩大门洞尺寸、增大开窗比、改变室内色调、降低室内噪声、改变室内空间组合等方法优化老人的阅读体验		
	平面改造设计	对住宅的原有结构进行调整，可采用空间重组、房间合并、加建夹层等方法		
		改造方式	具体措施	使用后评价
		功能置换	住宅原有结构不变，置换内部功能	造价低，可行度高
		空间重组	住宅承重结构保持原状，调整非承重墙位置，合理更新平面布局	丰富平面组合形式
		房间合并	原有两间合为一间或者三间合为两间	满足各种空间需求
		加建夹层	在层高较高处加建夹层，合理利用空间	空间利用率增高
	室内改造设计	1.桌椅布置根据书籍分类形成组团； 2.采用玻璃、木质等软隔断划分空间，同时保证一定私密性		
	相关图示	 开放型读书角	 聚合型读书角	

续表3.13

		老年食堂		
行为需求		1.我国人口老龄化速度增快，老年消费群体庞大，但目前餐饮市场不能满足老人个性化需求，老年餐饮市场潜力巨大； 2.目前，我国家庭规模小型化，独居老人就餐难，老人食堂的建立能推进城市社区养老服务体系的发展，并结合送餐服务为老人提供便利		
基于标准的改造策略	基本原则	力争在不改变原有承重结构的前提下，满足饮食和交流娱乐等功能需求		
	用地选址	1.宜选在交通便利之处，便于运输车辆出入，并满足疏散和消防要求； 2.宜选在洁净通风之处，远离露天污水、粪池		
	平面布局	1.各功能区间的定位、面积分配和厨房设备设施数量、质量安排合理，洁污分区； 2.厨房设计符合一般生产工艺流程，桌椅摆放应满足老人特殊需求		
	色调处理	色调选择偏向素雅，但不能使用过于冷的色调，否则易使人产生压抑孤独感，应优先选择淡黄色或乳白色；局部使用亮色点缀，如橘红色、绿色，可活跃就餐氛围		
	室内选材	1.墙面、天花宜使用石膏板、乳胶漆等漫反射材料，以营造温馨的氛围 2.地面宜使用防滑易清洁的材料，不宜使用反光大理石或铺设地毯，避免给老人出行制造障碍		
	相关图示	 入口处无障碍设计 餐厅意向图	 厨房意向图 卫生间意向图	

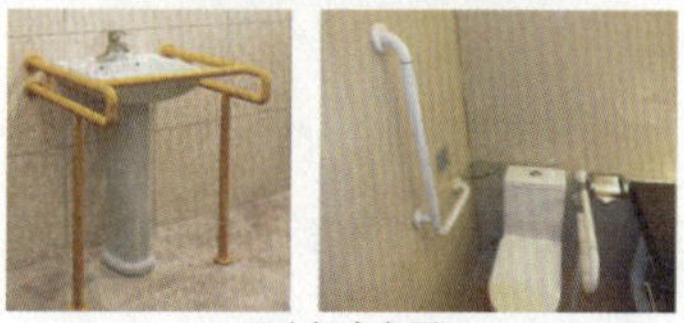

推荐标准的改造策略	基本原则	在基本标准的基础上通过扩大门洞尺寸、增大窗地比、改变室内色调、降低室内噪声、改变室内空间组合等方法优化老人的就餐体验		
	平面改造设计	对住宅的原有结构进行调整，可采用空间重组、房间合并、加建夹层等方法		
		改造方式	具体措施	使用后评价
		功能置换	住宅原有结构不变，置换内部功能	难以满足大空间需求
		空间重组	住宅承重结构保持原状，调整非承重墙位置，更新布局	丰富平面组合形式
		房间合并	原有两间合为一间或者三间合为两间	满足各种空间需求
		加建夹层	在层高较高处加建夹层，合理利用空间	空间利用率提高
	室内改造设计	1.西餐桌椅采用T形、U形等布局，中餐桌椅采用品形、方形等布局，围合出一定的交流空间； 2.采用玻璃、木质等软隔断划分空间，同时保证一定私密性； 3.宜使用暖色调，营造温馨的氛围		
	相关图示	 西餐厅意向图	 中餐厅意向图	

（二）老年读书角与老年食堂改造示例

（1）近代里分江汉村与上海村改造

江汉村位于汉口江岸区最早形成的英租界范围内，西临上海村，由江汉路、上海路、洞庭街、鄱阳街围合而成，卢镛标建筑事务所樊文玉工程师设计。江汉村整体布局形式简洁明快，由26栋二层或者三层住宅组成，住宅分布于长170m的主巷道两侧，是近代汉口老里分中设计最新颖、设备最完备的一个，现属于武汉市一级保护街区。而上海村是高等里分住宅建筑，属于市二级保护街区，位于汉口胜利街与江汉路的交界处，由当时最有名的英国建筑师弗兰克·贝恩斯爵士设计，商人李鼎安改建。现以上海村与江汉村为样本进行老年读书角与老年食堂适老化改造实证研究（图3.5、图3.6）。

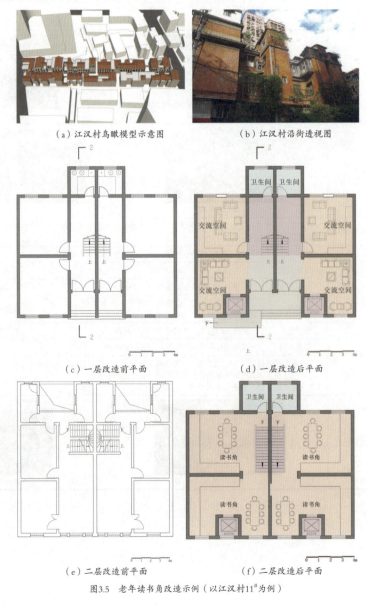

（a）江汉村鸟瞰模型示意图　　　　（b）江汉村沿街透视图

（c）一层改造前平面　　　　（d）一层改造后平面

（e）二层改造前平面　　　　（f）二层改造后平面

图3.5　老年读书角改造示例（以江汉村11#为例）

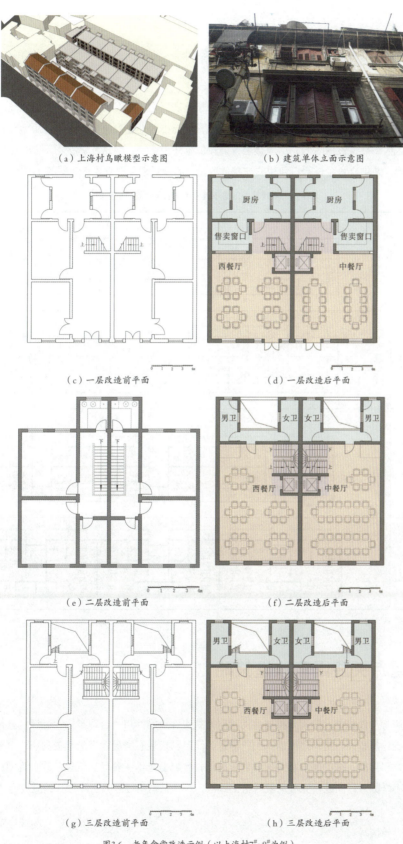

（a）上海村鸟瞰模型示意图　　　　　　　　（b）建筑单体立面示意图

（c）一层改造前平面　　　　　　　　　　　（d）一层改造后平面

（e）二层改造前平面　　　　　　　　　　　（f）二层改造后平面

（g）三层改造前平面　　　　　　　　　　　（h）三层改造后平面

图3.6　老年食堂改造示例（以上海村7#~8#为例）

（2）武昌工大路石牌园小区改造

石牌园小区位于洪山区工大路西侧，北临洪达巷，新建高层住宅如泓悦府、天下龙岭广场、鸿岭花园东区环绕四周，因毗邻高校以及街道口商圈，小区区位优越，然而小区地处高层夹缝之中，房地产开发潜力受到严重制约，加上小区内部硬件设施陈旧，房屋楼层普遍较低（3F为主），私搭乱建状况严重，居住人群老龄化严重，因此引入房地产或中介资金进行打包租赁与整体改造，实现适老化改造到养老设施的转变（表3.14）。

表3.14 石牌园小区老年读书角与老年食堂改造示例

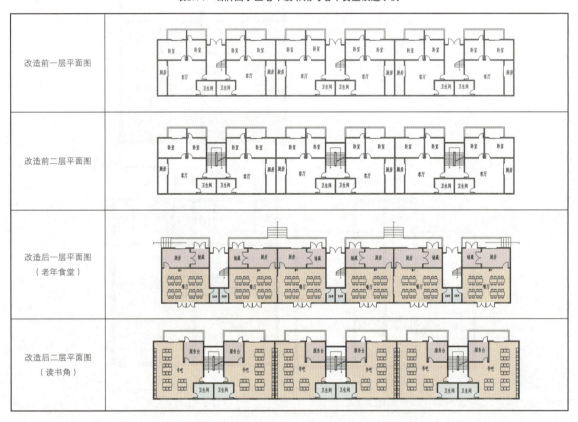

改造前一层平面图	
改造前二层平面图	
改造后一层平面图 （老年食堂）	
改造后二层平面图 （读书角）	

第三节　重点关注因素改造策略

寻求周边既有停车设施，以费用分摊与共同管理方式实现设施共用；合理布局，区域划分，昼夜结合，并加强社区排水基础设施建设，提前消除老人出行隐患。同时利用现有房屋建设老年便利店，以老年人为目标人群解决相应五金、日用品、医护品与蔬菜果鲜需求问题，且配备老年快餐厅。新建、改扩建相应幼儿园，增强社区活力；明确小学的对口问题，完成老城区价值升级，这也是老年社区吸引年轻人的重要方式。

对个性休闲空间和群聚休闲空间，结合室外铺地、活动广场、日间遮阳雨棚与夜间照明设施等的改造进行适老化改造，同时开辟公共场所，新建或改建老年活动中心，消除便捷性低造成的使用不适（参见图2.25与表2.7），完成社区个性休闲空间与群聚社交空间整体升级，并为周边老城区提供硬件支撑。

一、小区环境的空间重构

适老化改造应对里分现有空间体系进行重新改造设计，使之更适合老年社区氛围。改造的限度以不破坏里分重要的鱼骨布局街巷肌理为宗旨（表3.15）。

表3.15 里分小区环境重构说明

改造内容	改造策略	改造前示意图	改造后示意图
街巷空间	1.打开部分住宅前天井，营造出一个尺度相对大的公共空间，满足老人日常活动需求； 2.打开部分住宅后天井，作为绿化与日常交往空间，在其中安置花架、座椅等小品设施，实现视线遮挡，形成半私密空间，并局部拓宽了支巷的宽度		
入口空间	里分的主入口是居民出入聚集频繁的地方，同时兼具社区对外形象展示宣传的功能，也是非机动车及救护车出入社区的必经之路，因此需进行适当拓宽与美化，使之成为内与外、新与旧之间的良好过渡		
公共空间	选取里分的中心空间对部分住宅进行拆除或异地重建，以开辟出一部分公共空间和集中绿地，并在公共空间周边集中设置里分社区内部公共服务设施，增强中心区域活力，促进居民活动与日常交流		
新空间	充分利用空间，加入一些功能可变的设计元素，使其在使用和闲置时呈现两种空间状态，从细节上改善居住条件，例如可通过设置可折叠、可滑动的配件营造可变性空间等[1]		

① 罗睿，彭雷.武汉近代里分住宅更新保护研究——以坤厚里片区为例[J].华中建筑，2012(6)：162-166.

二、社区景观的优化调整

对里分中的景观环境进行适老化改造设计，具体包括对地面铺装、景观小品设施、景观绿化的改造（表3.16）。

表3.16 社区景观的优化调整

改造内容	改造策略	具体方法
地面铺装	适应整体环境	1.使用传统材质进行铺装，保证了整体环境的连续性； 2.传统材料的选用与街区的艺术氛围形成呼应，使得整个社区在材质与色彩上更加协调
	丰富空间层次	1.不同性质的空间使用不同材质，通过肌理以及色彩的差异，形成对功能上的区分，将整块巷道空间划分为不同层次； 2.由于老人色彩识别能力的降低，易于辨别的色彩及肌理能够帮助老人对路线形成指向性记忆，并给他们带来不同的归属感与领域感
	装饰简洁明快	1.采用适度线条装饰，防止过于繁杂的装饰，使居民形成不正确的视觉中心点[①]； 2.尽量使用规整材料铺地，避免凸起和过大高差，考虑材料防滑性，保证老人出行安全
景观小品设施	丰富设施种类	1.主巷宜设置夜景照明、宣传告示和文化小品等，使主巷成为整片区域的活力轴和信息港，还可沿墙设置灵活可变的折叠休闲座椅，供往来的居民使用； 2.注重公共设施无障碍设计，设置坡道、盲道、轮椅停靠空间，方便不同身体状况的老人使用； 3.在社区广场内增设休闲座椅、健身器材、儿童游乐设施等，营造服务全体社区居民的休闲空间和适于老人的安全活动空间
	协调整体环境	1.把握色彩的协调性与对比性原则，使公共设施色彩协调一致，同时适当加入对比色点缀，使整个街区既协调统一又富有变化； 2.提取具有象征意义的符号与元素，运用到小品设施的设计中，使之与环境相协调； 3.根据不同设施的需要使用不同的材质进行设计，使柔性材质与刚性材质发生视觉与触觉上的碰撞，突出里分社区的历史与特色
	统一文化氛围	使公共设施具有文化特征，增加文化小品的设置，使其与里分整体文化氛围相一致，体现历史街区的文化内涵与文化特色
景观绿化	分散布置与立体绿化结合	1.由于里分住宅居住密度高，街巷空间窄，难以布置成片的绿地，因此采用分散布置的方式，将绿化分散地布置在天井、前院、露台、主巷及次巷旁 2.立体绿化指充分利用可以种植的空间，如窗台、围墙、屋檐及屋顶，通过沿墙竖向绿化或在部分巷道内设绿廊来丰富绿化空间层次，扩大绿化面积
	塑造康复性景观空间[②]	1.用具备预防、治疗和强身功能的植物对不同区域进行软围合、软划分，遵循适宜性、安全性、易达性、舒适性原则，其位置不仅可以设置在室外公共空间，还能利用屋顶平台以及天井等空间进行康复花园的设置 2.开辟部分天井或院前空间作为园艺场地，通过植物的种植和生长，使老人释放情绪、调节心理，增强老人与景观的互动性，丰富他们的生活，有益于老人的健康

坤厚里整体布局与道路形式为网格型，具有丰富的院落空间，平面布局富有韵律感，公共空间与半私密空间过渡自然，为老人提供了更多的交流、活动与休憩场所，构成了多种交往空间类型，十分有利于老人之间的积极交往。并且坤厚里周边有江滩公园与解放公园等活动场所，通过步行就能到达，是老人晨练、散步的好去处，因此，笔者建议坤厚里采用以交往娱乐为核心的改造模式，丰富院落活动空间，拓展周边交往空间，力求

---

① 李子文.近代武汉里分街区的环境设计分析与景观再造——以武汉江岸区一元路岳飞街为例[D].武汉：湖北工业大学，2013.

② 康复性景观（Therapeutic Landscapes）：概念来源于健康地理学（Health Geography），是对健康与场所关系的研究，指运用景观环境因素，防治疾病、促进健康，绿地景观是其中重要的组成部分之一。

将其打造为满足老人积极交往需求的精神赡养社区。

三、公共娱乐场所的改造

室内的公共活动空间应该尽量设置在建筑首层，入口应该设置在主巷上，保证活动室的通风采光，保证足够的层高，无障碍设计符合要求。同时考虑到高龄老人的身体机能，无法参与到活动量较大的集体活动中，他们大多喜欢喝茶、下棋、聊天等相对安静的活动，因此需要适当考虑空间的半私密性，保证在活动中不被打扰。

半私密空间可以结合坤厚里的部分天井进行设置，将局部天井打开，设置一些绿化和景观小品，提高空间内部舒适性，同时隔离干扰，保证了空间的私密性。

此外，边界空间是公共空间与其他空间的过渡区域，其作用在于增加空间之间的联系与过渡，并且边界空间的设计还能增强空间的韵律感。

在坤厚里的街巷中设置一些休闲座椅，通过绿化、矮墙等物体界定空间的领域性，也可以通过改变铺装材质对空间进行划分，使老人能在此休息与观察他人的活动，给老人带来安心的感觉，并且方便他们随时加入，无形中增加了人与人之间的交流，尤其对于高龄老人，观察是他们参加公共活动的重要方式[①]（图3.7）。

图3.7 坤厚里群聚社交空间改造层次

---

① 贾磊.现代老年社区户外行为空间研究与设计策略[D].长沙：湖南大学，2009.

　　坤厚里现有格局为网格型，由宽度约为6m的主巷贯穿整个里分住区，这里是最容易聚集人气的地方，因此对于坤厚里空间模式的改造，笔者建议将位于社区主巷旁的中心区域扩展成室外活动空间，并与交往娱乐单元结合设置，使室内与室外的娱乐空间相互渗透；同时将周边居住建筑与生活服务、医疗护理等服务设施进行复合设置，为居民提供完善的生活服务，并且使配套服务设施具有较高的可达性与易识别性（表3.17）。

表3.17　坤厚里小区环境适老化改造模式

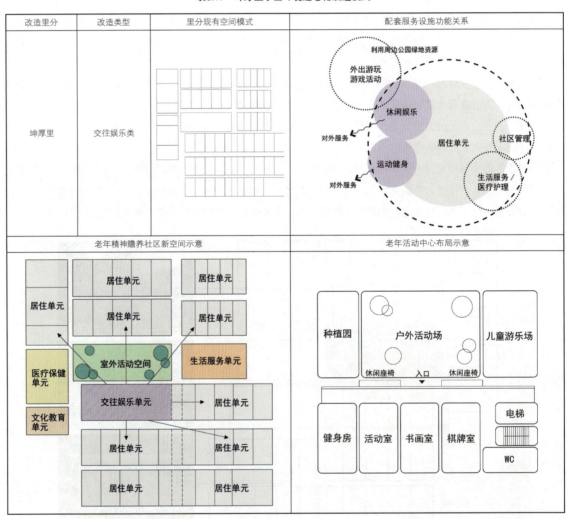

四、公园绿地的改造

与坤厚里邻近的江滩公园风景宜人、视野开阔、内部景观类型丰富，设置有广场、休闲步道、景观长廊、水体等，江滩公园防汛纪念碑门距离坤厚里只有400m的距离，可达性高，吸引了许多周边社区的老人来此处散步、游玩。通过对江滩公园的实地考察，笔者发现老人更愿意在半私密的空间中活动，其行为有一定的聚集性，最常见的活动有打牌、下棋、聊天、听音乐等。适宜的活动场所能为老人提供适宜的社会活动，增进人与人之间的交往，因此可以利用江滩公园的活动场地为老人创造交往娱乐空间。在现有的公园基础上，结合老人活动特征进行适当的改造，并定期组织一些适宜老人的娱乐活动，如在石桌上设置棋盘，供热爱下棋的老人使用；在休闲长廊中多设置一些座椅，给老人提供更多休息聊天的场所；在一元广场上组织广场舞、太极拳等集体活动；利用观演台定期举办文艺演出或电影放映，丰富江滩公园的利用形式，使其既符合年轻人的使用习惯又满足老人的行为活动需求（图3.8）。

图3.8　江滩公园景观设施及步行距离

　　同时，注重适老化休闲绿道的设置。从坤厚里到江滩公园要经过一元路至沿江大道这一段路程，这段路串联了社区空间与城市公园绿地，将社区内部的老人引导到城市公园中，起到了联系和纽带的作用。为了使更多的老人来到江滩公园活动，可适当增加一些适老化休闲设施，如在需要的地方设置明显的指示标记；对交通进行组织，减少安全隐患；针对行动不便的老人，铺地采用防滑耐磨材料，并配合扶手、休息座椅等辅助设施；增加植被的种植，提高道路的休闲性与便捷性，将江滩公园打造成一个鼓励引导老人积极走出户外、享受健康生活的场所，一个安静、便捷、生机勃勃、植被茂盛的休闲绿道空间（图3.9）。

图3.9　老城区休闲绿道建设

第四章 老城区基础样本小区适老化改造策略

通过老城区住宅适老化改造，未雨绸缪，明确政府决心，为建设和谐社会奠定基础，打造武汉"老社区·老房子·老人家"的记忆名片。选择武昌老城区中水陆小区、首义小区与胭脂路小区作为实证研究样本，通过示范性样本5，并辅以重点关注因素的适老化改造方案，确定老城区基础样本小区适老化改造导则与策略[①]。

第一节　示范性样本改造策略（示范性样本5）

一、居室空间（卧室、卫生间与厨房）改造导则

分析老城区基础样本的调研问卷，在所有居室环境中，就寝、如厕与烹饪环境的满意度均值均在3.5及以下，满意度倾向负面，且在重要性与户型改造度上，这三类因素均占据前三位，说明在居室环境中，居民对居住环境的这三类关键因素改造意愿最为强烈[②]（表4.1）。

---

①除示范性样本和重点关注因素之外，该类型小区尚有一些因素可以通过优化调整的方式进行适老化改造，具体包括：

a.可结合高层（历史地段）夹缝小区示范性样本中提供的硬件支撑，进行老年活动中心、公共场所、运动场馆、老年大学、护理院与五金便民店的优化调整。

b.居室环境的优化与调整，如室内晾晒，可优化阳台晾晒空间，扩大或调整室外晾晒空间作为补充，并与小区集体社交空间相整合；餐厅可通过家具的布局进行优化与调整，并结合厨房改造，改善通风与采光问题等。

c.入户空间的优化与调整，结合调研数据中居民改造意愿与资金投入意愿强烈的数据，可加强室内装修。

d.社区服务的优化与调整，加设金融邮电布点，而不仅仅是增设ATM，扩展治安联防站辖区范围，提高居委会、物业管理、金融邮电部门服务质量，开设老人窗口进行人性化服务升级。

e.子孙教育陪护环境的优化与调整，新建、改扩建相应幼儿园；明确小学的对口问题，完成老城区价值升级，这也是老年社区吸引年轻人的重要方式，通过改善子孙教育陪护环境，增强老社区的活力与情感维系。

此外优化调整的具体策略，还可参见其他类型相关因素的适老化改造策略，尤其是示范性样本的适老化改造策略。

② 由于居室环境涉及住宅内部，适老化改造的原则应该是，尊重住户的选择，政府层面上仅提供相应的设计参考与改造样本；政府层面上需要考虑的是，对厕所、厨房、入户空间等的无障碍设施的安装可提供适当补助，并推荐可靠的材料供应商，这也是政府层面老人福利的一种体现形式。

表4.1　居室空间改造策略详尽说明

居室空间：就寝（卧室）改造策略		
行为需求		1.因身体机能下降，卧室的原有布置和物理环境不能满足老人需求； 2.卧室是老人一天中停留时间最长的场所，是影响老人居住满意度最主要的因素，应在适老化改造中对就寝（卧室）空间特别关注
基于标准的改造策略	基本原则	力争在不改变原有空间结构前提下，设置墙面水平扶手、地面防滑、家具以及墙角的防护，对卧室内家具设备、开关位置、门窗便利性进行改善，并增强隔音降噪功能
	地面处理	1.选择卧室地面防滑底板；2.消除卧室门槛处高差
	增设扶手	1.高度在700~900mm之内，离墙距离为30~50mm；2.扶手顶部弯向墙和地面一侧
	卧室家具	1.以床为核心，优化配置床头柜、衣柜和书桌布局； 2.预留足够的回转与活动空间，对使用轮椅的老人，需有1500mm的圆形空间方便轮椅回转； 3.优先选择圆角家具，若条件不允许，需对家具尖锐部位做好防护措施； 4.床需有合适高度与宽度，条件允许情况下尽量选择较大尺寸，并能方便调节高度且避开门窗和空调口的正对区域； 5.床头柜除存放日常药品与生活用品外，还应有相应的支撑强度，高度为400~600mm，与床垫平行为佳，并应设有应急呼救系统； 6.衣柜高度相对降低，若储存空间不足导致无法降低衣柜高度，宜设置伸缩拉杆存放衣物，并优先采用进深较小、置物架较低的衣柜，进深较年轻人使用衣柜减小100~300mm
	卧室色调	1.色调选择偏向素雅，但不能选用过冷的色调，否则易产生压抑孤独感，优先选择淡黄色或乳白色。 2.色调选择可据老人实际需求灵活调整，对于有静养需求的老人，卧室应该使用浅蓝色，让老人内心平静；对于喜欢新鲜事物的老人，可在细部空间使用较为大胆的色彩搭配，从而避免单调的氛围
	隔音降噪	1.窗框安装隔音条，玻璃选择双层真空玻璃，可阻断声音传播，达到良好的降噪效果； 2.采用柔软、多孔的吸声材质，如铺设软木地板或在床边摆放木质家具，能在一定程度上降低噪声
	相关图示	 水平扶手示意图 （资料来源：《老年住宅设计手册》） 　家具圆角安全设计 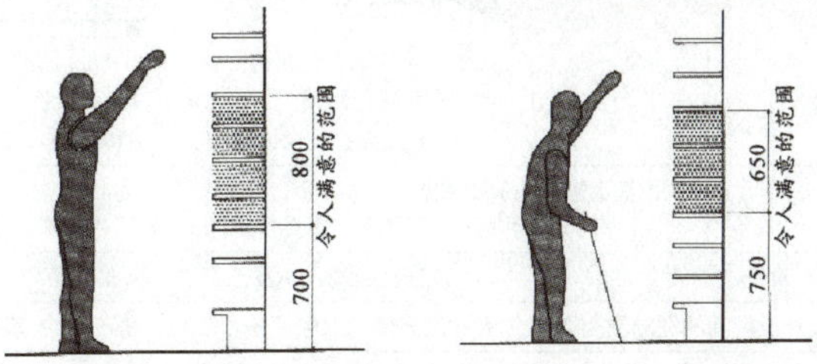 正常成年人活动范围　普通老年人活动范围 （a） 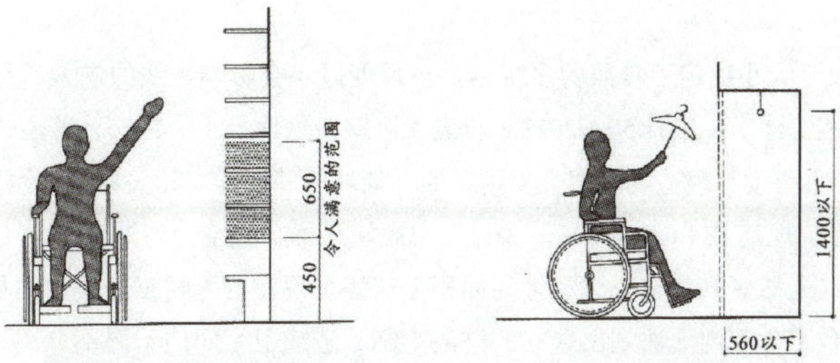 轮椅者使用储物柜的范围　轮椅者衣柜的适合高度 （b） 老人衣柜设计尺度 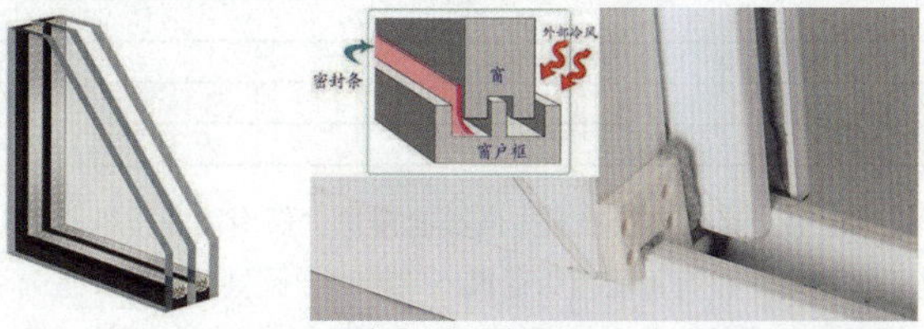 降噪窗户示意图

续表4.1

居室空间：就寝（卧室）改造策略			
推荐标准的改造策略	基本原则	在基本标准的基础上通过扩大门洞尺寸、增大窗地比、改变室内色调、降低室内噪声、扩大卧室空间面积等方法提高老人在卧室空间生活的舒适性	
	扩大门洞	卧室门洞的宽度至少为800mm，且卧室内须预留直径不小于1500mm的轮椅回转空间	
	扩充面积	对住宅的原有结构进行调整，可采用套内空间重组、水平扩建、套型合并、顶层加建等方法	
		扩充方式	具体措施	使用后评价
		套内空间重组	住宅承重结构保持原状，调整非承重墙位置，合理规划平面布局	房屋整体影响较小
		套型合并	原有两套户型合为一套或者三套合为两套	不好处理住户之间的矛盾
		水平扩建	紧贴原有户型向外围扩建新空间	影响低层用户的采光
		顶层加建	在住宅楼的顶层加建	有原有住宅楼日照间距和荷载的限制
	增大窗地比	适当增大窗地比，获得更多日照，有益于老人健康，提高卧室空间生活舒适度[1]，具体改造策略为： 1.降低窗台高度来增大窗地比，一般以降到400~450mm为宜，获得更多光照的同时，让卧床休养老人能够观景； 2.在窗台内增设扶手，方便老人扶靠	
	相关图示	 ● 居室窗台高度　● 长期卧床老人的窗台高度　● 窗台高度宜适当增加 老人卧室窗台设计要点（资料来源：亢育岱《老年人建筑设计图说》）	
	调研数据	卧室满意度为3.52（排名：7/45）；卧室重要度为4.48（排名：1/15）；卧室户型改造度为4.80（排名：12/23）[2]。 注：排名均为降序；满意度与重要度均为5分制，由非常不满意（非常不重要）→非常满意（非常重要）	
居室空间：如厕（卫生间）改造策略			
行为需求	老人对卫生间的需求更为明显，因此老人使用卫生间是否安全、舒心，也是决定老人晚年生活质量好坏的关键之一		
调查现状	1.老住宅卫生间面积普遍很小[3]，通风状况普遍不佳[4]，且都为蹲便器，老人由于身体机能衰退，如厕困难； 2.卫生间没有明确干湿分区，增大老人滑倒、摔伤的概率		

---

① 窗户的尺寸大小决定了日照的多少，窗户尺度过小会影响光线的进入，尺度过大会影响墙体的保温能力。根据《老年人照料设施建筑设计》（JGJ 450—2018），老人卧室窗地比最小为1∶6，普通住宅窗地比为1∶7。

② 满意度、重要度与改造度均值表见附录四　老城区基础样本相关数据，附表4.1。

③ 《住宅建筑规范》（GB 50096—2011）中规定马桶、洗脸台与淋浴三件卫生洁具的卫生间面积不应小于2.5m²，而根据下表可知，武汉老城区旧住宅小区卫生间面积无法满足现在卫生间三件套的面积标准，由于面积过小，卫生间内的空间非常狭窄，进而导致卫生间内无法划出独立的淋浴空间，造成卫生间内干湿不分离，提高了老人滑倒的危险性，影响老人的健康。

表4.1脚注　调研小区卫生间面积比较（m²）

	水陆小区	首义小区	胭脂路小区
最小卫生间面积	0.9×1.8=1.62	1.3×1.9=2.47	1.4×2.0=2.80
最大卫生间面积	1.3×2.0=2.6	1.1×2.5=2.75	1.6×2.0=3.20

④ 在所调研的小区中，有些户型的卫生间没有窗户，仅用机械排风，并且机械排风设施落后，积满灰尘，造成卫生间卫生条件差。在冬天洗浴时，很有可能因为通风不顺畅而导致供氧不足，进而引发老人昏迷，对于患有心血管疾病的老人而言，卫生间物理环境上的问题更为严重。

续表4.1

居室空间：如厕（卫生间）改造策略		
基于标准的改造策略	基本原则	保证具有基本自理能力的老人在卫生间的安全与舒适，需要消除卫生间内的安全隐患，包括处理地面、改善卫生间环境、合理规划布局、选择适合老人的卫生洁具等
	地面处理	1.卫生间内会进行大量与水有关的生活行为，地面很容易打湿，防滑很重要，防滑地板应尽量选择柔软的材料，减轻老人摔倒时受到的伤害； 2.卫生间应与套内其他空间处于同一平面上，消除垂直高差
	环境改善	通过加设机械排风和人工照明等方法改善卫生间通风、采光条件
	布局调整	1.洗手台、坐便器、淋浴间及浴缸，布置成L形，方便坐轮椅的老人出入； 2.卫生间门需要采用推拉门或者向外开启，间接扩大卫生间的有效使用面积，并保证救援人员可从外开门
	设备更新	1.应避免使用蹲便器，降低老人发生意外的可能性； 2.安装坐便器时需提高面板高度，并考虑墙体、门等物件之间的空间； 3.面盆侧边需要安装扶手，方便下肢力量较弱的老人使用； 4.淋浴间需靠墙壁设置座椅，针对卫生间空间较小的情况，座椅可采用折叠式
	相关图示	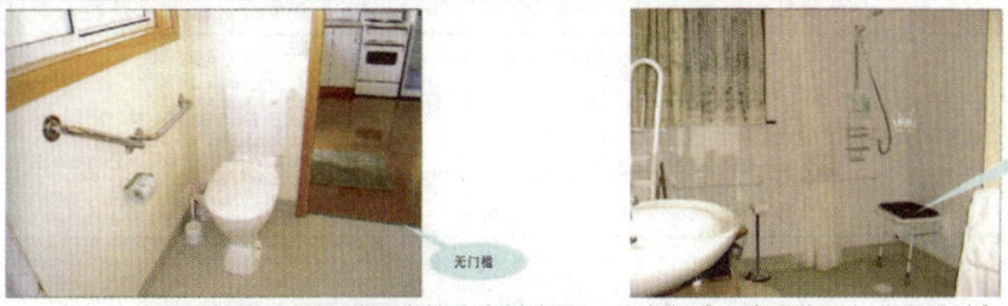 无门槛的卫生间与淋浴座椅（资料来源：丁成章《无障碍住区与住所设计》） 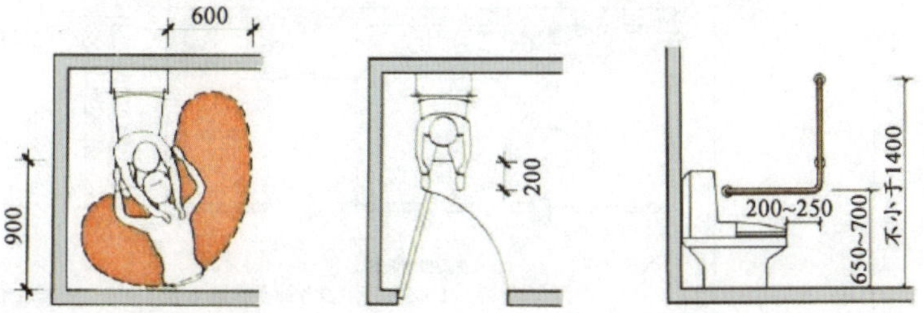 坐便器适老化改造要点（资料来源：周燕珉《老年住宅》）
推荐标准的改造策略	扩大门洞 面积扩充	卫生间门洞尺寸要保证使用轮椅的老人能够顺利通行（净宽800mm以上），在保证安全使用的前提下最好还能为介护人员留有空间。实际改造方法同卧室空间扩大有效面积的方法
	相关图示	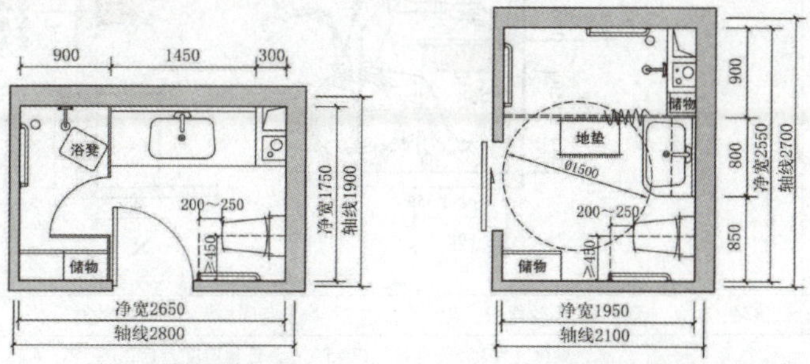 适用于一般老人的三件套卫生间　　适用于轮椅老人的三件套卫生间 一般老人与轮椅老人适用的卫生间尺寸（资料来源：周燕珉《老年住宅》）
	调研数据	如厕满意度为3.35（排名：15/45）；如厕重要度为4.43（排名：2/15）；厕所户型改造度为5.42（排名：18/23）
居室空间：烹饪（厨房）改造策略		
行为需求		厨房也是老人使用频率较高空间，安全性是首要问题，老人在厨房操作没有年轻人灵便，在烹饪过程中需要多次转身，很容易出现危险。因此适老化改造须考虑老人身体特性，选用合适厨具设备，满足老人烹饪活动的需求

续表4.1

居室空间：烹饪（厨房）改造策略		
调查现状	1.厨房面积大部分处于4m²左右，与现行规范相比较小[1]，厨房空间非常狭窄，导致操作台、水池等厨具设备安放很紧凑，且厨具都是标准化生产标准，未考虑老人生理特点，给烹饪行为带来不便； 2.通风采光均不理想，多使用天井采光甚至间接采光，由于老人视力衰退，会带来安全隐患； 3.一些经济条件较差的老人的厨房设备仍处于较差水平，且因厨房开窗面积小，油烟进入居室使得房屋卫生状况受到一定程度的影响		
基于标准的改造策略	基本原则	消除存在的安全隐患，保证良好的通风采光，安装适宜老人使用的操作台及橱柜
	地面处理	该改造方法同卫生间地面处理方法
	环境改善	1.优先考虑对外开窗，尽量保证自然通风与采光； 2.当自然采光的光照无法满足使用要求时，增加人工照明的方式； 3.增设机械排风设备，加速油烟的排出
	布局调整	1.优先考虑L形及U形的操作面台布置，减小操作时转向幅度，避免操作的交叉与干扰。其中，U形的操作面台布置更适合轮椅老人，只需要老人在90°内旋转即可完成烹饪流程。 2.操作台间距无法满足轮椅旋转操作时，可将操作台下部局部留空，便于轮椅的旋转
	橱柜设置	选择适宜老人使用的操作台及橱柜： 1.对于自理型老人，操作台面应有大于900mm的操作空间； 2.对于行动不便及使用轮椅的老人，操作台面宽度应大于1500mm； 3.考虑高龄老人和使用轮椅老人的使用要求，应在操作台洗菜水池、炉灶处预留空间，满足坐姿使用空间； 4.吊柜的进深≤300mm，以免碰头
	相关图示	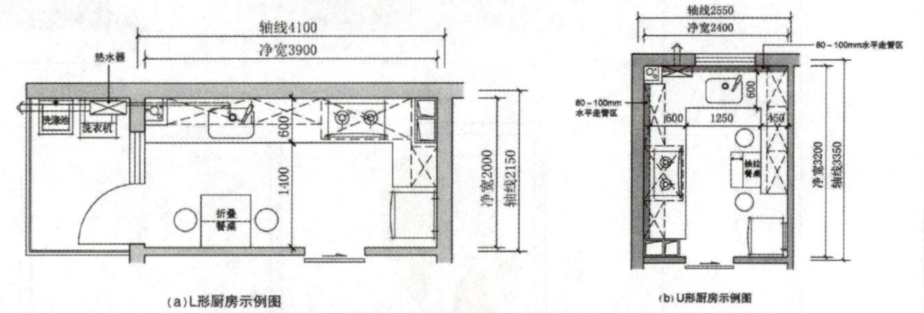 L形及U形的操作面台布置（图片来源：周燕珉《老年住宅》） 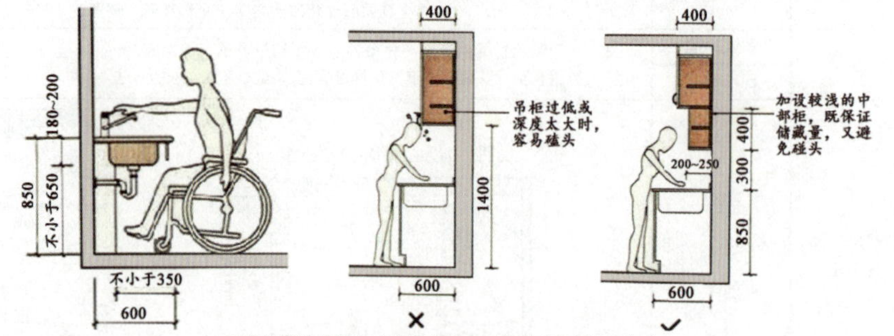 厨房设备设计要点（图片来源：周燕珉《老年住宅》）
推荐标准的改造策略：扩大门洞尺寸和有效面积，实际改造方法同卧室空间扩大有效面积的方法		
调研数据	烹饪满意度为3.35（排名：17/45）；烹饪重要度为4.22（排名：6/15）；厨房户型改造度为5.02（排名：20/23）。 注：排名均为降序；满意度与重要度均为5分制，由非常不满意（非常不重要）→非常满意（非常重要）		

[1] 表4.2脚注 调研小区厨房面积比较（m²）

	水陆小区	首义小区	胭脂路小区
最小厨房面积	1.5×2.5=3.75	1.9×1.9=3.61	1.6×2.5=4.00
最大厨房面积	2.3×2.0=4.6	1.6×2.6=4.16	2.6×2.4=6.24

二、居室空间改造方案示例

（一）卧室改造方案示例

调研中的不少住宅的使用面积较小，户型空间分配过于紧凑，有的降低了老人的生活舒适度，有的完全无法满足老人生活的基本需求。卧室空间的不合理布置是其中问题比较严重的一部分，建议采用套内空间重组的改造方法对该老人卧室进行改造[1]。本案例为水陆小区两房户型，两位老人与子女同住，经询问，老人经常因为作息时间不同、起夜及打鼾问题影响休息，为了保证老人的睡眠质量及拄拐杖老人有较大的活动空间，在卧室的适老化改造中采取了分床休息的形式，床分别贴墙摆放，并且床之间留有900mm的走道，保证两位老人在生活作息上有一定程度的独立性，不互相干扰，改造方案如图4.1、图4.2所示。

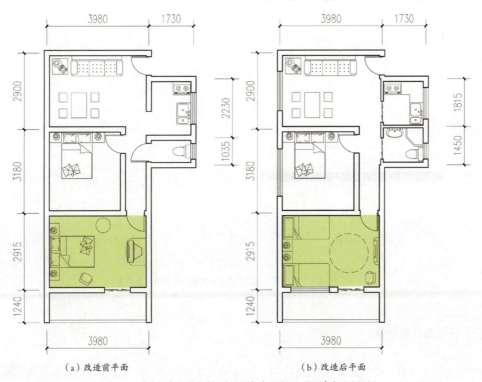

（a）改造前平面　　　　　　　　　（b）改造后平面

图4.1　卧室适老化改造前后平面示意（以调研小区两房户型为例）

---

① 相关改造的代表案例还可参见：梁明.20世纪80年代城市多层单元式住宅适老化改造设计研究——以长江中下游的5种户型为例[D].武汉：华中科技大学，2015.

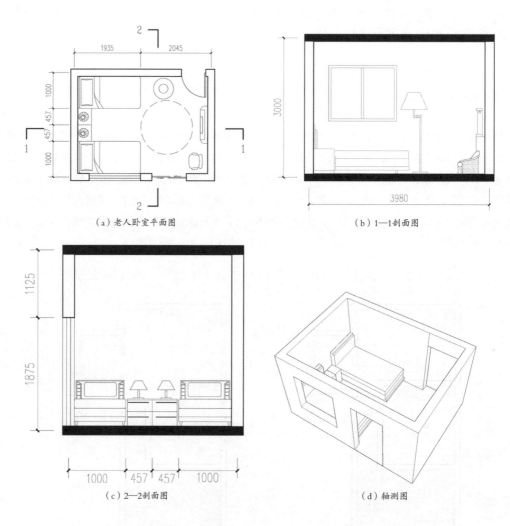

（a）老人卧室平面图   （b）1—1剖面图

（c）2—2剖面图   （d）轴测图

图4.2　老人卧室空间改造分析图（以水陆小区两房户型为例）

（二）卫生间改造方案示例

原户型卫生间存在的主要问题是使用面积不足，功能分区不够完善。将原卫生间向厨房空间拓展，使得卫生间有效面积扩大；明确干湿分区；在淋浴间一侧设置座位与脚垫，方便老人在浴后更换衣物，增加安全系数；卫生间门改为推拉门以方便轮椅通行和防止老人在卫生间内摔倒难以开门救援；内部墙体由原先200mm墙体更换为100mm的分隔墙，扩大室内有效使用面积（图4.3、图4.4）。

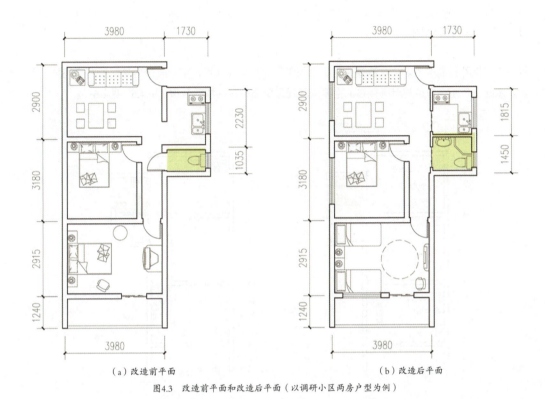

（a）改造前平面 （b）改造后平面

图4.3 改造前平面和改造后平面（以调研小区两房户型为例）

（a）轴测图 （b）平面图 （c）1—1剖面图

图4.4 卫生间改造后分析（以水陆小区两房户型为例）

（三）厨房改造方案示例

厨房空间推荐标准的适老化改造要点是扩大门洞尺寸和有效面积，实际改造方法同卧室空间扩大有效面积的方法。水陆小区两房户型的厨房存在的主要问题就是厨具设备摆放不合理（图4.5、图4.6）。

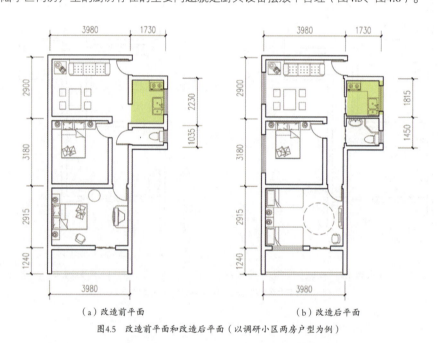

（a）改造前平面　　　　　　　　　　　　　　　　（b）改造后平面

图4.5　改造前平面和改造后平面（以调研小区两房户型为例）

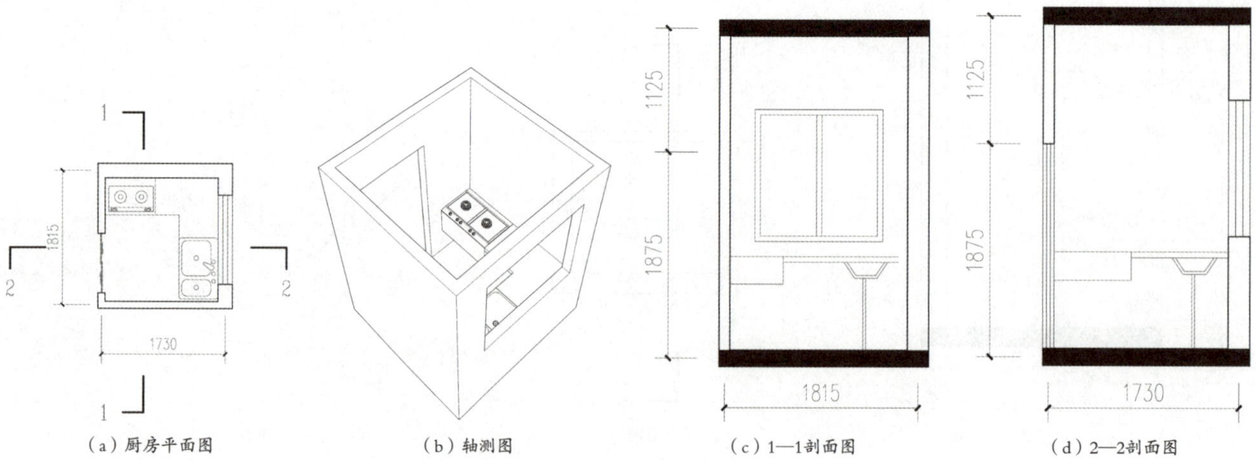

（a）厨房平面图　　　　（b）轴测图　　　　（c）1—1剖面图　　　　（d）2—2剖面图

图4.6　厨房改造后分析（以水陆小区两房户型为例）

第二节 重点关注因素改造策略

商购环境中餐饮店与书店的重点关注因素适老化改造策略,依托高层(历史地段)夹缝小区中老年读书角与老人食堂的硬件设施建设协同制定,而对于个性休闲空间和群聚休闲空间中的散步运动和集体娱乐场地,则结合室外铺地、活动广场、日间遮阳雨棚与夜间照明设施的改造,进行适老化改造,同时开辟公共场所,新建或改建老年活动中心,消除便捷性低造成的使用不适,完成社区个性休闲空间与群聚社交空间的整体升级,并为周边老城区提供硬件支撑。居民停车可参见机关大院小区适老化改造策略示范性样本7(停车设施改造策略)进行相应改造与调整。

一、竖向交通环境改造策略

(一)竖向交通环境(电梯增设、入户坡道)改造导则

住宅竖向交通空间主要包括公共楼梯间、住宅出入口两个部分。其中住区电梯增设改造度最高(图2.16),急迫性也最高(均值4.67,非常急迫),且楼层均值(4.26)>电梯增设改造临界楼层(4F,图2.17)。电梯增设是适老化改造的重点;而入户坡道要点在于住宅出入口的无障碍通行改造。表4.2为竖向交通改造策略。

表4.2 竖向交通改造策略详尽说明

竖向交通:电梯增设改造策略	
行为需求	因身体机能下降,老人上下楼不便成为群聚社交与出行的最大问题。此外,安装电梯不仅是老人刚性需求的一部分,也是心理需求的重要体现
现状调研	1.老城区住宅楼层普遍较高,基本上以6~7层为主,部分达到8层以上,均未配备电梯,给老人上下楼带来很大困难。 2.楼梯间踏步高低和扶手设计无法保证老人爬楼梯的安全性与舒适性,如水陆小区住宅的踏步尺寸为高160~170mm,宽220~240mm,低于现行住宅规范中规定的楼梯踏步宽度不应小于260mm,踏步高度不应大于175mm的基本标准。踏步的进深不足容易导致老人踩踏不稳而发生事故,踏步过高会导致老人上下楼耗费的体力更多,并且容易使老人摔倒。 3.楼梯间采光与通风质量较差,形成原因基于两点:一是设计之初就将采光较好的南面留给住宅的主要功能空间,楼梯间就被设立在北面;二是出于防盗的需要,留出的洞口少,使楼梯间采光较少,昏暗的环境会给老人上下楼梯带来麻烦,因此需要引入人工照明提升楼梯间的照度

续表4.2

竖向交通：电梯增设改造策略		
基于标准的改造策略	基本原则	公共楼梯间基本标准的适老化改造要点是消除楼梯间的安全隐患，对踏步进行修缮，安装上楼梯靠墙扶手，改善楼道照明环境
	修缮楼梯踏步	1.楼梯踏步防滑处理：采用防滑面层或防滑材料，或在踏步前缘设置防滑条，防滑条的高度要尽量与踏步高度保持一致，突出的前沿控制在10mm以内； 2.楼梯踏步边界提醒：在踏步的起始和结束处以及踏步边缘设置显目标志，避免老人因为视力减退而踏空楼梯发生事故，并结合处理住宅楼梯间踏步较窄的设计缺陷
	增设扶手	为方便老人通行，应使用双面扶手，扶手材料尽量避免使用金属等比热系数小的材料，以免冬季不适
	清理梯间杂物	清理梯间杂物，为增设老人座椅提供空间，方便住在较高楼层的老人爬楼梯时有个歇息的小空间。一般采用折叠式座椅，不占用平台的空间，且座椅采用合理的颜色、形式、大小，便于老人使用
	增加楼梯照度	1.拆除部分墙体，换成金属网或玻璃窗，改善自然采光和通风环境； 2.在楼梯间使用地脚灯，确保老人能看清踏板
	相关图示	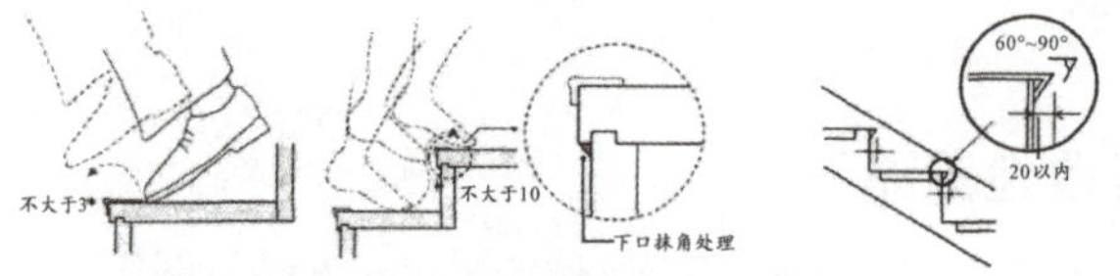 踏步凸缘处理办法（资料来源：周燕珉《老年住宅》） 　日本某养老院梯间扶手  胭脂路小区楼梯间休息座椅 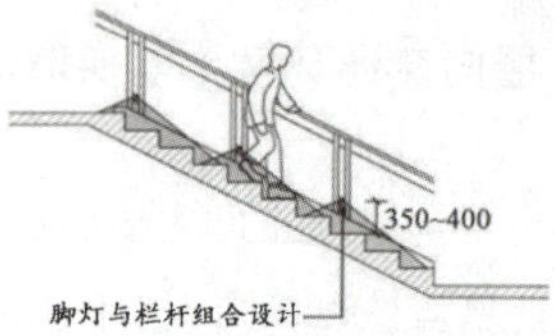　　楼梯地面照明（资料来源：《老年住宅设计手册》）

推荐标准的改造策略	基本原则	公共楼梯间推荐标准的适老化改造要点在于增设辅助上楼梯设备，一般有两种方式：增设楼道电梯和厢式电梯		
	楼道电梯	即分段式楼梯，无须改变原住宅结构，避免影响原功能。具体做法是：安装在楼梯靠墙一侧，并固定在台阶上。在乘坐时，老人脚踩一块长300mm、宽320mm的踏板上，手扶扶手，将被匀速送上楼梯顶端。楼道电梯目前定价2.5~3.5m为2.6万元/台，4.5~5.5m为4.5万元/台。较之增设厢式电梯而言具有对原住宅楼影响小、成本低、省电等优点。 可借用共享单车模式，设置为共享楼道电梯，刷卡付费，解决楼层间资金摊派比例问题		
	厢式电梯	加装厢式电梯基本原则： 1.电梯大小能够满足担架和轮椅的通行； 2.电梯呼叫按钮不应太高，轮椅老人也能够使用，0.9~1.1m为宜； 3.电梯厢内须设置扶手，辅助老人的站立。 注：1.仅在加建条件与法律规范允许，并充分考虑经济、社会价值与社区后期维护等多重因素合适后采用加建电梯的方式，并通过适当增加住宅使用面积（电梯入户平台），引导居民采用楼层置换等多种方式，解决增设电梯中资金摊派与低层居民不适等问题； 2.从实地调研看，20世纪80~90年代的外廊式入户住宅，在增加电梯后，对日照、通风与住户的影响最小		
		两种电梯加建方式对比		
		加建方式	内部加建	外部加建
				停靠休息平台 停靠阳台
		优点	对建筑立面以及日照无影响，可直达入户层	成本较低，技术成熟，对住宅结构和楼梯影响较小。 成本较低，技术成熟，对住宅结构影响较小，可直达入户层
		缺点	施工复杂，对住宅结构和楼梯影响较大，且对住宅楼梯间净宽要求较高（须加装余地）	建筑立面变化较大，可能影响日照，电梯无法直接入户，且影响楼梯间自然排烟 建筑立面变化较大，可能影响居室和楼梯间日照与通风，与现行消防规范有一定冲突
	相关图示	 楼道电梯示意图 电梯轿厢内的扶手		

续表4.2

竖向交通：电梯增设改造策略		
调研数据	竖向交通满意度为3.61（排名：4/45）；竖向交通重要度为4.13（排名：8/15）；电梯增设改造度为7.10（排名：1/23）。 注：排名均为降序，满意度与重要度均为5分制，由非常不满意（非常不重要）→非常满意（非常重要）	
竖向交通：入户坡道改造策略		
行为需求	解决老人下得来、出得去问题的关键所在，也是公共无障碍设计的要点之一	
改造策略	基本原则	重点加强小区无障碍设施的基础建设与维护
	无障碍坡道	1.场地宽裕时，无障碍坡道应紧邻台阶布置，坡道宽度≥900mm，坡度（i）≤1/12； 2.若场地限制，坡度可稍大，但应在坡道上坡边设醒目标志，并采用渗水性较强的材料铺设坡道，且做割槽等防滑处理，降低老人在雨雪天气滑倒的可能性
	轮椅升降平台	当住宅出入口过于狭窄，加装无障碍坡道有困难时，可考虑轮椅升降平台，但是这种改造方法成本较高，且不易维护
	相关图示	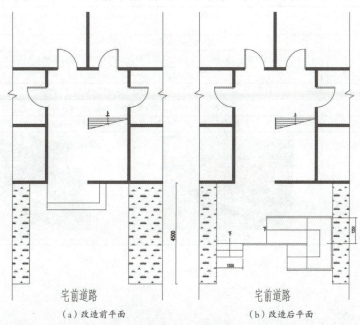 无障碍坡道　　　　　　　　　轮椅升降平台
调研数据	竖向交通满意度为3.61（排名：4/45）；竖向交通重要度为4.13（排名：8/15）；无障碍改造度为6.56（排名：6/23）；入户坡道改造度为6.16（排名：11/23）。 注：排名均为降序，满意度与重要度均为5分制，由非常不满意（非常不重要）→非常满意（非常重要）	

（二）竖向交通改造方案示例

水陆小区17#住宅单元出入口与宅前道路距离为4.5m，能够加装无障碍坡道（图4.7、图4.8）。

（此处为改造前后平面图，图中标注尺寸：4500、1250、1500）

（a）改造前平面　　　　　　　　　　　（b）改造后平面

图4.7　住宅单元出入口加装无障碍坡道

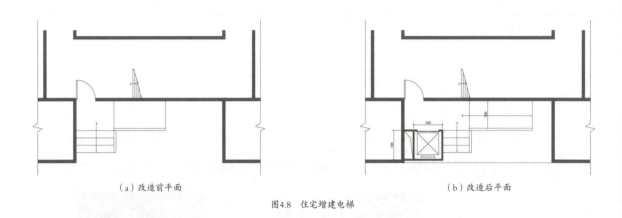

（a）改造前平面   （b）改造后平面

图4.8　住宅增建电梯

首义小区3#住宅出入口为内凹式，可以为电梯的加建提供空间，同时增设立柱以支撑楼梯间平台，入口处仍有较大可利用空间，可设桌椅为老人提供休闲娱乐场所。

二、小区休闲空间与群聚空间改造策略

对个性休闲空间中散步运动、静坐观察与个性空间等因素，以及群聚社交空间中交谈、集体娱乐等因素进行整体重点关注，其改造的要点是结合小区环境重点改造道路交通与场地环境，并完善相应集体娱乐空间，相关空间改造策略详见表4.3。

表4.3　个性休闲空间与群聚社交空间（道路交通、场地环境、群聚社交空间）改造策略详尽说明

需求行为	大部分老人喜欢参加健身活动，既能锻炼身体，又能陶冶情操。目前来说武汉老城区旧住宅小区内的活动场地较小，环境较不理想	
	一、道路交通改造策略	
基于标准的改造策略	基本原则	在原有道路基础上修缮路面、消除高差、增设休息座椅等，优化调整小区休闲与群聚空间适老性
	修缮破损路面	消除路面上所有的小高差，避免老人被小高差绊倒
	增设座椅、扶手	老人体力较差，方便老人在行走时能够及时休息
	引导标识	在道路转角处、交叉口等位置增加一些引导标志，帮助老人辨认方向
	弧形处理	在道路转角处做弧形处理，避免老人摔倒时撞到锐利的路牙而受到伤害
	相关图示	路边休息座椅　　　　路边弧形处理

续表4.3

推荐标准的改造策略	基本原则	完善小区内步行交通系统，步行是老人最常见的健身方式，完善了步行系统，也就为老人提供了一个健身场所
	人车分流	在小区主要入口处和车辆较多的道路将人行道与车行道用栏杆隔开，降低行驶的车辆对老人造成伤害的可能性
	无障碍节点	增设步行道以及保证小区道路交通各个节点无障碍通行，保证坐轮椅老人能够独立安全地到达小区每个地方
	防滑处理	结合排水环境的系统改造与升级，人行道改用防滑材料或透水砖，降低老人在雨雪天气步行时滑倒的可能性
	路面降噪	小区主干道由水泥路改为柏油路，减少车辆噪声，尽量减少车辆对老人造成的干扰
	相关图示	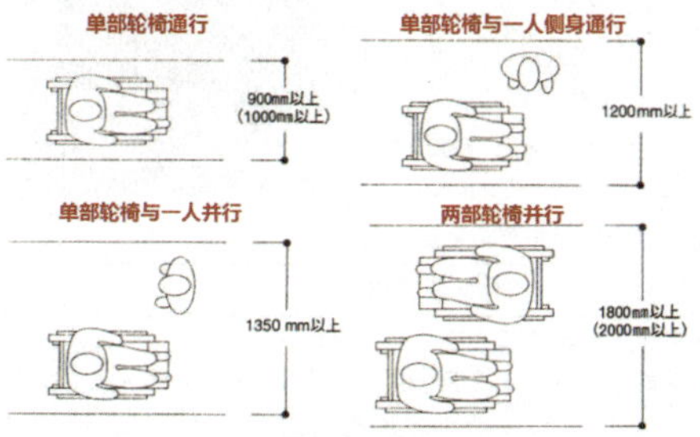 轮椅通行尺寸 　防滑塑胶人行道 　透水砖人行道

二、场地环境改造策略

基于标准的改造策略	基本原则	小区原有的环境基础上通过物业管理，规划整治改善小区内的绿化环境
	垃圾收集	1.消除不规范的垃圾收集点，规范小区收集点位置； 2.及时清理每日的小区垃圾，改善垃圾收集点环境
	商业活动整治	整治小区内的商业活动，避免商贩在路边直接贩卖商品
	卫生维护	增强物业管理，及时对路边、场地设施进行维护和清理，保证小区的干净卫生
推荐标准的改造策略	基本原则	增加小区绿化面积，丰富绿化层次；改善小区环境，为老人营造一个绿色健康的小区环境
	增加绿化面积	增加小区绿化面积，考虑垂直绿化和屋顶绿化，保证四季都能在小区内看见绿色植物，同时也可以为老人提供一定的自种植区域，让老人体验到种植的乐趣；
	扩充绿化层次	增加绿化层次，保证植被种类丰富，增强植物多样性
	周边绿化带	围绕住宅楼等建筑物设置绿化带，避免老人被高空落物砸伤
	景观步道	1.景观步行道尽量选用蜿蜒曲折的小道，避免使用长且直的通道，增加老人在景观中步行的乐趣； 2.景观步行道应当考虑老人使用的特殊性，即老人会使用拐杖和轮椅的情况，不宜采用传统的路面铺装
	相关图示	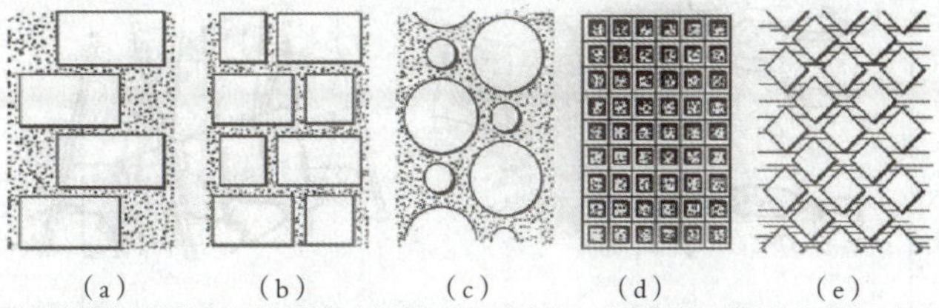 （a）　　（b）　　（c）　　（d）　　（e） 景观道铺装应考虑老人的特殊性（资料来源：高宝真、黄南翼《老龄社会住宅设计》） 观赏性较好、实用性不足是园路设计中常见的问题。如图（a）、（b）、（c）为草地加铺装的做法，不仅有限制步距的弊病，甚至轮椅也很难通过；图（d）是草皮砖铺装，容易让拐杖等器具陷入其中，图（e）是水上分布的方块，所有缝隙都是陷阱

三、集体娱乐空间的完善

续表4.3

基于标准的改造策略	基本原则	老人的集体娱乐有打麻将、唱歌、下棋等活动，应针对性开辟可供集体娱乐的独立场所并扩充小区室外活动空地	
	室内空间	进行资源整合，由社区委托，周边连锁酒店、餐厅等公共服务设施提供空间，负责管理和运营，如改造社区周边闲置或经营不佳的商铺为"银发棋牌室"，专为老人服务，可有效节约建设成本，充分利用空间资源	
	室外场所	1.在原室外活动空间基础上采用修缮地面、消除高差、增设座椅等方法改善小区室外活动场地环境，并保持整洁； 2.增设明显标识的紧急呼叫设施，高度应设在1.2m以下，以便特殊情况时老人及时得到救助	
	相关图示	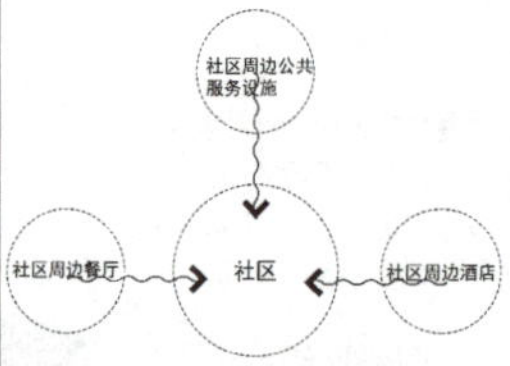 周边公共娱乐设施整合示意	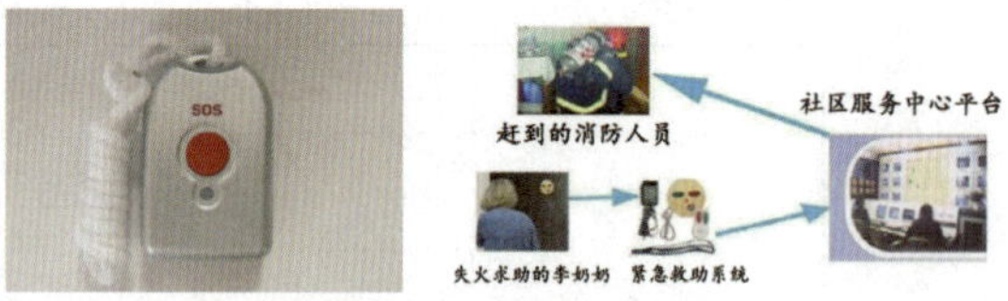 紧急呼叫设施以及相应流程

推荐标准的改造策略	基本原则	在小区内增加老人集体娱乐空间		
	功能置换	对一些闲置房间或运营不佳的店铺进行适老化改造，形成社区活动中心、老年教室或棋牌室，也可分开布置，丰富小区内部交往空间层次与娱乐形式，聚集人气，扩大老人交友范围，帮助"空巢老人"排解孤独		

功能类别	功能	配套设施及服务	功能内容与配置要求
休闲娱乐	满足老人交往娱乐的需求，丰富老人的生活	棋牌室	为老人提供发展兴趣爱好的场所，可集中设置在老年活动中心内，也可分开布置
		活动室	
		书画室	
		外出游玩组织	结合社区周边绿地公园，为老人提供休闲娱乐活动，为孤独老人、空巢老人或有交友需求的老人提供互相交往的平台
		儿童游乐场	为社区老人和幼儿互动创造有利条件，大部分老人喜爱与孙辈一同玩耍，有利于老人身心健康和社区新生活方式的形成
健身娱乐	满足老人强身健体的需求，增加交往机会，同时实现锻炼身体的目的	健身房	满足老人日常健身需求的健身场地可设置在室内，也可设置在室外，采用运动量小的健身器材，更好地满足老人运动健身的需求
		园艺种植	为老人提供花草种植的场地，增强老人与大自然的互动性，场地设置在阳光充足的区域，场地旁应设置休息座椅，为体弱的老人提供临时休息的设施

	群聚社交空间	1.结合室外铺地、活动广场、日间遮阳雨棚与夜间照明设施的改造，完成空间基础改造与升级； 2.设置群体活动场所，并充分结合周边公园绿地与娱乐场所，提供健身、舞蹈教学服务，定期举办游戏运动会等活动，鼓励老人走出社区，锻炼身体、增强体魄，在游戏中增进人与人之间的交往，保障其身心健康
	私密交往空间	高龄老人由于行动不便，无法参与到体能消耗较大的集体活动中，针对他们喜欢喝茶、下棋、聊天等相对安静活动的特点，可结合一些植物绿化设置，形成半私密空间，满足老人心理需求
	健身场地	在小区内的公共活动空间设置老人健身场地与相应活动设施，并结合晾晒空间等增加老人交流机会

续表4.3

调研数据	交谈满意度3.17（排名：27/45），散步运动满意度3.17（排名：28/45），个性空间满意度3.15（排名：29/45），静坐观察满意度3.00（排名：33/45），公共场所满意度3.00（排名34/45），集体娱乐满意度2.70（42/45）；散步运动重要度4.22（排名5/15），交谈重要度4.13（排名：9/15），静坐观察重要度4.00（排名：12/15），集体娱乐重要度3.91（排名：15/15）；室外铺地改造度6.16（排名：10/23），排水环境改造度6.05（排名：13/23），健身器材改造度6.03（14/23），绿化环境改造度5.99（排名：15/23），照明环境改造度5.66（排名：17/23）。 注1.排名均为降序；满意度与重要度均为5分制，由非常不满意（非常不重要）→非常满意（非常重要）。 注2.可以看到与个性休闲与群聚社交空间相关的因素的满意度排名基本靠后，是重点关注因素，结合室外铺地、排水环境、健身器材、绿化与照明环境的改造度诉求，可以判定结合硬件设施建设改造相应个性休闲空间与群聚社交空间，方案可行，经济性较好，成效也最为外显

三、医护环境改造策略

（一）医护环境：绿色就诊通道改造导则

老城区社区医疗护理适老化改造的要点是建立就医绿色通道，并制定相关地方法规确保绿色就医通道构建的相关依据以及占道后的相应处罚机制（事实上，在某种意义上绿色就诊通道等同于消防应急通道，都是出于对生命的尊重设立的）。以武昌水陆小区为例，构建起武汉市中心医院的绿色就医通道，在社区内配备医疗救护车，紧急情况发生的时候能利用绿色转诊流线进行紧急救助，使患病老人在5min内就能够到达医院接受治疗，有效利用了社区周边的医疗服务资源（表4.4）。

表4.4　绿色通道改造策略

行为需求		1.因老年疾病突发状况较多，医院附近道路交通状况复杂，无法随时满足老人发病时的应急需求； 2.老人居所与医院之间的道路通畅，是老人在疾病突发时得到及时救治的重要保障，应在适老化改造中重点关注		
推荐标准的 改造策略	基本原则	力争在不改变原有道路结构、不影响市政交通的前提下，设置符合当前道路状况的绿色通道，为及时救治病人提供有力保障		
	预警机制	重要道路交叉口结合红绿灯，设置绿色通道预警灯；每座预警灯在方圆2公里范围内出现紧急状况时亮灯预警，临时绿色通道道路由交警协助进行车流变道合并处理，单向绿色通道禁止停车，小型绿色专用通道警示非机动车让行		
	标识设置	1.绿色通道与绿色环道，沿道路每隔10~15m设置绿色通道专用标识； 2.临近绿色通道的非绿色通道，沿道路每隔20~30m设置绿色通道指引标识； 3.小型专用绿色通道边设置专用通道护栏； 4.临时绿色通道沿道路每隔10~15m设置临时绿色通道标识		
	相关图示	 绿色通道专用标识 	 绿色通道指引标识 	 临时绿色通道标识
	通道护栏	1.设置高度在700~900mm的绿色铁艺护栏； 2.护栏上设置绿色通道标识		
	通道设置	1.宽度为20~24m城市道路，建议相关路段设置宽为3~4m的单行小型专用绿色通道，并设护栏进行维护，可与非机动车专用道路相结合； 2.宽度为10~20m城市道路，建议设置临时绿色通道，规定除特殊时间段（上下班高峰期）外，该道路应预留绿色通道； 3.宽度为5~10m城市道路，条件允许下，建议相关路段设为单行道，并设置绿色通道标识与通道指引标识； 4.以医院为中心，方圆1km范围内的道路，建议灵活采用上述3种通道设置方法，相互结合，尽量形成围绕医院的绿色环道； 5.以医院为中心，方圆2~3km范围内道路建议设置绿色通道标识		
	小型绿色通 道改造示意	 改造前 	 改造后（绿色区域）	
	临时绿色通 道改造示意	 改造前 	 改造后（绿色区域）	
	单向绿色通 道改造示意	 改造前 	 改造后（绿色区域）	
	调研数据	医院满意度为3.22（排名23/45，排名偏后）；医疗护理改造度为4.30（排名：4/15）。 注：排名均为降序；满意度与重要度均为5分制，由非常不满意（非常不重要）→非常满意（非常重要）		

（二）医护环境：绿色就诊通道改造示例

选取武汉市第五医院、湖北省第三人民医院、武汉大学人民医院、中部战区总医院、武汉市第三医院、武汉同济医院、武汉协和医院、武汉市中心医院周边老城区住宅小区为例，进行老城区基础样本小区医护环境绿色就诊通道的适老化改造的实证研究（表4.5）。

表4.5　绿色通道改造示例与详尽说明

依托医院	改造建议与说明	改造图示
武汉市第五医院（汉阳片）	建议在汉阳大道与阳新路增设小型绿色通道，并设护栏围挡。北城路、显正街等小型路段改为单行的绿色通道	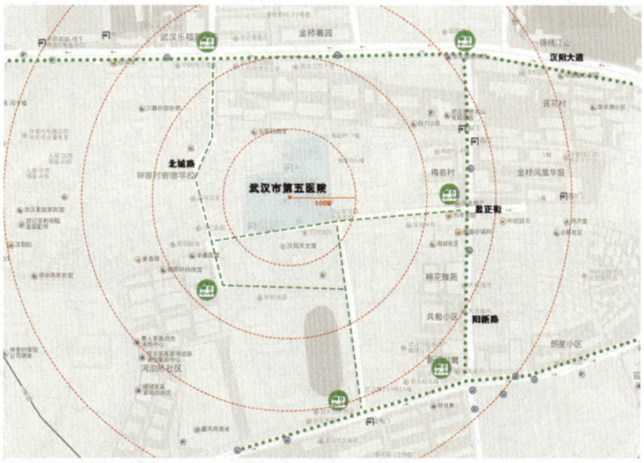
湖北省第三人民医院（武昌片）	建议中山大道与硚口路增设小型绿色通道，并设护栏围挡。兴隆北巷、汉中西路等小型路段改为单行的绿色通道	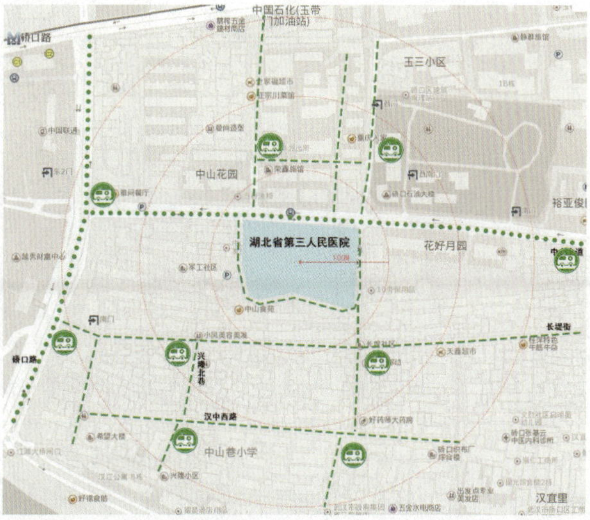

续表4.5

依托医院	改造建议与说明	改造图示
武汉大学人民医院（武昌片）	建议在张之洞路增设小型绿色通道，并设护栏围挡。解放路、水陆街、复兴路改为单行的绿色通道	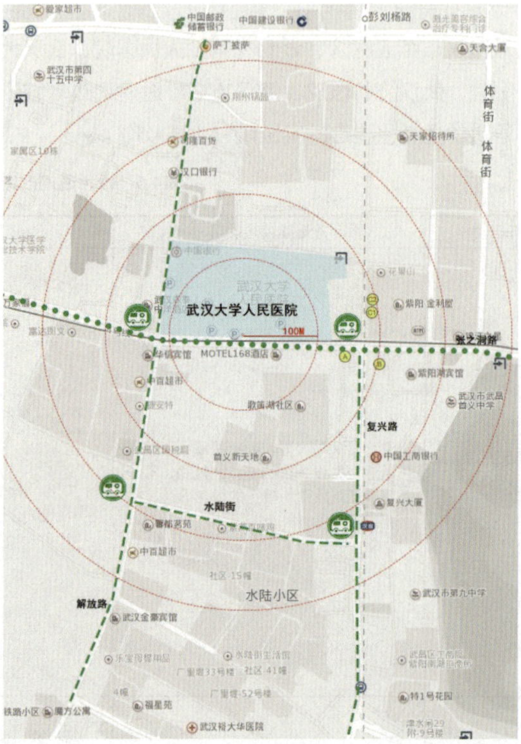
中部战区总医院（武昌片）	建议在宝通寺路、石牌岭路、武珞路增设小型绿色通道，并设护栏围挡	

续表4.5

依托医院	改造建议与说明	改造图示
武汉市第三医院（武昌片）	建议在彭刘杨路增设小型绿色通道，并设护栏围挡；将体育街改为单行的绿色通道	
武汉同济医院与协和医院（汉口片）	建议在解放大道与武胜路增设小型绿色通道，并设护栏围挡；将崇仁路、友谊路等小型道路改为单行的绿色通道	

续表4.5

依托医院	改造建议与说明	改造图示
武汉市中心医院（汉口片）	建议在青岛路增设小型绿色通道，并设护栏围挡；将南京路、上海路、鄱阳街、胜利街改为单行的绿色通道	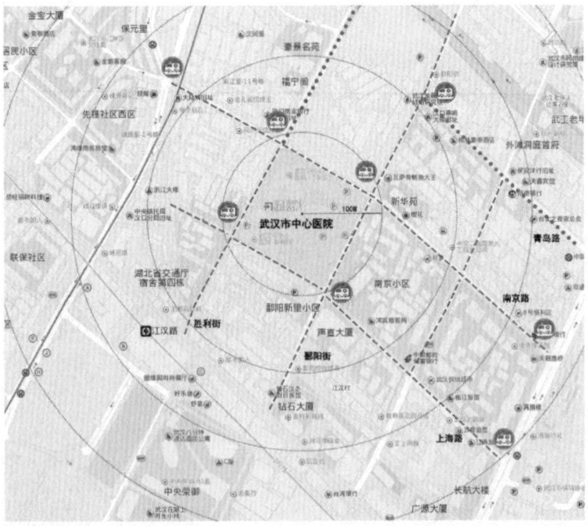

第五章　机关大院小区适老化改造策略

选择湖北省委机关附近北环路小区与张家湾小区作为实证研究样本，通过示范性样本6～7，并辅以重点关注因素的适老化改造方案，确定机关大院小区适老化改造的导则与对应策略[①]。

第一节　示范性样本改造策略

一、电梯增设改造策略（示范性样本6）

利用自身优越的居室硬件条件与政策扶持，自上而下，在符合现行消防、日照规范的前提下，大力推行住宅电梯适老化改造试点[②]，同时针对性地优化入户空间与布局（表5.1）。

表5.1　汇报电梯增设改造策略详尽说明

电梯增设改造策略	
行为需求	因身体机能下降，老人上下楼不便成为群聚社交与出行的最大阻碍，因此，安装电梯是老人刚性需求的一部分，同时也是心理需求的重要体现
调研现状	1.机关大院小区住宅楼层普遍较高，基本上以5层为主，部分达到7层以上，大多未配备电梯，给老人上下楼带来很大困难，政府也在着手改善这一现象，如张家湾小区正在进行电梯加建工作。 2.楼梯间踏步高低和扶手设计无法保证老人爬楼梯的安全性与舒适性，例如北环小区住宅的踏步尺寸为高170~180mm，宽220~240mm，低于现行住宅规范中规定的楼梯踏步宽度不应小于260mm，踏步高度不应大于175mm的基本标准。踏步的进深不足容易导致老人踩踏不稳而发生事故，踏步过高会导致老人上下楼耗费的体力更多，容易使老人摔倒。 3.楼梯间采光与通风质量较差，形成原因基于两点：一是设计之初就将采光较好的南面留给住宅的主要功能空间，楼梯间就被设立在北面；二是出于防盗的需要，留出的洞口少，使楼梯间采光较少，昏暗的环境会给老人上下楼梯带来麻烦，因此需要引入人工照明提升楼梯间的照度

---

① 除示范性样本和重点关注因素之外，该类型小区中尚有一些因素可以通过优化调整的方式进行适老化改造，具体包括：

a.护理院优化调整，可结合高层（历史地段）夹缝小区示范性样本中提供的硬件支撑。

b.居室环境的优化与调整，包括卧室家具的布局优化与调整，加强隔音降噪措施；厕所无障碍设施的改造与安装；阳台晾晒空间的优化，扩大/调整室外晾晒空间，并与小区集体社交空间相整合。

c.入户空间的优化与调整，结合调研数据中居民改造意愿与资金投入意愿强烈的数据，可加强室内装修。

d.商购环境优化与调整，参照高校小区示范性范本9："菜场进社区"，进一步改善菜市场布局。

e.社区服务的优化与调整，体现在物业管理和金融邮电部门因素上，优化服务质量，开设老人窗口进行人性化服务升级。

此外优化调整的具体策略，还可参见其他类型相关因素的适老化改造策略，尤其是示范性样本的适老化改造策略。

② 从实地调研来看，在政府主导并保障电梯增设资金来源的情况下，自上而下进行机关大院小区的电梯增设是可行的，效果也是显著的，相关案例可见水果湖张家湾社区适老化改造，但是也要综合考虑低层住户的感受，可在政府引导下进行楼层置换、增加部分使用面积（电梯停靠平台等），解除相应顾虑与不适。

续表5.1

电梯增设改造策略		
基于标准的改造策略	基本原则	增设辅助上楼梯设备，一般有两种方式：增设楼道电梯和厢式电梯
	楼道电梯	即分段式电梯，无须改变原住宅结构，避免影响原功能。具体做法是：在楼梯靠墙一侧用金属板隔开，内置运行系统。乘坐时，先按键打开站立板（360mm×300mm）；待踏板完全展开后，老人踏上踏板，手扶扶手，向前或向后推扶手上的推子，电梯会匀速将老人送上或送下楼梯。楼道电梯目前定价2.5~3.5m为2.6万元/台，4.5~5.5m为4.5万元/台。较增设厢式电梯而言具有对原住宅楼影响小、成本低等优点
	相关图示	 楼道电梯示意
推荐标准的改造策略	基本原则	1.电梯大小能够满足担架和轮椅的通行，如中型轮椅的宽度为600mm，手转轮的操作空间需要50~100mm，则电梯入口宽度应在700mm以上，一般轮椅总长度不大于1040mm，所以电梯轿厢深度在1040mm以上即可； 2.电梯呼叫按钮不应太高，应能够满足轮椅老人使用，为0.9~1.1m； 3.电梯厢内须设置扶手，辅助老人的站立
	厢式电梯	两种电梯加建方式对比

两种电梯加建方式对比

加建方式	内部加建	外部加建	
		停靠休息平台（错层入户）	停靠阳台（平层入户）
优点	对建筑立面以及日照无影响，可达入户层	成本较低，技术成熟，对住宅结构和楼梯影响较小	成本较低，技术成熟，对结构影响较小，可直接入户
缺点	施工复杂，对住宅结构和楼梯影响较大，且对住宅楼梯间净宽要求较高（须有加装余地）	建筑立面变化较大，可能影响日照，电梯无法直接入户，且影响楼梯间自然排烟	建筑立面变化较大，影响居室和楼梯间日照与通风，与现行消防规范有一定冲突
相关图示	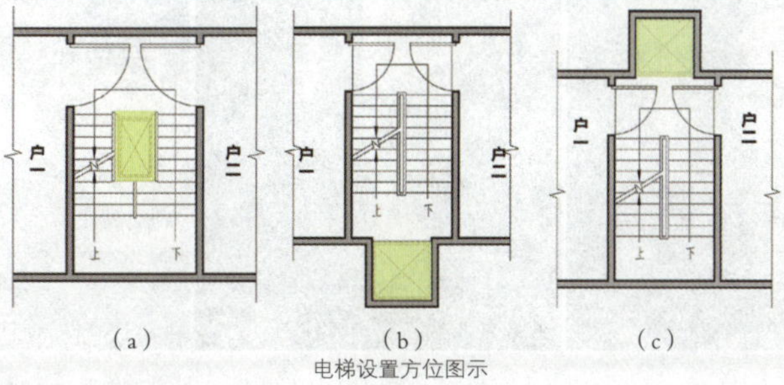 （a）	（b）电梯设置方位图示	（c）

调研数据		竖向交通满意度为3.35（排名：47/49，倒数第三）；竖向交通重要度为3.93（排名：11/15）；电梯增设改造度为5.93（排名：1/24），因此在机关大院小区中，电梯增设是关键的适老化改造因素之一[①]。 注：排名均为降序；满意度与重要度均为5分制，由非常不满意（非常不重要）→非常满意（非常重要）。

———————————

① 满意度、重要度与改造度均值表详附录五 机关大院小区相关数据，附表5.1，下同。

电梯增设改造方案示例

以北环路小区为例，北环路小区共有建筑35栋，其中7层及以上6栋，随着老龄化程度加深，老人日常出行问题渐渐严峻，主要采取两种方式，即增设电梯和加装楼道电梯进行适老化改造。

（1）方式1：增设电梯

同为机关大院小区的张家湾小区，正进行电梯加建工作（图5.1），从中有很多经验值得参考借鉴，一是改造自上而下，二是加装户主不需出资，这或许是工作得以顺利推进的一大原因。因此有必要利用相应的政策扶持与区位优势，全面推进北环路以及相关机关大院小区的竖向交通适老化进程，将其打造为适老化改造策略中的示范性样本（图5.2、表5.2）。

图5.1　张家湾小区26#楼、28#楼加装电梯建设工地照片

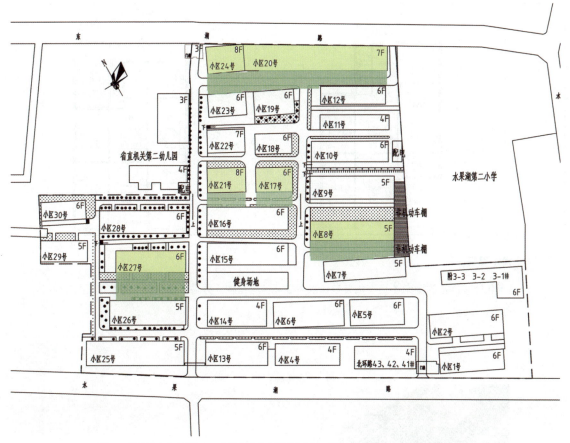

图5.2　北环路小区中南向入口建筑间距（日照间距充足，北向楼梯处有充足的电梯加装余地）

表5.2　北环路小区住宅电梯增设说明与图示

	改造前平面	改造后平面
北环路小区8#楼		

续表5.2

	改造前平面	改造后平面
北环路小区16#楼		

（2）楼道电梯

在一些老化比较严重的楼栋,不适宜加装电梯以免破坏房屋结构，可采取楼道电梯的方式（图5.3）。

图5.3　北环路小区增设楼道电梯示意

二、停车设施改造策略（示范性样本7）

寻求周边既有停车设施，以费用分摊与共同管理的方式寻求停车共用；合理布局、区域划分，加强社区排水基础设施建设，提前消除老人出行隐患（表5.3）。

表5.3 停车设施改造策略详尽说明

停车设施改造策略	
行为需求	随着人民生活水平的提高，子女或是有些老人依旧可以驾驶私家车，住宅区的停车刚性需求较大。同时外来拜访人员对停车方面的需求也很大
调研现状	1.机关大院小区作为老小区，没有规划地下停车场，全部采取地面停车形式，但停车区很少，有些车辆也未按画线来停放； 2.大多数车辆停在路边，部分地方占用了行车通道，部分地方阻碍了无障碍坡道的使用； 3.车流量较大,调研中发现约是62辆/小时进出小区

续表5.3

停车设施改造策略		
策略一：周边停车策略	基本原则	寻求周边既有停车设施的共用，如宏城金都地下停车场，在满足小区正常使用的情况下,梳理和增加停车位，进行人车分流,释放小区内原本的公共开放空间,改善社区环境
	相关图示	在机关大院周围有着许多的办公机构，这些机构内的停车位在晚上数量十分充足，建议小区和周边停车场达成协议，利用好现有设施条件，释放小区停车压力。 注：毗邻停车包括（1）湖北省质量技术监督局；（2）宏城金都；（3）湖北省财政厅；（4）水果湖市场等 
策略二：小区内地面停车策略	基本原则	1.人车分流，如纵向走车，横向走人，在纵向道路的两边集中划分停车位。 2.宅间交通节点应设置可升降路桩进行昼夜分时段管理，避免小区内单行线流线被破坏；白天时候升起路桩阻挡车辆驶入，使其成为老人的群聚休闲空间，夜晚降下路桩，供居民停车使用
	相关图示	宅间小道现状图　　宅间小道改造示意

续表5.3

停车设施改造策略	
调研数据	居民停车场满意度为2.98（排名：49/49，倒数第一）；居民存车处满意度为3.10（排名：48/49，倒数第二）；机动车停放改造度为5.84（排名：2/24）；非机动车停放改造度为5.50（排名：3/24）。因此在机关大院小区中，机动车与非机动车停放场所改造是除电梯增设之外，另外一个关键的适老化改造因素。 注：排名均为降序；满意度与重要度均为5分制，由非常不满意（非常不重要）→非常满意（非常重要）

第二节　重点关注因素改造策略

　　个性休闲空间中，散步运动空间、集体娱乐空间、交谈空间的改造度最高（图2.22至图2.23），结合室外铺地、活动广场改造、日间遮阳雨棚与夜间照明设施改造，完成社区个性休闲空间与群聚社交空间改造与优化。

一、个性休闲空间改造策略

　　散步运动是老人很看重的一项活动，机关大院中现有活动场地较小，人车关系复杂，环境较不理想。于是提出重新规划小区内部道路功能，比如"横向走人，纵向走车"（图5.4）。

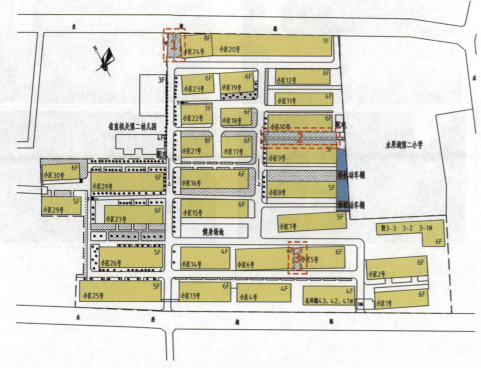

图5.4　北环路小区中个性休闲空间改造范点示意

在小区中，南北纵向道路是联系各个宅间空间的主要道路，采用"纵向走车，横向走人"的方式，即将机动车控制在纵向的道路中停放与行车，将东西横向的宅间空间改造为游园空间供老人使用。在一些住宅的山墙间距的入口处，增设可动态调节的升降柱，白天升起，营造个性休闲空间，夜晚放下，适度将宅间空间提供给停车使用，达到动态调节的目的。此举能大幅度增加小区内的活动空间，同时降低老人出行的危险性，也更方便小区的管理（表5.4）。

表5.4　停车设施改造策略详尽说明

	现状	改造示意
节点1		
节点2		

注：节点3相关与改造示意，同表5.3策略二相关图示

二、群聚社交空间改造策略

老人的心理需求是需要引起重视的，亲人由于工作或生活上的种种原因往往对老人会疏于关心，所以群聚活动是老人日常生活中不可缺失的一环。在机关大院小区中，社区居委会有很多针对老人群体的活动，如北环路社区居委会举办的老人读书会、老人生日会等，在张家湾社区，每天都有不同的集体活动供老人参与。除了社区居委会的活动外，在小区内也应保留一些群聚空间供老人交流活动。在北环路小区中，已有部分群聚空间，在进行宅间空间改造时做一些优化即可，如在原室外活动空间基础上进行地面修缮、消除高差、增设座椅等；对于一些闲置房间或运营不佳的店铺进行适老化改造，形成小区活动中心、老年教室或棋牌室，丰富小区内部交往空间与娱乐形式的同时，还能聚集人气，扩大老人交友范围，帮助"空巢老人"排解孤独（图5.5至图5.7）。

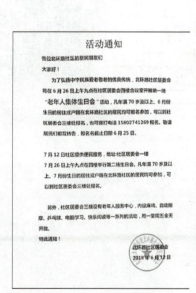

图5.5　北环路社区居委会老人集体生日会通知

图5.6　张家湾社区居委会老年活动安排表

图5.7　北环路小区现有部分群聚社交空间示意

第六章　高校校内小区适老化改造策略

选择武汉理工大学马房山校区、武汉大学珞珈山校区与武汉工程大学武昌校区内教师居住小区作为实证研究样本，通过示范性样本8~9，并辅以重点关注因素的适老化改造方案，确定高校校内小区适老化改造导则与策略[①]。

第一节　示范性样本改造策略

一、电梯增设改造策略（示范性样本8）

该类型小区居住楼层均值为4F，电梯改造度（6.24）高于均值6.03，证明居民对小区电梯增设具有明显心理预期（图2.16），但居民意见不统一，互为掣肘，加上小区住宅间距较小，有必要寻求电梯增设的替代性措施，即采用楼道电梯的方式，并借鉴共享单车的运营模式，刷卡付费（谁付钱谁受益），尽量消除小区竖向交通的顽疾。

（一）电梯增设改造导则与示例

表6.1　竖向交通改造说明

竖向交通：竖向改造	
行为需求	因身体机能下降，老人上下楼不便成为群聚社交与出行的最大阻碍，因此，安装电梯是老人刚性需求的一部分，同时也是心理需求的重要体现

---

① 除示范性样本和重点关注因素之外，该类型小区尚有一些因素可以通过优化调整的方式进行适老化改造，具体包括：

a.居室环境的优化与调整，该类型小区居室满意度整体最高，改造度整体最低，但卧室与厨房尚有优化调整空间，可参照示范性样本5，进行相应优化与改造；

b.商购环境的优化与调整，针对学校寒暑假特点，开辟相应的假期食堂，解决老人就餐问题。此外优化调整的具体策略，还可参见其他类型相关因素的适老化改造策略，尤其是示范性样本的适老化改造策略。

续表6.1

	竖向交通：竖向改造	
调研现状	1.高校校内小区住宅楼层普遍较高，基本上以6~7层为主，个别楼栋为3~4层，均未配备电梯，给老人上下楼带来很大困难。 2.楼梯间踏步高低和扶手设计无法保证老人爬楼梯的安全性与舒适性，例如理工大西院教师小区住宅的踏步尺寸为高170~180mm，宽210~240mm，低于现行住宅规范中规定的楼梯踏步宽度不应小于260mm，踏步高度不应大于175mm的基本标准。踏步的进深不足容易导致老人踩踏不稳而发生事故，踏步过高会导致老人上下楼耗费的体力更多，并且容易使老人摔倒。 3.小区内私搭改造现象严重，对电梯的安装造成一定的困难。住宅间距较小，加装电梯对居民的日照采光造成较大的影响。个别楼栋由于结构问题无法加装电梯。 4楼梯间以及单元入户采光质量较差，形成原因基于两点：一是设计时将采光较好的南面作为住宅的主要功能空间，楼梯间设立在北面，入户高差则被忽略；二是出于防盗的需要，留出的洞口少，使楼梯间自然采光较少，昏暗的环境会给老人上下楼带来极大不便，因此需要引入人工照明提升楼梯间的照度	
	 楼间距示意图	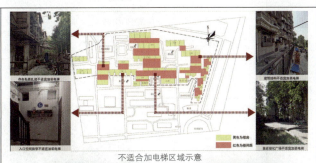 不适合加电梯区域示意
	 小区私搭乱建严重　 房屋结构不宜装电梯　 房屋间距过窄　单元门前台阶无照明	

基于标准的改造策略	基本原则	消除楼梯间的安全隐患，对踏步进行修缮，安装上楼梯靠墙扶手以及改善楼道照明环境
	修缮楼梯踏步	1.楼梯踏步防滑处理：采用防滑面层或防滑材料，或者在踏步前缘设置防滑条，防滑条的高度要尽量与踏步高度保持一致（不得大于3mm），突出的前沿控制在10mm以内； 2.楼梯踏步边界提醒：在踏步的起始和结束处以及踏步边缘设置醒目标志，避免老人因为视力的减退踏空台阶而发生事故，并处理住宅楼梯间踏步较窄的设计缺陷
	增设扶手	为方便老人的通行，应使用双面扶手，扶手材料尽量避免使用金属等比热系数小的材料，以免冬季不适
	清理楼梯间杂物	清理楼梯间杂物，为增设楼梯休息平台的老人座提供空间，方便住在较高楼层的老人爬楼梯时有个歇息的小空间，一般采用折叠式不占用平台的空间，且座椅采用合理的颜色、形式、大小，便于老人使用
	增加楼梯照度	1.拆除部分墙体，换成金属网或玻璃窗，改善自然采光和通风环境； 2.在楼梯间使用地脚灯，确保老人能看清踏板
	相关图示	在踏板上设置横槽　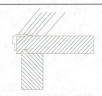 设置防滑材料 踏步凸缘处理办法（资料来源：[日]高龄者住宅财团《老年住宅设计手册》）  楼梯间休息座椅　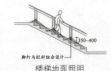 楼梯地面照明 （资料来源：《老年住宅设计手册》）

续表6.1

		竖向交通：竖向改造		
推荐标准的改造策略	基本原则	增设辅助上楼梯设备，一般有两种方式：楼道电梯和厢式电梯（由于厢式电梯在前文讨论过，不适宜在此类小区安装，故不再详细介绍）		
	楼道电梯	即分段式楼梯，无须改变原住宅结构，避免影响原功能。具体做法是：安装在楼梯靠墙一侧，并固定在台阶上。在乘坐时，老人脚踩一块长为300mm、宽为320mm的踏板，手扶扶手，将被匀速送上楼梯顶端。楼道电梯目前定价2.5~3.5m为2.6万元/台，4.5~5.5m为4.5万元/台		
	加建电梯	加装电梯基本原则： 1.电梯大小能够满足担架和轮椅的通行； 2.电梯呼叫按钮不应太高，能够满足轮椅老人的使用，为0.9~1.1m； 3.电梯旁须设置扶手，辅助老人的站立或坐稳		
		内部加建（楼道电梯）		
		基本特征	对建筑立面以及日照无影响，可直入户层 施工复杂，对住宅结构和楼梯影响较大，对住宅楼梯间净宽有一定要求（须有加装余地）	
	相关图示	 楼道电梯示意图		
	调研数据	竖向交通满意度为3.71（排名：34/48）；竖向交通重要度为3.93（排名：13/15）；电梯增设改造度为6.24（排名：1/34）。 注：排名均为降序，满意度与重要度均为5分制，由非常不满意（非常不重要）→非常满意（非常重要）		
		竖向交通：入户坡道改造策略		
行为需求	解决老人下得来、出得去问题的关键所在，也是公共无障碍设计的要点之一			
改造策略	基本原则	重点加强小区无障碍设施的基础建设与维护		
	无障碍坡道	1.场地宽裕时，无障碍坡道应紧邻台阶布置，坡道宽度≥900mm，坡度（i）≤1/12； 2.若场地限制，坡度可稍大，但应在坡边设醒目标志，并采用渗水性较强的材料铺设坡道，且做割槽等防滑处理，降低在雨雪天气老人滑倒的可能性		
	轮椅升降平台	当住宅出入口过于狭窄，加装无障碍坡道有困难时，可考虑轮椅升降平台，但是这种改造方法成本较高，并且也不易维护		
	相关图示	 无障碍坡道	 轮椅升降平台	
调研数据	入户坡道改造度为3.84（排名：11/37）；无障碍改造度为4.79（排名：3/37）。 注：排名均为降序；满意度与重要度均为5分制，由非常不满意（非常不重要）→非常满意（非常重要）			

（二）入户坡道方案改造示例

武汉理工大学西院教师楼13号住宅单元入户与地坪有0.6m高差，单元出入口与宅前道路距离为4m，能够加装无障碍坡道（图6.1）。

加设扶手及坡道平台示意图

加设扶手及坡道平台预设点

图6.1　无障碍设计：高差改造示意

二、菜市场改造策略（示范性样本9）

高校校内小区居民对菜市场满意度最低（图2.30），必须重点改造菜市场布局，尝试菜市场进社区的多元模式，并与小区群聚社交空间改造相整合（表6.2）。

表6.2　菜市场改造策略详尽说明

行为需求	1.老人因身体机能下降，上下楼不方便，不便于提携重物行走较长路程，但同时买菜的需求切实存在； 2.菜市场是老人相遇次数较多的地点，可提高社交性，减少老人孤独感，应在适老化改造中特别关注
调研现状	高校校内小区公共商业设施不够完善，小区内菜场商贩缺乏管理，致使小区老人们多愿意前往距离更远、规模更大的菜场，故导致各种不便，致使居民对菜市场满意度降低

续表6.2

基于标准的改造策略	基本原则	在住宅小区内部投放外卖送菜等业务,为出行不便的老人提供便利
	外卖业务	在小区内部提供定时外卖送菜服务点,辐射周边多个小区,利用多媒体信息网络平台与周边规模较大的蔬菜供应商和物流合作,提供定时送菜上门服务,为腿脚不便利的老人提供便利
	定点业务	在楼栋旁提供菜篮子投放柜,每日下单需要的菜品,次日清晨投放新鲜蔬菜及农副食品至投放柜中,老人可下楼自取(若行动十分不便可根据需求送至入户门口),方便生活
	电梯业务	适当增设可拆卸菜篮子电梯服务,通过轮轴,将菜篮子运送到每家每户
	相关图示	 老人"菜篮子"计划
推荐标准的改造策略	基本原则	力争在不改变原有小区规划结构前提下,设置流动菜场,将菜场与小区公共空间休憩空间结合,使买菜具有一定的便利性,同时增进老人间的互动,消除孤独感
	菜场流动点设置	在小区内部人流量大的广场集散区域,增设流动摊位以及休息空间,为老人们买菜或集体交流增添便利
	休憩空间改造	1.在流动摊位附近,增设休闲座椅,满足老人买完菜后的群聚闲聊需求; 2.改善绿化空间,合理搭配植被,减少不良环境对老人身心的影响
	相关图示	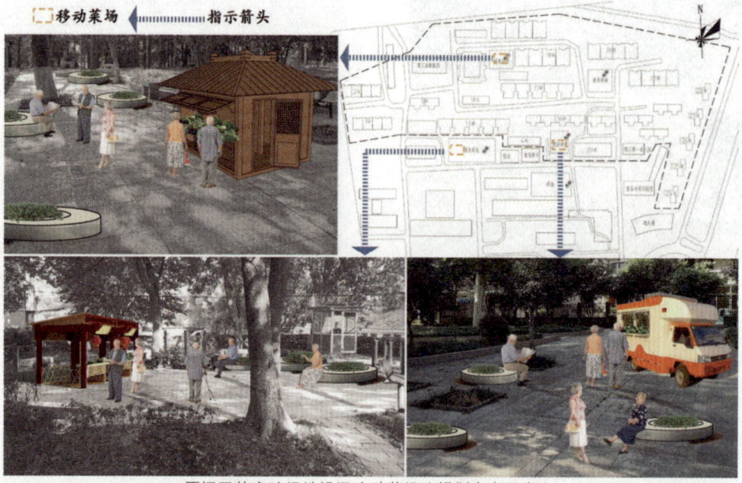 原闲置的空旷场地设置流动菜场(规划布点示意)
调研数据		菜场购物满意度为2.83(排名:48/48,倒数第一);菜市场改造度为3.03(排名:24/37),因此在高校校内小区适老化改造中要尤其处理好商业购物环境中的菜市场布局与改造问题。 注:排名均为降序;满意度与重要度均为5分制,由非常不满意(非常不重要)→非常满意(非常重要)。

第二节 重点关注因素改造策略

一、入户空间改造策略

针对该类型小区居民自行出资意愿比例最高的特点，针对性地优化入户空间与布局。方便老人的入户行为是改造的重点，合理安排门庭家居布局，可以优化动线，有助于老人将在门厅的活动形成相对固定的程序。通常老人进门时的活动顺序是：放下手中物品—脱挂外衣—坐下—探身取鞋—坐下换鞋—撑着扶手站起来。按照老人熟悉的行动程序改造，可以有效地避免老人因遗忘动作或者动作失误而引起的危险（图6.2）。

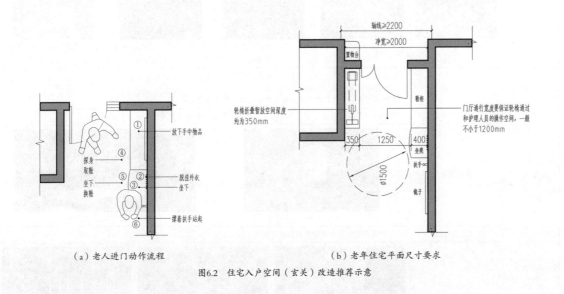

（a）老人进门动作流程   （b）老年住宅平面尺寸要求

图6.2 住宅入户空间（玄关）改造推荐示意

入户空间改造度为3.28（排名：20/37），改造资金摊派比例为2.05（在所有类型小区中排名第一）。排名均为降序；满意度与重要度均为5分制，由非常不满意（非常不重要）→非常满意（非常重要）。

二、群聚社交空间改造策略

对群聚社交空间中改造度最高的交谈空间结合室外铺地、活动广场改造、日间遮阳雨棚与夜间照明设施的改造，完成社区群聚社交空间优化升级（表6.3）。

表6.3　公共空间改造策略详尽说明

公共空间改造策略		
行为需求	1.小区老人因身体机能下降，上下楼不方便，不便于行走较长路程； 2.老人平时在小区内的心理和生理需求； 3.在烈日天气下或阴雨天气下对室外活动的要求； 4.晚间对群聚活动的需求	
调研现状	1.由于高校校内小区公共设施不够完善，物业缺乏管理，小区内杂物堆积、无人清理，占用了公共空间，活动场地因此被占用，小区环境被污染，致使居民对物业满意度降低； 2.小区缺乏公共厕所，许多老人为了上厕所不得不回家，而过多的上下楼对老人产生了极大的不便； 3.现有活动区域的健身器材和休息区配套设施不够完善，夏季会被阳光直射，雨天会被淋湿，易使老人摔倒受伤 小区废旧自行车堆积影响居民出入　建筑垃圾堆积占用公共活动空间　生活垃圾大量堆积占用小区车位　现有健身器材处夏季日直射无法使用　过少的休息空间使人无法停留	
改造策略	基本原则	1.清理无用杂物及垃圾，为老人提供应有的活动空间以及舒适的社区环境； 2.增设社区便利式公共厕所； 3.根据老人的活动特性，改造健身器材，增设配套休息设施
	公共厕所设置	在小区内部人流量大的广场的集散区域或道路附近，增设公共厕所，为老人们增添便利①
	相关图示	 道路旁增设公共厕所 　　　　休憩广场旁增设公共厕所
	遮阳雨棚设置	对活动空间休憩处的健身器材进行改造
	相关图示	   健身器材遮阳防雨改造
调研数据	物业管理满意度为3.29（排名：44/48）；静坐观察满意度为4.00（排名：20/48）；集体娱乐满意度为3.98（排名21/48）；散步满意度为3.97（排名：24/48）；交谈满意度为3.91（排名：26/48）；无障碍改造度为4.79（排名：3/37）；公共照明改造度为4.63（排名：4/37）；室外铺地改造度为3.47（排名：17/37）。 注：排名均为降序；满意度与重要度均为5分制，由非常不满意（非常不重要）→非常满意（非常重要）	

---

　　① 在调研过程中发现，尽管高校行政与教学建筑均配置充足的卫生设备，但由于与居民居住点位置较远，且分布不均匀，因此高校校内居住的老人仍具有强烈的公共卫生间需求。

三、停车设施改造策略

对停车设施进行改造，解决噪声、尾气污染等扰民问题，并结合完善排水基础设施建设，消除老人出行安全隐患（表6.4）。

表6.4　高校校内小区停车场改造策略

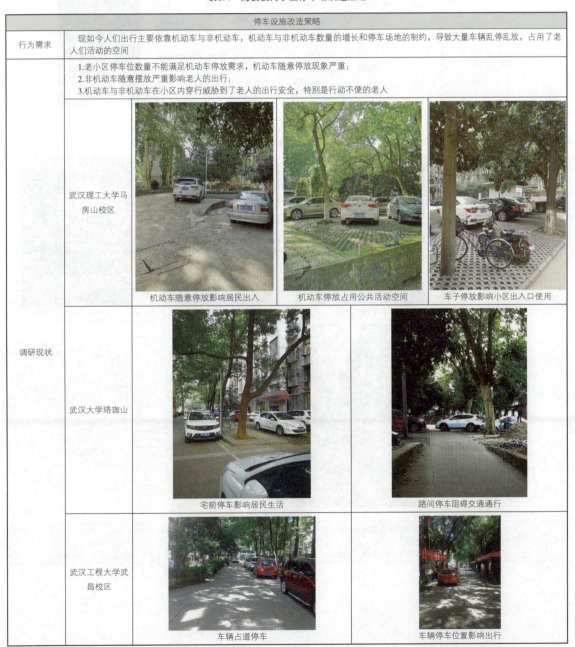

	停车设施改造策略		
行为需求	现如今人们出行主要依靠机动车与非机动车，机动车与非机动车数量的增长和停车场地的制约，导致大量车辆乱停乱放，占用了老人们活动的空间		
调研现状	1.老小区停车位数量不能满足机动车停放需求，机动车随意停放现象严重； 2.非机动车随意摆放严重影响老人的出行； 3.机动车与非机动车在小区内穿行威胁到了老人的出行安全，特别是行动不便的老人		
	武汉理工大学马房山校区	机动车随意停放影响居民出入 　机动车停放占用公共活动空间 　车子停放影响小区出入口使用	
	武汉大学珞珈山	宅前停车影响居民生活 　路间停车阻碍交通通行	
	武汉工程大学武昌校区	车辆占道停车 　车辆停车位置影响出行	

续表6.4

停车设施改造策略					
改造策略	基本原则	1.将宅间空间变为老人的公共活动和休憩区域，满足老人需求； 2.避免离住宅较近的车子对住宅居民产生尾气、噪声等污染； 3.对小区现有的停车位进行整理和规划，在合适区域增设新停车位以满足停车需求			
	宅间升降柱的设置	将宅间道路限时用升降柱围合，将宅间的空间白天变为老人们休憩的公共区域，晚上可作为停车场使用			
	相关图示	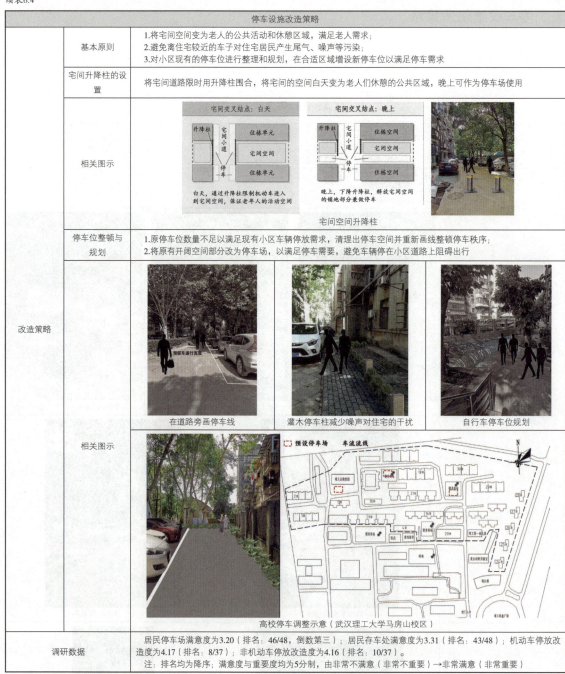			
	停车位整顿与规划	1.原停车位数量不足以满足现有小区车辆停放需求，清理出停车空间并重新画线整顿停车秩序； 2.将原有开阔空间部分改为停车场，以满足停车需要，避免车辆停在小区道路上阻碍出行			
	相关图示	在道路旁画停车线　　灌木停车柱减少噪声对住宅的干扰　　自行车停车位规划 高校停车调整示意（武汉理工大学马房山校区）			
	调研数据	居民停车场满意度为3.20（排名：46/48，倒数第三）；居民存车处满意度为3.31（排名：43/48）；机动车停放改造度为4.17（排名：8/37）；非机动车停放改造度为4.16（排名：10/37）。 注：排名均为降序；满意度与重要度均为5分制，由非常不满意（非常不重要）→非常满意（非常重要）			

第七章　结论与展望

武汉老城区住宅类型多样，各具优势，也各存短板，如何把握武汉城市宜居环境的宏观大局，以适老化改造为契机，在维持城市肌理与城市记忆的前提下，充分尊重老人原居养老意愿，以社区住宅适老化改造为基础，延伸至部分社区养老机构建设，点、线、面层层推进，互为支撑，系统打造武汉老城区老中青幼共生共荣的宜居环境，将武汉市建设成活力之城、和谐之城与情感之城。

然而，我们也应看到，老城区住宅的适老化改造在某种程度上为事后弥补之策，种种迹象表明，老人宜居环境的塑造不能仅仅依靠适老化改造修修补补，而应该在设计之初就将该考虑的问题提前解决（这也是住宅全周期设计的要点），这或许会带来建安成本的增高，但相对于事后弥补而言，无疑在经济层面和社会层面上效果会更好。因此这就要求我们在行政管理、建设规划、建筑保护与后期评估层面上建立、调整和完善相应老人宜居环境的相关议题。

（1）建立"老社区·老房子·老人家"评比机制，全力打造武汉城市老中青幼共荣共生的和谐社会名片

将"老社区·老房子·老人家"提升到历史优秀建筑保护的政策高度，在湖北省住房和城乡建设厅与文物局等政府机构指导下，整合为优秀情感建筑，尝试进行动态等级评定与挂牌保护机制，并在资金上充分予以扶持、奖励，从而打造和谐城市的名片，树立标杆效应，加速建立老中青幼共荣共生的宜居城市、情感城市与乡愁城市。

同时，由政府财政预拨专项资金支持社区整体无障碍改造，并补贴老龄住户在居室中增设无障碍设施，同时引导、鼓励社会力量积极参与老城区住宅适老化改造与社区居住品质全面升级，并在容积率、商业住宅配比上予以政策补偿与倾斜。

（2）深化历史优秀建筑的保护与再利用议题，在老人精神赡养语境下创新性思考历史优秀建筑功能活化

突破历史地段与历史建筑（文物保护单位）的功能再利用领域，立足于区位优势，在政策与资金上鼓励和支持相关业主与使用单位在历史建筑尤其是近代建筑中，引入养老机构功能，拓展历史地段与历史建筑的功能业态构成，彻底发挥历史建筑尤其是近代优秀历史建筑在现当代老龄化语境下的历史、文化与情感的传承功能与旗帜作用。

（3）健全老人宜居环境住宅规划与建筑设计相应法律法规，促成住区住宅与环境的全周期使用

第一，大力推行通用式住宅设计，强调住宅全周期的使用效力与自行改造能力，并在建筑设计前期、地产销售中期与物业运营后期中提供相应改造导则与样板案例，并建立老龄住户动态数据档案，积极协助和指导住户在改造导则下，在使用周期内对住房进行适老化布局调整与优化。

第二，适当提高无障碍用房配置要求，通过奖励和补偿措施，鼓励开发商增加无障碍住房的资金投入，并在现行规范[①]上，将无障碍住房近期配比提高至5%，中期达到10%，远期达到20%及以上。

---

① 《无障碍设计规范》（GB 50763—2012）中7.4.3条款规定居住建筑应按每100套住房设置不少于2套无障碍住房（配置比例2%），但此标准偏低，以2017年武汉市城区老龄化比例21.75%为基准，考虑城区老龄化趋势加强的情形下，按每户居住老人1.5人计，并结合老人身体状况（调研显示，半自理与不能自理约占30%）推算，无障碍住房比例至少在4.3%，即每100套住房，至少配置4~5套无障碍住房。

　　第三，完善深化新建住宅小区中老年服务中心、老年食堂与老人读书角的配比要求，建议老年活动中心按小区住宅建筑面积10‰予以配置，老年食堂与老人读书角合计按住宅建筑面积的5‰配置[①]；借鉴国家《住宅设计规范》（GB 50096—2011）中将"新建住宅应每套配备信报箱"（条款6.7信报箱）纳入强制规范的做法，在地方法规中增加"新鲜蔬菜及农副食品投放柜"的配置硬性标准并完善设计要求、明确操作细则。

　　[①] 参照《城市居住区规划设计标准》（GB 50180—2018）中老年服务中心、老年食堂与老人读书角的配置建议。

附录一　问卷调查描述性数据统计

附表1.1　受访老人就医情况

就医频率	人数（个）	百分比（%）
一个星期/次	8	8.3
一个月/次	23	24.0
半年/次	47	48.9
一年以上/次	18	18.8
合计	96	100

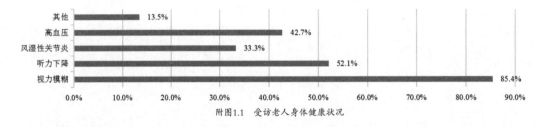

附图1.1　受访老人身体健康状况

注：据调查问卷显示，几乎半数的老人就医频率为半年/次，由此得出老人对求医问诊有着很高的需求。参与调研的老人在健康状况上，视力模糊比例为85.4%；听力下降比例为52.1%；风湿性关节炎比例为33.3%；高血压比例为42.7%；另有13.5%的老人患有其他疾病。因此，尽管多数老人具备生活自理能力，但随着年龄增长与慢性疾病发作，老人健康状态会逐渐下降，因此老城区住宅适老化改造与医护保障设施密不可分。

附表1.2　受访老人人际交往情况

人际交往范围	人数（个）	百分比（%）
比较广泛	48	50.0
一般	24	25.0
比较狭隘	21	21.9
没有	3	3.1
合计	96	100

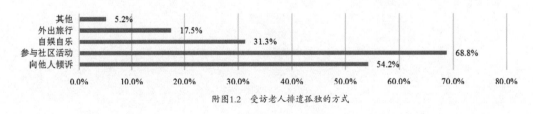

附图1.2　受访老人排遣孤独的方式

注：在对排遣孤独的选择方面68.8%的老人选择参加社区活动，54.2%的老人选择向他人倾诉，自娱自乐的选择者占31.3%，由此可见社区活动对老人精神生活的重要性。

附表1.3　老人出行活动范围

活动范围	频率	活动半径	活动地点	出行目的	优势
基本生活活动	高	200~300m 步行5min以内	家庭住宅、街坊邻居、宅间绿地	随机	使老人产生信赖感、安全感和亲切感
扩大邻里活动	较高	300~500m 步行5~10min	居住小区、街边绿地、小区老年活动中心等	交谈、健身、娱乐	老人对周围的人文、地理环境有着依赖感和怀旧感
集域活动	中	车行10~30min	居住区附近的活动场所等	根据活动设施和场所而定	活动设施规模与场地规模大、活动完善
市域活动	低	车行30~45min	距离居住区较远的风景区、商业街、广场、公园等	游玩、购物等活动	促进老人出行活动频率提高

附表1.4　受访老人休闲娱乐活动参与情况

参与频率	人数（个）	百分比（%）
经常参加	49	51.0
偶尔参加	31	32.3
基本不参加	12	12.5
从不参加	4	4.2
合计	96	100

注：根据问卷调查显示，51.0%的老人选择经常参加休闲娱乐活动，仅有4.2%的老人选择从不参加。由此看来，社区内开展丰富休闲娱乐活动十分必要，可让老人远离单调退休生活，提高积极性。

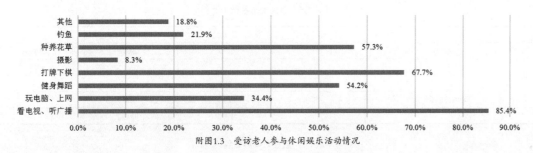

附图1.3　受访老人参与休闲娱乐活动情况

注：在对老人平时休闲娱乐活动调研中发现，看电视、听广播是老人进行得最多的休闲活动，所占比例达85.4%；其次是打牌下棋类活动，比例为67.7%；种养花草和健身舞蹈也都有超过50%的老人选择。

附表1.5　受访老人参与学习与了解社会活动情况

参与频率	人数（个）	百分比（%）
经常参加	30	31.3
偶尔参加	41	42.7
基本不参加	17	17.7
从不参加	8	8.3
合计	96	100

注：通过调研可以看出，31.3%的老人经常参加学习与了解社会的活动，42.7%表示会偶尔参加，只有8.3%的老人从不参加。

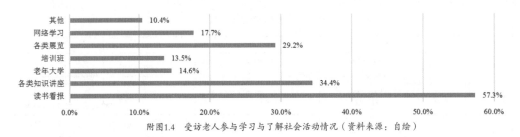

附图1.4　受访老人参与学习与了解社会活动情况（资料来源：自绘）

注：老人平时参与学习与了解社会的活动形式多样，主要有读书看报，占57.3%，参与知识讲座的占34.4%，参观各类展览的有29.2%，其他类型的活动还有参加老年大学、参与培训班、上网学习等。由此看来，应在社区内为老人提供丰富并且多元化的学习场所来满足他们日益增长的学习与了解社会需求。

附图1.5　受访老人参与社会公益活动情况

注：调查发现老人对社会公益活动的参与度较高，29.2%的老人参加过义务劳动；22.9%的老人参加过互助组织，例如社区组织的邻里互助；参与治安活动与志愿者组织的均占18.8%；参与过青少年教育活动的有10.4%。

附表1.6　小区类别数据统计

		频率	百分比	有效百分比	累计百分比
有效	机关大院小区	68	29.8	29.8	29.8
	高校校内小区	77	33.8	33.8	63.6
	高层（历史地段）夹缝小区	41	18.0	18.0	81.6
	老城区基础样本	42	18.4	18.4	100.0
	总计	228	100.0	100.0	

附表1.7　居住时间数据统计①

		频率	百分比	有效百分比	累计百分比
有效	<10年	11	4.8	4.9	4.9
	10年≤x<20年	44	19.3	19.5	24.3
	20年≤x<30年	64	28.1	28.3	52.7
	30年≤x<40年	70	30.7	31.0	83.6
	≥40年	37	16.2	16.4	100.0
	总计	226	99.1	100.0	
缺失（系统）		2	0.9		
总计		228	100.0		

①问卷调查描述性数据中，灰色表格区域为所占比例最大者，下同。

附表1.8　性别构成数据统计

		频率	百分比	有效百分比	累计百分比
有效	男	100	43.9	43.9	43.9
	女	128	56.1	56.1	100.0
	总计	228	100.0	100.0	

附表1.9　年龄构成数据统计

		频率	百分比	有效百分比	累计百分比
有效	55~59岁	44	19.3	19.3	19.3
	60~64岁	32	14.0	14.0	33.3
	65~69岁	51	22.4	22.4	55.7
	70~74岁	55	24.1	24.1	79.8
	75~79岁	21	9.2	9.2	89.0
	≥80岁	25	11.0	11.0	100.0
	总计	228	100.0	100.0	

附表1.10　身体状况数据统计

		频率	百分比	有效百分比	累计百分比
有效	身体健康可照顾家人	112	49.1	49.6	49.6
	能自理	107	46.9	47.3	96.9
	半自理	6	2.6	2.7	99.6
	不能自理	1	0.4	0.4	100.0
	总计	226	99.1	100.0	
缺失（系统）		2	0.9		
总计		228	100.0		

附表1.11　受教育程度数据统计

		频率	百分比	有效百分比	累计百分比
有效	未受过教育	13	5.7	5.8	5.8
	小学	12	5.3	5.4	11.2
	初中	23	10.1	10.3	21.5
	中专或高中	71	31.1	31.8	53.4
	大专	47	20.6	21.1	74.4
	本科	52	22.8	23.3	97.8
	研究生	5	2.2	2.2	100.0
	总计	223	97.8	100.0	
缺失（系统）		5	2.2		
总计		228	100.0		

附表1.12　目前居住状态数据统计

		频率	百分比	有效百分比	累计百分比
有效	独居	13	5.7	10.9	10.9
	夫妻合居	12	5.3	10.1	21.0
	与家人合居	23	10.1	19.3	40.3
	其他	71	31.1	59.7	100.0
	总计	119	52.2	100.0	
缺失（系统）		109	47.8		
总计		228	100.0		

附表1.13　居住面积数据统计

		频率	百分比	有效百分比	累计百分比
有效	<50m^2	16	7.0	8.2	8.2
	50m^2≤S<70m^2	35	15.4	17.9	26.2
	70m^2≤S<90m^2	64	28.1	32.8	59.0
	90m^2≤S<120m^2	54	23.7	27.7	86.7
	≥120m^2	26	11.4	13.3	100.0
	总计	195	85.5	100.0	
缺失（系统）		33	14.5		
总计		228	100.0		

附表1.14　居住楼层数据统计

		频率	百分比	有效百分比	累计百分比
有效	1F	29	12.7	15.3	15.3
	2F	29	12.7	15.3	30.5
	3F	29	12.7	15.3	45.8
	4F	32	14.0	16.8	62.6
	5F	44	19.3	23.2	85.8
	≥6F	27	11.8	14.2	100.0
	总计	190	83.3	100.0	
缺失（系统）		38	16.7		
总计		228	100.0		

附表1.15　原居养老意愿数据统计

		频率	百分比	有效百分比	累计百分比
有效	不愿意（<5年）	26	11.4	11.8	11.8
	一般（5~10年）	54	23.7	24.4	36.2
	非常愿意（>10年）	141	61.8	63.8	100.0
	总计	221	96.9	100.0	
缺失（系统）		7	3.1		
总计		228	100.0		

附表1.16 子女续住意愿数据统计

		频率	百分比	有效百分比	累计百分比
有效	≤5年	96	42.1	54.9	54.9
	5年<x≤10年	45	19.7	25.7	80.6
	10年<x≤20年	15	6.6	8.5	89.1
	20年<x≤30年	4	1.8	2.3	91.4
	>30年	15	6.6	8.6	100.0
	总计	175	76.8	100.0	
缺失（系统）		53	23.2		
总计		228	100.0		

附表1.17 反向住房抵押熟悉程度数据统计

		频率	百分比	有效百分比	累计百分比
有效	非常了解	13	5.7	6.0	6.0
	比较了解	93	40.8	42.9	48.8
	不了解	111	48.7	51.1	100.0
	总计	217	95.2	100.0	
缺失（系统）		11	4.8		
总计		228	100.0		

附表1.18 通过反向抵押解决养老资金意愿数据统计

		频率	百分比	有效百分比	累计百分比
有效	比较愿意	12	5.3	11.4	11.4
	一般	15	6.6	14.3	25.7
	反对	78	34.2	74.3	100.0
	总计	105	46.1	100.0	
缺失（系统）		123	53.9		
总计		228	100.0		

附表1.19 户型改造资金筹措方式数据统计

		频率	百分比	有效百分比	累计百分比
有效	政府配套公益资金	77	33.8	39.5	39.5
	房地产/物业投资	8	3.5	4.1	43.6
	相互结合	110	48.2	56.4	100.0
	总计	195	85.5	100.0	
缺失（系统）		33	14.5		
总计		228	100.0		

附表1.20 电梯增设改造摊派比例

		频率	百分比	有效百分比	累计百分比
有效	全额公共资金	110	48.2	57.9	57.9
	10%<x≤30%	45	19.7	23.7	81.6
	30%<x≤50%	22	9.6	11.6	93.2
	50%<x≤70%	10	4.4	5.2	98.4
	70%<x<100%	2	0.9	1.1	99.5
	户主全资	1	0.4	0.5	100.0
	总计	190	83.3	100.0	
缺失（系统）		38	16.7		
总计		228	100.0		

注：多数人提及预算资金在5000元，有一人认为是10000元。

附表1.21 隔音窗安装改造摊派比例

		频率	百分比	有效百分比	累计百分比
有效	全额公共资金	76	33.3	47.2	47.2
	10%<x≤30%	46	20.2	28.6	75.8
	30%<x≤50%	25	11.0	15.5	91.3
	50%<x≤70%	4	1.8	2.5	93.8
	户主全资	10	4.4	6.2	100.0
	总计	161	70.6	100.0	
缺失（系统）		67	29.4		
总计		228	100.0		

附表1.22 厕所改造摊派比例

		频率	百分比	有效百分比	累计百分比
有效	全额公共资金	72	31.6	47.1	47.1
	10%<x≤30%	45	19.7	29.4	76.5
	30%<x≤50%	19	8.3	12.4	88.9
	50%<x≤70%	5	2.2	3.3	92.2
	70%<x<100%	1	0.4	0.6	92.8
	户主全资	11	4.8	7.2	100.0
	总计	153	67.1	100.0	
缺失（系统）		75	32.9		
总计		228	100.0		

附表1.23　厨房改造摊派比例

		频率	百分比	有效百分比	累计百分比
有效	全额公共资金	72	31.6	49.3	49.3
	10%＜x≤30%	38	16.7	26.0	75.2
	30%＜x≤50%	21	9.2	14.4	89.7
	50%＜x≤70%	3	1.3	2.1	91.8
	70%＜x＜100%	2	0.9	1.4	93.2
	户主全资	10	4.4	6.8	100.0
	总计	146	64.0	100.0	
缺失（系统）		82	36.0		
总计		228	100.0		

附表1.24　采光通风改造摊派比例

		频率	百分比	有效百分比	累计百分比
有效	全额公共资金	82	36.0	56.9	56.9
	10%＜x≤30%	39	17.1	27.1	84.0
	30%＜x≤50%	13	5.7	9.0	93.1
	50%＜x≤70%	3	1.3	2.1	95.1
	户主全资	7	3.1	4.9	100.0
	总计	144	63.2	100.0	
缺失（系统）		84	36.8		
总计		228	100.0		

附表1.25　入户空间改造摊派比例

		频率	百分比	有效百分比	累计百分比
有效	全额公共资金	99	43.4	68.8	68.8
	10%＜x≤30%	28	12.3	19.4	88.2
	30%＜x≤50%	9	3.9	6.2	94.4
	50%＜x≤70%	3	1.3	2.1	96.5
	户主全资	5	2.2	3.5	100.0
	总计	144	63.2	100.0	
缺失（系统）		84	36.8		
总计		228	100.0		

附表1.26　公共楼道照明改造摊派比例

		频率	百分比	有效百分比	累计百分比
有效	全额公共资金	128	56.1	83.6	83.6
	10%＜x≤30%	19	8.3	12.4	96.0
	30%＜x≤50%	4	1.8	2.6	98.6
	50%＜x≤70%	1	0.4	0.7	99.3
	户主全资	1	0.4	0.7	100.0
	总计	153	67.1	100.0	
缺失（系统）		75	32.9		
总计		228	100.0		

附表1.27　阳台改造摊派比例

		频率	百分比	有效百分比	累计百分比
有效	全额公共资金	73	32.0	50.0	50.0
	10%<x≤30%	43	18.9	29.5	79.5
	30%<x≤50%	18	7.9	12.3	91.8
	50%<x≤70%	4	1.8	2.7	99.1
	户主全资	8	3.5	5.5	100.0
	总计	146	64.0	100.0	
缺失（系统）		82	36.0		
总计		228	100.0		

附表1.28　入户坡道改造摊派比例

		频率	百分比	有效百分比	累计百分比
有效	全额公共资金	99	43.4	86.0	86.0
	10%<x≤30%	13	5.7	11.3	97.3
	30%<x≤50%	1	0.4	0.9	98.2
	50%<x≤70%	1	0.4	0.9	99.1
	户主全资	1	0.4	0.9	100.0
	总计	115	50.4	100.0	
缺失（系统）		113	49.6		
总计		228	100.0		

附表1.29　非机动车停放改造摊派比例

		频率	百分比	有效百分比	累计百分比
有效	全额公共资金	124	54.4	84.4	84.4
	10%<x≤30%	14	6.1	9.5	93.9
	30%<x≤50%	6	2.6	4.0	97.9
	50%<x≤70%	1	0.4	0.7	98.6
	户主全资	2	0.9	1.4	100.0
	总计	147	64.5	100.0	
缺失（系统）		81	35.5		
总计		228	100.0		

附表1.30　门禁监控改造摊派比例

		频率	百分比	有效百分比	累计百分比
有效	全额公共资金	102	44.7	66.2	66.2
	10%<x≤30%	29	12.7	18.9	85.1
	30%<x≤50%	16	7.0	10.4	95.5
	50%<x≤70%	2	0.9	1.3	96.8
	70%<x<100%	2	0.9	1.3	98.1
	户主全资	3	1.3	1.9	100.0
	总计	154	67.5	100.0	
缺失（系统）		74	32.5		
总计		228	100.0		

附表1.31　签约医生摊派比例

		频率	百分比	有效百分比	累计百分比
有效	全额公共资金	82	36.0	57.7	57.7
	10%＜x≤30%	16	7.0	11.3	69.0
	30%＜x≤50%	15	6.6	10.6	79.6
	50%＜x≤70%	7	3.1	4.9	84.5
	70%＜x＜100%	7	3.1	4.9	89.4
	户主全资	15	6.6	10.6	100.0
	总计	142	62.3	100.0	
缺失（系统）		86	37.7		
总计		228	100.0		

附表1.32　老年呼叫系统摊派比例

		频率	百分比	有效百分比	累计百分比
有效	全额公共资金	86	37.7	58.9	58.9
	10%＜x≤30%	14	6.1	9.6	68.5
	30%＜x≤50%	17	7.5	11.6	80.1
	50%＜x≤70%	5	2.2	3.4	83.6
	70%＜x＜100%	6	2.6	4.1	87.7
	户主全资	18	7.9	12.3	100.0
	总计	146	64.0	100.0	
缺失（系统）		82	36.0		
总计		228	100.0		

附录二　问卷调查数据统计与详尽分析过程

一、居住小区类别与相关整体因素数据分析

附表2.1　不同居住类型之间相关整体因素描述性统计

	小区类型	个案数	平均值	标准差	最小值	最大值
年龄	机关大院小区	68	3.15	1.528	1	6
	高校校内小区	77	3.55	1.552	1	6
	高层（历史地段）夹缝小区	41	3.49	1.502	1	6
	老城区基础样本	42	2.52	1.550	1	6
	总计	228	3.23	1.571	1	6

续附表2.1

	小区类型	个案数	平均值	标准差	最小值	最大值
身体状况	机关大院小区	68	1.49	0.560	1	3
	高校校内小区	77	1.64	0.626	1	4
	高层（历史地段）夹缝小区	39	1.67	0.478	1	2
	老城区基础样本	42	1.33	0.526	1	3
	总计	226	1.54	0.574	1	4
受教育程度	机关大院小区	64	4.47	1.007	2	6
	高校校内小区	77	5.13	1.399	1	7
	高层（历史地段）夹缝小区	40	2.75	1.335	1	5
	老城区基础样本	42	4.31	0.811	2	6
	总计	223	4.36	1.438	1	7
居住面积	机关大院小区	57	4.05	0.742	2	5
	高校校内小区	61	3.23	0.956	1	5
	高层（历史地段）夹缝小区	35	2.29	1.017	1	4
	老城区基础样本	42	2.76	1.100	1	5
	总计	195	3.20	1.133	1	5
居住楼层	机关大院小区	53	3.74	1.571	1	6
	高校校内小区	69	3.32	1.667	1	6
	高层（历史地段）夹缝小区	26	3.00	1.697	1	5
	老城区基础样本	42	4.26	1.594	1	6
	总计	190	3.60	1.671	1	6
原居养老意愿	机关大院小区	66	2.80	0.503	1	3
	高校校内小区	76	2.51	0.702	1	3
	高层（历史地段）夹缝小区	37	2.30	0.812	1	3
	老城区基础样本	42	2.29	0.708	1	3
	总计	221	2.52	0.698	1	3

附表2.2　有序数字型变量单因素方差分析（One-Way ANOVA）[1]

	方差齐性检验			
	莱文统计	自由度1	自由度2	显著性
年龄	0.219	3	224	0.883
身体状况	2.331	3	222	0.075
受教育程度	6.730	3	219	0.000
目前居住状态	0.297	3	224	0.827
居住面积	5.154	3	191	0.002
居住楼层	0.517	3	186	0.671
原居养老意愿	12.634	3	217	0.000

		ANOVA				
		平方和	自由度	均方	F	显著性
年龄	组间（组合）	31.800	3	10.600	4.494	0.004（**）
	组内	528.340	224	2.359		
	总计	560.140	227			

———————————

① 单元格中灰色标记，显示通过$p<0.05$的显著性检测，以下均同。

续附表2.2

ANOVA						
身体状况	组间	（组合）	3.338	3	1.113	3.489	0.017（＊）
	组内		70.803	222	0.319		
	总计		74.142	225			
居住楼层	组间	（组合）	34.194	3	11.398	4.297	0.006（＊＊＊）
	组内		493.406	186	2.653		
	总计		527.600	189			

平均值相等性稳健检验		统计a	自由度1	自由度2	显著性
受教育程度	韦尔奇	27.132	3	109.024	0.000（＊＊＊）
	布朗-福塞斯	37.536	3	174.583	0.000（＊＊＊）
居住面积	韦尔奇	33.564	3	92.825	0.000（＊＊＊）
	布朗-福塞斯	27.997	3	151.152	0.000（＊＊＊）
原居养老意愿	韦尔奇	8.322	3	97.462	0.000（＊＊＊）
	布朗-福塞斯	6.477	3	148.542	0.000（＊＊＊）

a.渐进F分布

附表2.3　名义变量非参数：K个独立样本

检验统计a,b		
	目前居住状态	性别
卡方	7.167	3.414
自由度	3	3
渐近显著性	0.067（ns）	0.332（ns）

a. 克鲁斯卡尔-沃利斯检验；b.分组变量：居住小区类别

附表2.4　事后多重比较[①]

因变量		（I）居住小区类别	（J）居住小区类别	平均值差值（I-J）	标准误差	显著性	95% 置信区间	
							下限	上限
年龄	邦弗伦尼	机关大院小区	高校校内小区	−0.398	0.256	0.723	−1.08	0.28
			高层（历史地段）夹缝小区	−0.341	0.304	1.000	−1.15	0.47
			老城区基础样本	0.623	0.301	0.239	−0.18	1.43
		高校校内小区	机关大院小区	0.398	0.256	0.723	−0.28	1.08
			高层（历史地段）夹缝小区	0.058	0.297	1.000	−0.73	0.85
			老城区基础样本	1.022*	0.295	0.004	0.24	1.81
		高层（历史地段）夹缝小区	机关大院小区	0.341	0.304	1.000	−0.47	1.15
			高校校内小区	−0.058	0.297	1.000	−0.85	0.73
			老城区基础样本	0.964*	0.337	0.028	0.07	1.86
		老城区基础样本	机关大院小区	−0.623	0.301	0.239	−1.43	0.18
			高校校内小区	−1.022*	0.295	0.004	−1.81	−0.24
			高层（历史地段）夹缝小区	−0.964*	0.337	0.028	−1.86	−0.07

[①] 对满足方差齐性的使用邦弗伦尼相关值，未通过则考察塔姆黑尼相关值，以下同。

续附表2.4

因变量		（ I ）居住小区类别	（ J ）居住小区类别	平均值差值（ I–J ）	标准误差	显著性	95% 置信区间	
							下限	上限
身体状况	邦弗伦尼	机关大院小区	高校校内小区	−0.151	0.094	0.656	−0.40	0.10
			高层（历史地段）夹缝小区	−0.181	0.113	0.668	−0.48	0.12
			老城区基础样本	0.152	0.111	1.000	−0.14	0.45
		高校校内小区	机关大院小区	0.151	0.094	0.656	−0.10	0.40
			高层（历史地段）夹缝小区	−0.030	0.111	1.000	−0.33	0.27
			老城区基础样本	0.303*	0.108	0.034	0.01	0.59
		高层（历史地段）夹缝小区	机关大院小区	0.181	0.113	0.668	−0.12	0.48
			高校校内小区	0.030	0.111	1.000	−0.27	0.33
			老城区基础样本	0.333	0.126	0.051	0.00	0.67
		老城区基础样本	机关大院小区	−0.152	0.111	1.000	−0.45	0.14
			高校校内小区	−0.303*	0.108	0.034	−0.59	−0.01
			高层（历史地段）夹缝小区	−0.333	0.126	0.051	−0.67	0.00
受教育程度	塔姆黑尼	机关大院小区	高校校内小区	−0.661*	0.203	0.009	−1.20	−0.12
			高层（历史地段）夹缝小区	1.719*	0.246	0.000	1.05	2.39
			老城区基础样本	0.159	0.178	0.939	−0.32	0.64
		高校校内小区	机关大院小区	0.661*	0.203	0.009	0.12	1.20
			高层（历史地段）夹缝小区	2.380*	0.265	0.000	1.67	3.09
			老城区基础样本	0.820*	0.203	0.001	0.28	1.36
		高层（历史地段）夹缝小区	机关大院小区	−1.719*	0.246	0.000	−2.39	−1.05
			高校校内小区	−2.380*	0.265	0.000	−3.09	−1.67
			老城区基础样本	−1.560*	0.245	0.000	−2.23	−0.89
		老城区基础样本	机关大院小区	−0.159	0.178	0.939	−0.64	0.32
			高校校内小区	−0.820*	0.203	0.001	−1.36	−0.28
			高层（历史地段）夹缝小区	1.560*	0.245	0.000	0.89	2.23
居住面积	塔姆黑尼	机关大院小区	高校校内小区	0.823*	0.157	0.000	0.40	1.24
			高层（历史地段）夹缝小区	1.767*	0.198	0.000	1.23	2.31
			老城区基础样本	1.291*	0.196	0.000	0.76	1.82
		高校校内小区	机关大院小区	−0.823*	0.157	0.000	−1.24	−0.40
			高层（历史地段）夹缝小区	0.944*	0.211	0.000	0.37	1.52
			老城区基础样本	0.468	0.209	0.158	−0.10	1.03
		高层（历史地段）夹缝小区	机关大院小区	−1.767*	0.198	0.000	−2.31	−1.23
			高校校内小区	−0.944*	0.211	0.000	−1.52	−0.37
			老城区基础样本	−0.476	0.242	0.276	−1.13	0.18
		老城区基础样本	机关大院小区	−1.291*	0.196	0.000	−1.82	−0.76
			高校校内小区	−0.468	0.209	0.158	−1.03	0.10
			高层（历史地段）夹缝小区	0.476	0.242	0.276	−0.18	1.13

续附表2.4

因变量		（I）居住小区类别	（J）居住小区类别	平均值差值（I-J）	标准误差	显著性	95% 置信区间	
							下限	上限
居住楼层	邦弗伦尼	机关大院小区	高校校内小区	0.417	0.297	0.976	−0.38	1.21
			高层（历史地段）夹缝小区	0.736	0.390	0.364	−0.30	1.78
			老城区基础样本	−0.526	0.336	0.718	−1.42	0.37
		高校校内小区	机关大院小区	−0.417	0.297	0.976	−1.21	0.38
			高层（历史地段）夹缝小区	0.319	0.375	1.000	−0.68	1.32
			老城区基础样本	−0.943*	0.319	0.021	−1.79	−0.09
		高层（历史地段）夹缝小区	机关大院小区	−0.736	0.390	0.364	−1.78	0.30
			高校校内小区	−0.319	0.375	1.000	−1.32	0.68
			老城区基础样本	−1.262*	0.406	0.013	−2.35	−0.18
		老城区基础样本	机关大院小区	0.526	0.336	0.718	−0.37	1.42
			高校校内小区	0.943*	0.319	0.021	0.09	1.79
			高层（历史地段）夹缝小区	1.262*	0.406	0.013	0.18	2.35
原居养老意愿	塔姆黑尼	机关大院小区	高校校内小区	0.290*	0.102	0.030	0.02	0.56
			高层（历史地段）夹缝小区	0.506*	0.147	0.007	0.10	0.91
			老城区基础样本	0.517*	0.126	0.001	0.18	0.86
		高校校内小区	机关大院小区	−0.290*	0.102	0.030	−0.56	−0.02
			高层（历史地段）夹缝小区	0.216	0.156	0.676	−0.21	0.64
			老城区基础样本	0.227	0.136	0.460	−0.14	0.59
		高层（历史地段）夹缝小区	机关大院小区	−0.506*	0.147	0.007	−0.91	−0.10
			高校校内小区	−0.216	0.156	0.676	−0.64	0.21
			老城区基础样本	0.012	0.173	1.000	−0.46	0.48
		老城区基础样本	机关大院小区	−0.517*	0.126	0.001	−0.86	−0.18
			高校校内小区	−0.227	0.136	0.460	−0.59	0.14
			高层（历史地段）夹缝小区	−0.012	0.173	1.000	−0.48	0.46

*. 平均值差值的显著性水平为 0.05

附表2.5　原居养老意愿×居住小区类别交叉表

			居住小区类别				总计
			类型1	类型2	类型3	类型4	
原居养老意愿	不愿意（＜5年）	计数	3	9	8	6	26
		占 原居养老意愿 的百分比	11.5%	34.6%	30.8%	23.1%	100.0%
		占 居住小区类别 的百分比	4.5%	11.8%	21.6%	14.3%	11.8%
	一般（5~10年）	计数	7	19	10	18	54
		占 原居养老意愿 的百分比	13.0%	35.2%	18.5%	33.3%	100.0%
		占 居住小区类别 的百分比	10.6%	25.0%	27.0%	42.9%	24.4%
	非常愿意（＞10年）	计数	56	48	19	18	141
		占 原居养老意愿 的百分比	39.7%	34.0%	13.5%	12.8%	100.0%
		占 居住小区类别 的百分比	84.8%	63.2%	51.4%	42.9%	63.8%

附表2.6　卡方检验：居住小区类别×原居养老二元项交叉表

计数						值	渐进显著性（双侧）	精确显著性（双侧）
			原居养老二元项					
			不愿意	愿意	总计			
居住小区类别	机关大院小区	计数	3	63	66	皮尔逊卡方	7.034[a]	0.071	0.072
		期望计数	7.8	58.2	66.0	似然比	7.313	0.063	0.069
	高校校内小区	计数	9	67	76	费希尔精确检验	7.220		0.059（ns）
		期望计数	8.9	67.1	76.0	线性关联	4.132[b]	0.042	0.043
	高层（历史地段）夹缝小区	计数	8	29	37	有效个案数	221		
		期望计数	4.4	32.6	37.0	a. 2 个单元格（25.0%）的期望计数小于 5。最小期望计数为 4.35			
	老城区基础样本	计数	6	36	42				
		期望计数	4.9	37.1	42.0				
总计			26.0	195.0		b. 标准化统计为 –2.033			
期望计数			26.0	195.0	221.0				

二、原居养老意愿与相关整体因素数据分析

附表2.7　原居养老意愿之间相关整体因素描述性统计

		个案数	平均值	标准差	标准误差	平均值的95%置信区间		最小值	最大值
						下限	上限		
年龄	不愿意（<5年）	26	3.00	1.442	0.283	2.42	3.58	1	6
	一般（5~10年）	54	2.72	1.250	0.170	2.38	3.06	1	5
	非常愿意（>10年）	141	3.40	1.639	0.138	3.13	3.68	1	6
	总计	221	3.19	1.552	0.104	2.98	3.40	1	6
居住时间	不愿意（<5年）	26	3.04	1.183	0.232	2.56	3.52	1	5
	一般（5~10年）	54	3.02	0.981	0.133	2.75	3.29	1	5
	非常愿意（>10年）	139	3.50	1.099	0.093	3.31	3.68	1	5
	总计	219	3.32	1.100	0.074	3.18	3.47	1	5
居住面积	不愿意（<5年）	22	2.77	0.869	0.185	2.39	3.16	2	5
	一般（5~10年）	50	2.98	0.958	0.135	2.71	3.25	1	5
	非常愿意（>10年）	119	3.34	1.216	0.111	3.12	3.56	1	5
	总计	191	3.18	1.133	0.082	3.02	3.34	1	5
居住楼层	不愿意（<5年）	19	3.89	2.283	0.524	2.79	4.99	1	6
	一般（5~10年）	47	4.06	1.436	0.209	3.64	4.49	1	6
	非常愿意（>10年）	121	3.42	1.611	0.146	3.13	3.71	1	6
	总计	187	3.63	1.665	0.122	3.39	3.87	1	6

附表2.8　有序数字型变量单因素方差分析（One-Way ANOVA）

方差齐性检验				
	莱文统计	自由度1	自由度2	显著性
年龄	3.418	2	218	0.035
居住时间	2.519	2	216	0.083
身体状况	0.393	2	218	0.676（ns）
受教育程度	0.894	2	215	0.411（ns）
居住面积	6.084	2	188	0.003
居住楼层	10.851	2	184	0.000

ANOVA						
		平方和	自由度	均方	F	显著性
居住时间	组间	11.291	2	5.645	4.826	0.009
	组内	252.691	216	1.170		
	总计	263.982	218			
身体状况	组间	1.614	2	0.807	2.468	0.087（ns）
	组内	71.309	218	0.327		
	总计	72.923	220			
受教育程度	组间	5.956	2	2.978	1.459	0.235（ns）
	组内	438.947	215	2.042		
	总计	444.904	217			

平均值相等性稳健检验					
		统计a	自由度1	自由度2	显著性
年龄	韦尔奇	4.895	2	66.293	0.010
	布朗–福塞斯	4.821	2	94.800	0.010
居住面积	韦尔奇	4.124	2	61.278	0.021
	布朗–福塞斯	4.491	2	108.891	0.013
居住楼层	韦尔奇	3.228	2	43.341	0.049
	布朗–福塞斯	2.162	2	39.952	0.128

a.渐近F分布

附表2.9　事后多重比较

因变量		（I）原居养老意愿	（J）原居养老意愿	平均值差值（I–J）	标准误差	显著性	95% 置信区间	
							下限	上限
年龄	塔姆黑尼	不愿意（＜5年）	一般（5~10年）	0.278	0.330	0.789	−0.54	1.10
			非常愿意（＞10年）	−0.404	0.315	0.501	−1.19	0.38
		一般（5~10年）	不愿意（＜5年）	−0.278	0.330	0.789	−1.10	0.54
			非常愿意（＞10年）	−0.682*	0.219	0.007	−1.21	−0.15
		非常愿意（＞10年）	不愿意（＜5年）	0.404	0.315	0.501	−0.38	1.19
			一般（5~10年）	0.682*	0.219	0.007	0.15	1.21
居住时间	塔姆黑尼	不愿意（＜5年）	一般（5~10年）	0.020	0.258	1.000	−0.60	0.64
			非常愿意（＞10年）	−0.458	0.231	0.146	−1.02	0.10
		一般（5~10年）	不愿意（＜5年）	−0.020	0.258	1.000	−0.64	0.60
			非常愿意（＞10年）	−0.478*	0.173	0.019	−0.90	−0.06
		非常愿意（＞10年）	不愿意（＜5年）	0.458	0.231	0.146	−0.10	1.02
			一般（5~10年）	0.478*	0.173	0.019	0.06	0.90

续附表2.9

因变量		（I）原居养老意愿	（J）原居养老意愿	平均值差值（I–J）	标准误差	显著性	95%置信区间	
							下限	上限
居住面积	塔姆黑尼	不愿意（<5年）	一般（5~10年）	−0.207	0.230	0.752	−0.78	0.36
			非常愿意（>10年）	−0.563*	0.216	0.039	−1.10	−0.02
		一般（5~10年）	不愿意（<5年）	0.207	0.230	0.752	−0.36	0.78
			非常愿意（>10年）	−0.356	0.175	0.128	−0.78	0.07
		非常愿意（>10年）	不愿意（<5年）	0.563*	0.216	0.039	0.02	1.10
			一般（5~10年）	0.356	0.175	0.128	−0.07	0.78
居住楼层	塔姆黑尼	不愿意（<5年）	一般（5~10年）	−0.169	0.564	0.987	−1.62	1.28
			非常愿意（>10年）	0.473	0.544	0.777	−0.94	1.88
		一般（5~10年）	不愿意（<5年）	0.169	0.564	0.987	−1.28	1.62
			非常愿意（>10年）	0.642*	0.256	0.040	0.02	1.26
		非常愿意（>10年）	不愿意（<5年）	−0.473	0.544	0.777	−1.88	0.94
			一般（5~10年）	−0.642*	0.256	0.040	−1.26	−0.02

*平均值差值的显著性水平为0.05

附表2.10　名义变量非参数：K个独立样本

秩				检验统计[a,b]		
	原居养老意愿	个案数	秩平均值	卡方	自由度	渐近显著性
目前居住状态	不愿意（<5年）	26	98.77	1.720	2	0.423
	一般（5~10年）	54	116.71			
	非常愿意（>10年）	141	111.07			
	总计	221				
性别	不愿意（<5年）	26	120.75	1.922	2	0.383
	一般（5~10年）	54	116.03			
	非常愿意（>10年）	141	107.28	a. 克鲁斯卡尔–沃利斯检验		
	总计	221		b. 分组变量：原居养老意愿		

附表2.11　比较均值：独立样本t检验

组统计					
	居住楼层	个案数	平均值	标准差	标准误差平均值
原居养老意愿	≥4	103	2.48	0.684	0.067
	<4	56	2.70	0.537	0.072

独立样本检验									
		莱文方差等同性检验		平均值等同性 t 检验					
		F	显著性	t	自由度	显著性（双尾）	平均值差值	差值95%置信区间	
								下限	上限
原居养老意愿	假定等方差	11.220	0.001	−2.090	157	0.038	−0.221	−0.429	−0.012
	不假定等方差			−2.243	137.275	0.027	−0.221	−0.415	−0.026

三、住区内部环境适老化改造因素数据分析

附表2.12　小区类别之间内外环境因素描述性统计

		个案数	平均值*	标准差	标准误差	平均值的95%置信区间		最小值	最大值
						下限	上限		
就寝满意度	机关大院小区	65	3.97	1.045	0.130	3.71	4.23	1	5
	高校校内小区	67	4.19	0.973	0.119	3.96	4.43	1	5
	高层（历史地段）夹缝小区	39	3.59	1.069	0.171	3.24	3.94	1	5
	老城区基础样本	23	3.52	0.994	0.207	3.09	3.95	1	5
	总计	194	3.92	1.045	0.075	3.77	4.07	1	5
如厕满意度	机关大院小区	63	4.00	0.950	0.120	3.76	4.24	1	5
	高校校内小区	66	4.21	0.985	0.121	3.97	4.45	1	5
	高层（历史地段）夹缝小区	39	3.44	0.821	0.131	3.17	3.70	2	5
	老城区基础样本	23	3.35	1.071	0.223	2.88	3.81	1	5
	总计	191	3.88	1.006	0.073	3.74	4.02	1	5
就餐满意度	机关大院小区	63	4.06	0.859	0.108	3.85	4.28	1	5
	高校校内小区	67	4.21	0.897	0.110	3.99	4.43	2	5
	高层（历史地段）夹缝小区	39	3.62	0.747	0.120	3.37	3.86	2	5
	老城区基础样本	23	3.43	0.945	0.197	3.03	3.84	1	5
	总计	192	3.95	0.902	0.065	3.82	4.08	1	5
洗漱满意度	机关大院小区	63	4.16	0.884	0.111	3.94	4.38	1	5
	高校校内小区	63	4.29	0.923	0.116	4.05	4.52	1	5
	高层（历史地段）夹缝小区	39	3.49	0.823	0.132	3.22	3.75	2	5
	老城区基础样本	23	3.43	0.945	0.197	3.03	3.84	1	5
	总计	188	3.97	0.956	0.070	3.84	4.11	1	5
烹饪满意度	机关大院小区	63	4.10	0.797	0.100	3.89	4.30	1	5
	高校校内小区	63	4.19	0.981	0.124	3.94	4.44	1	5
	高层（历史地段）夹缝小区	39	3.62	0.815	0.130	3.35	3.88	2	5
	老城区基础样本	23	3.35	0.885	0.184	2.97	3.73	2	5
	总计	188	3.94	0.923	0.067	3.80	4.07	1	5
洗衣满意度	机关大院小区	63	4.10	0.797	0.100	3.89	4.30	1	5
	高校校内小区	62	4.31	0.841	0.107	4.09	4.52	1	5
	高层（历史地段）夹缝小区	39	3.62	0.935	0.150	3.31	3.92	1	5
	老城区基础样本	23	3.30	0.926	0.193	2.90	3.70	1	5
	总计	187	3.97	0.921	0.067	3.84	4.10	1	5
晾晒满意度	机关大院小区	63	4.03	0.761	0.096	3.84	4.22	1	5
	高校校内小区	61	4.23	0.973	0.125	3.98	4.48	1	5
	高层（历史地段）夹缝小区	39	3.69	0.694	0.111	3.47	3.92	3	5
	老城区基础样本	23	3.22	1.126	0.235	2.73	3.70	1	5
	总计	186	3.92	0.927	0.068	3.79	4.06	1	5
医疗护理满意度	机关大院小区	63	3.81	0.981	0.124	3.56	4.06	1	5
	高校校内小区	65	4.17	1.039	0.129	3.91	4.43	1	5
	高层（历史地段）夹缝小区	39	3.49	0.790	0.127	3.23	3.74	2	5
	老城区基础样本	23	2.96	0.878	0.183	2.58	3.34	1	4
	总计	190	3.76	1.024	0.074	3.62	3.91	1	5

续附表2.12

		个案数	平均值	标准差	标准误差	平均值的95%置信区间		最小值	最大值
						下限	上限		
散步运动满意度	机关大院小区	65	3.43	1.185	0.147	3.14	3.72	1	5
	高校校内小区	62	3.97	1.008	0.128	3.71	4.22	1	5
	高层（历史地段）夹缝小区	39	3.49	0.914	0.146	3.19	3.78	1	5
	老城区基础样本	23	3.17	0.778	0.162	2.84	3.51	1	4
	总计	189	3.59	1.061	0.077	3.43	3.74	1	5
静坐观察满足度	机关大院小区	63	3.78	1.039	0.131	3.52	4.04	1	5
	高校校内小区	59	4.00	0.910	0.118	3.76	4.24	1	5
	高层（历史地段）夹缝小区	39	3.59	0.785	0.126	3.34	3.84	2	5
	老城区基础样本	23	3.00	0.953	0.199	2.59	3.41	1	5
	总计	184	3.71	0.980	0.072	3.57	3.85	1	5
个人兴趣满意度	机关大院小区	62	3.68	0.971	0.123	3.43	3.92	1	5
	高校校内小区	58	4.09	0.823	0.108	3.87	4.30	1	5
	高层（历史地段）夹缝小区	39	3.79	0.695	0.111	3.57	4.02	3	5
	老城区基础样本	23	3.26	0.915	0.191	2.87	3.66	1	5
	总计	182	3.78	0.896	0.066	3.65	3.91	1	5
阅读满意度	机关大院小区	62	3.89	0.925	0.117	3.65	4.12	1	5
	高校校内小区	48	3.98	0.887	0.128	3.72	4.24	1	5
	高层（历史地段）夹缝小区	39	3.49	0.854	0.137	3.21	3.76	2	5
	老城区基础样本	23	3.13	1.014	0.211	2.69	3.57	1	5
	总计	172	3.72	0.951	0.073	3.58	3.86	1	5
视听满意度	机关大院小区	62	4.87	5.237	0.665	3.54	6.20	1	33
	高校校内小区	48	3.85	1.111	0.160	3.53	4.18	1	5
	高层（历史地段）夹缝小区	39	3.72	0.686	0.110	3.50	3.94	3	5
	老城区基础样本	23	3.17	0.834	0.174	2.81	3.53	1	5
	总计	172	4.10	3.271	0.249	3.61	4.59	1	33
交谈满意度	机关大院小区	63	3.75	0.879	0.111	3.52	3.97	1	5
	高校校内小区	57	3.91	1.023	0.135	3.64	4.18	1	5
	高层（历史地段）夹缝小区	39	3.69	0.694	0.111	3.47	3.92	3	5
	老城区基础样本	23	3.17	1.114	0.232	2.69	3.66	1	5
	总计	182	3.71	0.944	0.070	3.58	3.85	1	5
集体娱乐满意度	机关大院小区	62	3.65	1.088	0.138	3.37	3.92	1	5
	高校校内小区	54	3.98	0.961	0.131	3.72	4.24	1	5
	高层（历史地段）夹缝小区	39	3.56	0.912	0.146	3.27	3.86	1	5
	老城区基础样本	23	2.70	0.926	0.193	2.30	3.10	1	4
	总计	178	3.61	1.059	0.079	3.45	3.76	1	5
接送小孩满意度	机关大院小区	59	3.95	0.879	0.114	3.72	4.18	1	5
	高校校内小区	37	4.16	1.093	0.180	3.80	4.53	1	5
	高层（历史地段）夹缝小区	29	3.48	0.949	0.176	3.12	3.84	1	5
	老城区基础样本	23	3.04	0.878	0.183	2.66	3.42	1	5
	总计	148	3.77	1.017	0.084	3.60	3.94	1	5

续附表2.12

		个案数	平均值	标准差	标准误差	平均值的95%置信区间		最小值	最大值
						下限	上限		
竖向交通满意度	机关大院小区	63	3.35	1.259	0.159	3.03	3.67	1	5
	高校校内小区	59	3.71	1.175	0.153	3.41	4.02	1	5
	高层（历史地段）夹缝小区	36	2.67	1.069	0.178	2.30	3.03	1	5
	老城区基础样本	23	3.61	0.839	0.175	3.25	3.97	2	5
	总计	181	3.36	1.202	0.089	3.19	3.54	1	5
商业购物满意度	机关大院小区	65	3.66	1.020	0.126	3.41	3.91	1	5
	高校校内小区	60	3.38	1.195	0.154	3.07	3.69	1	5
	高层（历史地段）夹缝小区	39	3.46	1.166	0.187	3.08	3.84	1	5
	老城区基础样本	23	3.52	0.994	0.207	3.09	3.95	1	5
	总计	187	3.51	1.104	0.081	3.35	3.67	1	5
幼儿园满意度	机关大院小区	57	4.02	0.855	0.113	3.79	4.24	1	5
	高校校内小区	42	4.29	0.805	0.124	4.03	4.54	3	5
	高层（历史地段）夹缝小区	26	3.62	0.852	0.167	3.27	3.96	2	5
	老城区基础样本	20	3.20	0.894	0.200	2.78	3.62	2	5
	总计	145	3.91	0.912	0.076	3.76	4.06	1	5
小学满意度	机关大院小区	58	4.16	0.768	0.101	3.95	4.36	3	5
	高校校内小区	37	4.05	0.998	0.164	3.72	4.39	1	5
	高层（历史地段）夹缝小区	27	3.63	0.884	0.170	3.28	3.98	2	5
	老城区基础样本	20	3.50	0.889	0.199	3.08	3.92	2	5
	总计	142	3.94	0.901	0.076	3.79	4.09	1	5
初中满意度	机关大院小区	58	4.00	0.795	0.104	3.79	4.21	2	5
	高校校内小区	34	3.68	1.173	0.201	3.27	4.09	1	5
	高层（历史地段）夹缝小区	26	3.62	0.804	0.158	3.29	3.94	2	5
	老城区基础样本	19	3.47	0.964	0.221	3.01	3.91	1	5
	总计	137	3.77	0.939	0.080	3.62	3.93	1	5
高中满意度	机关大院小区	58	4.03	0.772	0.101	3.83	4.24	3	5
	高校校内小区	31	3.55	1.179	0.212	3.12	3.98	1	5
	高层（历史地段）夹缝小区	24	3.71	0.908	0.185	3.32	4.09	1	5
	老城区基础样本	18	3.28	1.018	0.240	2.77	3.78	1	5
	总计	131	3.76	0.969	0.085	3.59	3.92	1	5
医院满意度	机关大院小区	61	4.07	0.629	0.081	3.90	4.23	3	5
	高校校内小区	53	4.15	0.907	0.125	3.90	4.40	1	5
	高层（历史地段）夹缝小区	36	3.72	1.003	0.167	3.38	4.06	2	5
	老城区基础样本	23	3.22	0.951	0.198	2.81	3.63	1	5
	总计	173	3.91	0.897	0.068	3.77	4.04	1	5
门诊满意度	机关大院小区	61	3.95	0.717	0.092	3.77	4.13	2	5
	高校校内小区	46	4.22	0.841	0.124	3.97	4.47	2	5
	高层（历史地段）夹缝小区	36	3.83	0.775	0.129	3.57	4.10	2	5
	老城区基础样本	23	3.43	0.945	0.197	3.03	3.84	1	5
	总计	166	3.93	0.828	0.064	3.80	4.05	1	5

续附表2.12

		个案数	平均值	标准差	标准误差	平均值的95%置信区间		最小值	最大值
						下限	上限		
卫生站满意度	机关大院小区	61	3.85	0.872	0.112	3.63	4.08	1	5
	高校校内小区	42	4.26	0.767	0.118	4.02	4.50	2	5
	高层（历史地段）夹缝小区	34	3.82	0.797	0.137	3.55	4.10	2	5
	老城区基础样本	23	3.43	0.945	0.197	3.03	3.84	1	5
	总计	160	3.89	0.873	0.069	3.76	4.03	1	5
护理院满意度	机关大院小区	58	3.60	1.138	0.149	3.30	3.90	1	5
	高校校内小区	30	3.97	1.159	0.212	3.53	4.40	1	5
	高层（历史地段）夹缝小区	31	3.81	0.833	0.150	3.50	4.11	2	5
	老城区基础样本	19	3.00	1.106	0.254	2.47	3.53	0	5
	总计	138	3.64	1.106	0.094	3.46	3.83	0	5
老年大学满意度	机关大院小区	60	3.80	1.070	0.138	3.52	4.08	1	5
	高校校内小区	34	3.74	1.109	0.190	3.35	4.12	1	5
	高层（历史地段）夹缝小区	30	3.50	0.938	0.171	3.15	3.85	2	5
	老城区基础样本	17	3.35	0.931	0.226	2.87	3.83	1	5
	总计	141	3.67	1.040	0.088	3.49	3.84	1	5
老年活动中心满意度	机关大院小区	60	3.77	0.998	0.129	3.51	4.02	1	5
	高校校内小区	53	4.04	0.876	0.120	3.80	4.28	2	5
	高层（历史地段）夹缝小区	33	3.48	0.906	0.158	3.16	3.81	2	5
	老城区基础样本	23	2.87	1.014	0.211	2.43	3.31	1	4
	总计	169	3.67	1.009	0.078	3.52	3.83	1	5
运动场馆满意度	机关大院小区	60	3.63	0.974	0.126	3.38	3.88	1	5
	高校校内小区	43	3.84	0.974	0.149	3.54	4.14	1	5
	高层（历史地段）夹缝小区	36	3.47	0.845	0.141	3.19	3.76	2	5
	老城区基础样本	23	2.87	1.014	0.211	2.43	3.31	1	4
	总计	162	3.54	0.991	0.078	3.39	3.70	1	5
健身设施满意度	机关大院小区	61	3.56	0.886	0.113	3.33	3.78	1	5
	高校校内小区	52	3.63	1.067	0.148	3.34	3.93	1	5
	高层（历史地段）夹缝小区	38	3.32	0.904	0.147	3.02	3.61	2	5
	老城区基础样本	23	2.74	0.915	0.191	2.34	3.13	1	4
	总计	174	3.42	0.987	0.075	3.27	3.57	1	5
超市满意度	机关大院小区	60	3.75	0.856	0.111	3.53	3.97	2	5
	高校校内小区	59	3.32	1.306	0.170	2.98	3.66	1	5
	高层（历史地段）夹缝小区	37	3.70	0.878	0.144	3.41	4.00	2	5
	老城区基础样本	23	3.43	0.788	0.164	3.09	3.78	2	5
	总计	179	3.56	1.034	0.077	3.41	3.71	1	5
菜市场满意度	机关大院小区	60	3.75	1.019	0.132	3.49	4.01	1	5
	高校校内小区	53	2.83	1.355	0.186	2.46	3.20	1	5
	高层（历史地段）夹缝小区	38	3.82	0.766	0.124	3.56	4.07	2	5
	老城区基础样本	23	3.35	0.935	0.195	2.94	3.75	1	5
	总计	174	3.43	1.150	0.087	3.26	3.60	1	5

续附表2.12

		个案数	平均值	标准差	标准误差	平均值的95%置信区间		最小值	最大值
						下限	上限		
餐饮满意度	机关大院小区	60	3.78	0.825	0.107	3.57	4.00	2	5
	高校校内小区	47	3.87	0.875	0.128	3.62	4.13	1	5
	高层（历史地段）夹缝小区	38	3.82	0.692	0.112	3.59	4.04	3	5
	老城区基础样本	18	3.22	0.878	0.207	2.79	3.66	2	5
	总计	163	3.75	0.832	0.065	3.63	3.88	1	5
中西药店满意度	机关大院小区	60	3.93	0.710	0.092	3.75	4.12	2	5
	高校校内小区	39	4.08	0.870	0.139	3.79	4.36	1	5
	高层（历史地段）夹缝小区	38	3.87	0.741	0.120	3.62	4.11	2	5
	老城区基础样本	19	3.84	0.765	0.175	3.47	4.21	3	5
	总计	156	3.94	0.764	0.061	3.82	4.06	1	5
书店满意度	机关大院小区	59	3.81	0.819	0.107	3.60	4.03	1	5
	高校校内小区	33	3.97	0.847	0.147	3.67	4.27	2	5
	高层（历史地段）夹缝小区	33	3.85	0.795	0.138	3.57	4.13	2	5
	老城区基础样本	16	2.25	1.238	0.310	1.59	2.91	0	5
	总计	141	3.68	1.009	0.085	3.51	3.85	0	5
五金便民店满意度	机关大院小区	58	3.88	0.751	0.099	3.68	4.08	2	5
	高校校内小区	39	4.05	0.887	0.142	3.76	4.34	1	5
	高层（历史地段）夹缝小区	38	3.79	0.777	0.126	3.53	4.04	2	5
	老城区基础样本	16	3.19	1.109	0.277	2.60	3.78	0	5
	总计	151	3.83	0.862	0.070	3.69	3.97	0	5
银行储蓄所满意度	机关大院小区	60	4.08	0.671	0.087	3.91	4.26	3	5
	高校校内小区	52	4.37	0.595	0.083	4.20	4.53	3	5
	高层（历史地段）夹缝小区	38	3.71	0.835	0.136	3.44	3.99	2	5
	老城区基础样本	23	3.74	0.915	0.191	3.44	4.13	2	5
	总计	173	4.04	0.765	0.058	3.93	4.16	2	5
电信满意度	机关大院小区	59	3.93	0.666	0.087	3.76	4.11	2	5
	高校校内小区	36	4.08	0.770	0.128	3.82	4.34	2	5
	高层（历史地段）夹缝小区	37	3.78	0.787	0.129	3.52	4.05	3	5
	老城区基础样本	16	3.38	0.885	0.221	2.90	3.85	2	5
	总计	148	3.87	0.767	0.063	3.75	4.00	2	5
邮电满意度	机关大院小区	58	4.09	0.708	0.093	3.90	4.27	2	5
	高校校内小区	33	4.18	0.769	0.134	3.91	4.45	2	5
	高层（历史地段）夹缝小区	37	3.81	0.811	0.133	3.54	4.08	2	5
	老城区基础样本	17	3.47	0.800	0.194	3.06	3.88	2	5
	总计	145	3.97	0.785	0.065	3.84	4.09	2	5
老年服务中心满意度	机关大院小区	59	3.83	0.968	0.126	3.58	4.08	1	5
	高校校内小区	55	4.05	0.870	0.117	3.82	4.29	2	5
	高层（历史地段）夹缝小区	35	4.00	0.874	0.148	3.70	4.30	2	5
	老城区基础样本	23	3.00	1.128	0.235	2.51	3.49	1	5
	总计	172	3.83	0.993	0.076	3.68	3.98	1	5

续附表2.12

		个案数	平均值	标准差	标准误差	平均值的95%置信区间		最小值	最大值
						下限	上限		
居委会满意度	机关大院小区	59	3.76	0.878	0.114	3.53	3.99	2	5
	高校校内小区	45	3.84	0.852	0.127	3.59	4.10	2	5
	高层（历史地段）夹缝小区	38	4.08	0.882	0.143	3.79	4.37	2	5
	老城区基础样本	23	3.35	0.775	0.162	3.01	3.68	1	4
	总计	165	3.80	0.878	0.068	3.67	3.93	1	5
物业管理满意度	机关大院小区	59	3.69	0.933	0.121	3.45	3.94	1	5
	高校校内小区	48	3.29	1.254	0.181	2.93	3.66	1	5
	高层（历史地段）夹缝小区	38	4.05	0.899	0.146	3.76	4.35	2	5
	老城区基础样本	23	2.91	0.733	0.153	2.60	3.23	1	4
	总计	168	3.55	1.065	0.082	3.39	3.72	1	5
治安联防站满意度	机关大院小区	57	4.05	0.718	0.095	3.86	4.24	2	5
	高校校内小区	34	3.56	1.160	0.199	3.15	3.96	1	5
	高层（历史地段）夹缝小区	36	3.33	0.894	0.149	3.03	3.64	2	5
	老城区基础样本	16	2.81	1.047	0.262	2.25	3.37	0	4
	总计	143	3.62	0.999	0.084	3.45	3.78	0	5
养老院托老所满意度	机关大院小区	58	3.79	0.987	0.130	3.53	4.05	1	5
	高校校内小区	29	3.03	1.523	0.283	2.46	3.61	1	5
	高层（历史地段）夹缝小区	32	3.13	1.070	0.189	2.74	3.51	1	5
	老城区基础样本	16	2.38	1.204	0.301	1.73	3.02	0	4
	总计	135	3.30	1.248	0.107	3.09	3.52	0	5
公共场所满意度	机关大院小区	59	3.85	0.738	0.096	3.66	4.04	2	5
	高校校内小区	44	3.82	1.105	0.167	3.48	4.15	1	5
	高层（历史地段）夹缝小区	35	3.43	0.917	0.155	3.11	3.74	2	5
	老城区基础样本	23	3.00	0.853	0.178	2.63	3.37	1	5
	总计	161	3.63	0.947	0.075	3.48	3.77	1	5
垃圾收集点满意度	机关大院小区	59	3.93	0.807	0.105	3.72	4.14	1	5
	高校校内小区	53	3.60	0.987	0.136	3.33	3.88	2	5
	高层（历史地段）夹缝小区	37	3.41	1.040	0.171	3.06	3.75	1	5
	老城区基础样本	23	3.57	0.945	0.197	3.16	3.97	1	5
	总计	172	3.67	0.949	0.072	3.53	3.81	1	5
居民存车处满意度	机关大院小区	59	3.10	1.012	0.132	2.84	3.37	1	5
	高校校内小区	48	3.31	1.151	0.166	2.98	3.65	1	5
	高层（历史地段）夹缝小区	38	2.76	0.943	0.153	2.45	3.07	2	5
	老城区基础样本	23	2.87	0.815	0.170	2.52	3.22	1	5
	总计	168	3.05	1.028	0.079	2.90	3.21	1	5
居民停车场满意度	机关大院小区	59	2.98	1.091	0.142	2.70	3.27	1	5
	高校校内小区	50	3.20	1.107	0.156	2.89	3.51	1	5
	高层（历史地段）夹缝小区	38	2.74	0.828	0.134	2.46	3.01	2	5
	老城区基础样本	23	2.57	0.843	0.176	2.20	2.93	1	4
	总计	170	2.94	1.027	0.079	2.78	3.09	1	5

续附表2.12

		个案数	平均值	标准差	标准误差	平均值的95%置信区间		最小值	最大值
						下限	上限		
公交始末站满意度	机关大院小区	59	3.98	0.629	0.082	3.82	4.15	3	5
	高校校内小区	45	3.73	1.214	0.181	3.37	4.10	1	5
	高层（历史地段）夹缝小区	38	3.66	0.966	0.157	3.34	3.98	2	5
	老城区基础样本	23	3.74	0.810	0.169	3.39	4.09	2	5
	总计	165	3.81	0.923	0.072	3.66	3.95	1	5
消防站满意度	机关大院小区	58	3.88	0.796	0.105	3.67	4.09	2	5
	高校校内小区	35	3.83	1.175	0.199	3.42	4.23	1	5
	高层（历史地段）夹缝小区	34	3.35	0.950	0.163	3.02	3.68	2	5
	老城区基础样本	15	3.47	0.834	0.215	3.00	3.93	2	5
	总计	142	3.70	0.960	0.081	3.54	3.86	1	5
水电气服务站满意度	机关大院小区	58	3.86	0.805	0.106	3.65	4.07	2	5
	高校校内小区	34	3.97	1.114	0.191	3.58	4.36	1	5
	高层（历史地段）夹缝小区	36	3.31	0.980	0.163	2.97	3.64	1	5
	老城区基础样本	15	3.60	0.737	0.190	3.19	4.01	3	5
	总计	143	3.72	0.952	0.080	3.56	3.88	1	5
街道办事处满意度	机关大院小区	59	3.93	0.740	0.096	3.74	4.12	2	5
	高校校内小区	41	3.49	1.075	0.168	3.15	3.83	1	5
	高层（历史地段）夹缝小区	34	3.50	0.896	0.154	3.19	3.81	2	5
	老城区基础样本	23	3.22	0.600	0.125	2.96	3.48	2	5
	总计	157	3.62	0.888	0.071	3.48	3.76	1	5
市政管理机构满意度	机关大院小区	58	3.74	0.807	0.106	3.53	3.95	1	5
	高校校内小区	31	3.26	1.094	0.197	2.86	3.66	1	5
	高层（历史地段）夹缝小区	32	3.41	0.875	0.155	3.09	3.72	2	5
	老城区基础样本	15	3.20	0.775	0.200	2.77	3.63	2	5
	总计	136	3.49	0.911	0.078	3.34	3.65	1	5
派出所满意度	机关大院小区	58	3.97	0.725	0.095	3.77	4.16	2	5
	高校校内小区	41	3.63	1.043	0.163	3.30	3.96	1	5
	高层（历史地段）夹缝小区	32	3.53	0.842	0.149	3.23	3.83	2	5
	老城区基础样本	15	3.33	0.816	0.211	2.88	3.79	2	5
	总计	146	3.71	0.879	0.073	3.57	3.86	1	5

注：此表中"电信"指电话、上网业务，"邮电"指邮寄、电报业务，下文同。

附表2.13　小区类别之间内外环境单因素方差分析（One-Way ANOVA）分析

	方差齐性检验			
	莱文统计	自由度1	自由度2	显著性
就寝满意度	0.326	3	190	0.806
如厕满意度	0.755	3	187	0.521
就餐满意度	1.089	3	188	0.355
洗漱满意度	0.180	3	184	0.910
烹饪满意度	1.164	3	184	0.325
洗衣满意度	1.966	3	183	0.121

续附表2.13

	方差齐性检验			
	莱文统计	自由度1	自由度2	显著性
晾晒满意度	3.622	3	182	0.014
医疗护理满意度	0.745	3	186	0.527
散步运动满意度	3.352	3	185	0.020
静坐观察满意度	1.692	3	180	0.170
个人兴趣满意度	1.907	3	178	0.130
阅读满意度	1.404	3	168	0.243
视听满意度	2.174	3	168	0.093
交谈满意度	1.116	3	178	0.344
集体娱乐满意度	1.539	3	174	0.206
接送小孩满意度	1.583	3	144	0.196
竖向交通满意度	2.311	3	177	0.078
商业购物满意度	1.723	3	183	0.164
幼儿园满意度	1.466	3	141	0.226
小学满意度	0.415	3	138	0.743
初中满意度	2.757	3	133	0.045
高中满意度	2.619	3	127	0.054
医院满意度	4.405	3	169	0.005
门诊满意度	2.009	3	162	0.115
卫生站满意度	0.522	3	156	0.668
护理院满意度	1.634	3	134	0.184
老年大学满意度	0.614	3	137	0.607
老年活动中心满意度	0.310	3	165	0.818
运动场馆满意度	0.359	3	158	0.782
文化体育：健身设施满意度	0.893	3	170	0.446
超市满意度	8.771	3	175	0.000
菜市场满意度	9.321	3	170	0.000
餐饮满意度	0.299	3	159	0.826
中西药店满意度	0.465	3	152	0.707
书店满意度	1.665	3	137	0.178
五金便民店满意度	0.250	3	147	0.861
银行储蓄所满意度	3.613	3	169	0.015
电信满意度	2.531	3	144	0.060
邮电满意度	1.162	3	141	0.327
老年服务中心满意度	0.773	3	168	0.511
居委会满意度	0.284	3	161	0.837
物业管理满意度	5.089	3	164	0.002
治安联防站满意度	5.079	3	139	0.002
养老院托老所满意度	4.236	3	131	0.007
公共场所满意度	2.640	3	157	0.051
市政公用：垃圾收集点满意度	4.589	3	168	0.004
居民存车处满意度	2.653	3	164	0.050
居民停车场满意度	1.011	3	166	0.389
公交始末站满意度	11.293	3	161	0.000

续附表2.13

方差齐性检验				
	莱文统计	自由度1	自由度2	显著性
消防站满意度	3.561	3	138	0.016
水电气服务站满意度	1.881	3	139	0.136
街道办事处满意度	6.471	3	153	0.000
市政管理机构满意度	1.901	3	132	0.132
派出所满意度	4.414	3	142	0.005
ANOVA				
		平方和	自由度	均方	F	显著性

		平方和	自由度	均方	F	显著性
就寝满意度	组间	13.089	3	4.363	4.195	0.007
	组内	197.591	190	1.040		
	总计	210.680	193			
如厕满意度	组间	22.393	3	7.464	8.219	0.000
	组内	169.837	187	0.908		
	总计	192.230	190			
就餐满意度	组间	15.776	3	5.259	7.076	0.000
	组内	139.704	188	0.743		
	总计	155.479	191			
洗漱满意度	组间	24.201	3	8.067	10.121	0.000
	组内	146.666	184	0.797		
	总计	170.867	187			
烹饪满意度	组间	17.643	3	5.881	7.642	0.000
	组内	141.591	184	0.770		
	总计	159.234	187			
洗衣满意度	组间	23.101	3	7.700	10.461	0.000
	组内	134.706	183	0.736		
	总计	157.807	186			
医疗护理满意度	组间	28.789	3	9.596	10.527	0.000
	组内	169.553	186	0.912		
	总计	198.342	189			
静坐观察满意度	组间	17.409	3	5.803	6.597	0.000
	组内	158.325	180	0.880		
	总计	175.734	183			
个人兴趣满意度	组间	12.298	3	4.099	5.490	0.001
	组内	132.911	178	0.747		
	总计	145.209	181			
阅读满意度	组间	15.064	3	5.021	6.045	0.001
	组内	139.541	168	0.831		
	总计	154.605	171			
视听满意度	组间	65.171	3	21.724	2.069	0.106
	组内	1764.149	168	10.501		
	总计	1829.320	171			
交谈满意度	组间	9.033	3	3.011	3.523	0.016
	组内	152.110	178	0.855		
	总计	161.143	181			

续附表2.13

		平方和	自由度	均方	F	显著性
	ANOVA					
集体娱乐满意度	组间	26.838	3	8.946	9.069	0.000
	组内	171.634	174	0.986		
	总计	198.472	177			
接送小孩满意度	组间	22.117	3	7.372	8.162	0.000
	组内	130.072	144	0.903		
	总计	152.189	147			
竖向交通满意度	组间	26.036	3	8.679	6.568	0.000
	组内	233.897	177	1.321		
	总计	259.934	180			
商业购物满意度	组间	2.548	3	0.849	0.693	0.557
	组内	224.169	183	1.225		
	总计	226.717	186			
幼儿园满意度	组间	18.927	3	6.309	8.816	0.000
	组内	100.908	141	0.716		
	总计	119.834	144			
小学满意度	组间	9.638	3	3.213	4.231	0.007
	组内	104.792	138	0.759		
	总计	114.430	141			
高中满意度	组间	10.005	3	3.335	3.776	0.012
	组内	112.178	127	0.883		
	总计	122.183	130			
门诊满意度	组间	9.802	3	3.267	5.122	0.002
	组内	103.331	162	0.638		
	总计	113.133	165			
卫生站满意度	组间	10.809	3	3.603	5.092	0.002
	组内	110.385	156	0.708		
	总计	121.194	159			
护理院满意度	组间	11.917	3	3.972	3.419	0.019
	组内	155.685	134	1.162		
	总计	167.601	137			
老年大学满意度	组间	3.733	3	1.244	1.155	0.329
	组内	147.600	137	1.077		
	总计	151.333	140			
老年活动中心满意度	组间	23.592	3	7.864	8.796	0.000
	组内	147.509	165	0.894		
	总计	171.101	168			
运动场馆满意度	组间	14.823	3	4.941	5.445	0.001
	组内	143.375	158	0.907		
	总计	158.198	161			
健身设施满意度	组间	14.621	3	4.874	5.389	0.001
	组内	153.752	170	0.904		
	总计	168.374	173			

续附表2.13

ANOVA						
		平方和	自由度	均方	F	显著性
餐饮满意度	组间	5.945	3	1.982	2.966	0.034
	组内	106.239	159	0.668		
	总计	112.184	162			
中西药店满意度	组间	1.110	3	0.370	0.629	0.597
	组内	89.371	152	0.588		
	总计	90.481	155			
书店满意度	组间	37.477	3	12.492	16.275	0.000
	组内	105.161	137	0.768		
	总计	142.638	140			
五金便民店满意度	组间	8.717	3	2.906	4.155	0.007
	组内	102.806	147	0.699		
	总计	111.523	150			
电信满意度	组间	6.062	3	2.021	3.614	0.015
	组内	80.499	144	0.559		
	总计	86.561	147			
邮电满意度	组间	7.439	3	2.480	4.296	0.006
	组内	81.389	141	0.577		
	总计	88.828	144			
老年服务中心满意度	组间	19.626	3	6.542	7.369	0.000
	组内	149.141	168	0.888		
	总计	168.767	171			
居委会满意度	组间	7.830	3	2.610	3.544	0.016
	组内	118.570	161	0.736		
	总计	126.400	164			
养老院托老所满意度	组间	30.815	3	10.272	7.571	0.000
	组内	177.733	131	1.357		
	总计	208.548	134			
公共场所满意度	组间	14.896	3	4.965	6.055	0.001
	组内	128.744	157	0.820		
	总计	143.640	160			
居民存车处满意度	组间	7.338	3	2.446	2.371	0.072
	组内	169.179	164	1.032		
	总计	176.518	167			
居民停车场满意度	组间	8.285	3	2.762	2.696	0.048
	组内	170.004	166	1.024		
	总计	178.288	169			
公交始末站满意度	组间	3.023	3	1.008	1.186	0.317
	组内	136.770	161	0.850		
	总计	139.794	164			
水电气服务站满意度	组间	9.705	3	3.235	3.775	0.012
	组内	119.106	139	0.857		
	总计	128.811	142			

续附表2.13

ANOVA					
	平方和	自由度	均方	F	显著性
市政管理机构满意度 组间	6.818	3	2.273	2.852	0.040
市政管理机构满意度 组内	105.175	132	0.797		
市政管理机构满意度 总计	111.993	135			
平均值相等性稳健检验					
		统计[a]	自由度1	自由度2	显著性
晾晒满意度 韦尔奇		6.768	3	73.396	0.000
晾晒满意度 布朗–福塞斯		7.963	3	91.289	0.000
散步运动满意度 韦尔奇		5.523	3	82.050	0.002
散步运动满意度 布朗–福塞斯		5.320	3	172.854	0.002
静坐观察满意度 韦尔奇		6.529	3	76.607	0.001
静坐观察满意度 布朗–福塞斯		6.819	3	134.278	0.000
静坐观察满意度 布朗–福塞斯		4.022	3	101.078	0.010
初中满意度 韦尔奇		2.468	3	53.251	0.072
初中满意度 布朗–福塞斯		2.076	3	91.146	0.109
医院满意度 韦尔奇		6.569	3	67.514	0.001
医院满意度 布朗–福塞斯		6.998	3	108.441	0.000
超市满意度 韦尔奇		1.974	3	77.885	0.125
超市满意度 布朗–福塞斯		2.380	3	154.146	0.072
菜市场满意度 韦尔奇		7.496	3	76.784	0.000
菜市场满意度 布朗–福塞斯		9.775	3	141.867	0.000
银行储蓄所满意度 韦尔奇		7.237	3	69.423	0.000
银行储蓄所满意度 布朗–福塞斯		6.523	3	94.785	0.000
银行储蓄所满意度 布朗–福塞斯		3.663	3	141.161	0.014
物业管理满意度 韦尔奇		10.712	3	77.740	0.000
物业管理满意度 布朗–福塞斯		8.415	3	146.382	0.000
治安联防站满意度 韦尔奇		10.269	3	49.822	0.000
治安联防站满意度 布朗–福塞斯		8.320	3	79.006	0.000
垃圾收集点满意度 韦尔奇		2.882	3	71.653	0.042
垃圾收集点满意度 布朗–福塞斯		2.618	3	125.530	0.054
消防站满意度 韦尔奇		2.942	3	50.344	0.042
消防站满意度 布朗–福塞斯		2.700	3	97.353	0.050
街道办事处满意度 韦尔奇		7.229	3	71.425	0.000
街道办事处满意度 布朗–福塞斯		5.012	3	124.407	0.003
派出所满意度 韦尔奇		3.801	3	50.663	0.016
派出所满意度 布朗–福塞斯		3.187	3	96.470	0.027

a. 渐近 F 分布

附表2.14　居室环境事后多重比较

多重比较							
因变量		（I）居住小区类别	（J）居住小区类别	平均值差值（I–J）	标准误差	显著性	95% 置信区间	
							下限	上限
就寝满意度	邦弗伦尼	机关大院小区	高校校内小区	−0.225	0.178	1.000	−0.70	0.25
			高层（历史地段）夹缝小区	0.379	0.207	0.406	−0.17	0.93
			老城区基础样本	0.447	0.247	0.433	−0.21	1.11
		高校校内小区	机关大院小区	0.225	0.178	1.000	−0.25	0.70
			高层（历史地段）夹缝小区	0.604*	0.205	0.022	0.06	1.15
			老城区基础样本	0.672*	0.246	0.042	0.02	1.33
		高层（历史地段）夹缝小区	机关大院小区	−0.379	0.207	0.406	−0.93	0.17
			高校校内小区	−0.604*	0.205	0.022	−1.15	−0.06
			老城区基础样本	0.068	0.268	1.000	−0.65	0.78
		老城区基础样本	机关大院小区	−0.447	0.247	0.433	−1.11	0.21
			高校校内小区	−0.672*	0.246	0.042	−1.33	−0.02
			高层（历史地段）夹缝小区	−0.068	0.268	1.000	−0.78	0.65
如厕满意度	邦弗伦尼	机关大院小区	高校校内小区	−0.212	0.168	1.000	−0.66	0.24
			高层（历史地段）夹缝小区	0.564*	0.194	0.025	0.05	1.08
			老城区基础样本	0.652*	0.232	0.033	0.03	1.27
		高校校内小区	机关大院小区	0.212	0.168	1.000	−0.24	0.66
			高层（历史地段）夹缝小区	0.776*	0.192	0.000	0.26	1.29
			老城区基础样本	0.864*	0.231	0.001	0.25	1.48
		高层（历史地段）夹缝小区	机关大院小区	−0.564*	0.194	0.025	−1.08	−0.05
			高校校内小区	−0.776*	0.192	0.000	−1.29	−0.26
			老城区基础样本	0.088	0.251	1.000	−0.58	0.76
		老城区基础样本	机关大院小区	−0.652*	0.232	0.033	−1.27	−0.03
			高校校内小区	−0.864*	0.231	0.001	−1.48	−0.25
			高层（历史地段）夹缝小区	−0.088	0.251	1.000	−0.76	0.58
就餐满意度	邦弗伦尼	机关大院小区	高校校内小区	−0.145	0.151	1.000	−0.55	0.26
			高层（历史地段）夹缝小区	0.448	0.176	0.069	−0.02	0.92
			老城区基础样本	0.629*	0.210	0.019	0.07	1.19
		高校校内小区	机关大院小区	0.145	0.151	1.000	−0.26	0.55
			高层（历史地段）夹缝小区	0.594*	0.174	0.005	0.13	1.06
			老城区基础样本	0.774*	0.208	0.002	0.22	1.33
		高层（历史地段）夹缝小区	机关大院小区	−0.448	0.176	0.069	−0.92	0.02
			高校校内小区	−0.594*	0.174	0.005	−1.06	−0.13
			老城区基础样本	0.181	0.227	1.000	−0.42	0.78
		老城区基础样本	机关大院小区	−0.629*	0.210	0.019	−1.19	−0.07
			高校校内小区	−0.774*	0.208	0.002	−1.33	−0.22
			高层（历史地段）夹缝小区	−0.181	0.227	1.000	−0.78	0.42

续附表2.14

因变量		（ I ）居住小区类别	（ J ）居住小区类别	平均值差值（ I–J ）	标准误差	显著性	95% 置信区间	
							下限	上限
洗漱满意度	邦弗伦尼	机关大院小区	高校校内小区	−0.127	0.159	1.000	−0.55	0.30
			高层（历史地段）夹缝小区	0.672*	0.182	0.002	0.19	1.16
			老城区基础样本	0.724*	0.218	0.006	0.14	1.30
		高校校内小区	机关大院小区	0.127	0.159	1.000	−0.30	0.55
			高层（历史地段）夹缝小区	0.799*	0.182	0.000	0.31	1.28
			老城区基础样本	0.851*	0.218	0.001	0.27	1.43
		高层（历史地段）夹缝小区	机关大院小区	−0.672*	0.182	0.002	−1.16	−0.19
			高校校内小区	−0.799*	0.182	0.000	−1.28	−0.31
			老城区基础样本	0.052	0.235	1.000	−0.57	0.68
		老城区基础样本	机关大院小区	−0.724*	0.218	0.006	−1.30	−0.14
			高校校内小区	−0.851*	0.218	0.001	−1.43	−0.27
			高层（历史地段）夹缝小区	−0.052	0.235	1.000	−0.68	0.57
烹饪满意度	邦弗伦尼	机关大院小区	高校校内小区	−0.095	0.156	1.000	−0.51	0.32
			高层（历史地段）夹缝小区	0.480*	0.179	0.048	0.00	0.96
			老城区基础样本	0.747*	0.214	0.004	0.18	1.32
		高校校内小区	机关大院小区	0.095	0.156	1.000	−0.32	0.51
			高层（历史地段）夹缝小区	0.575*	0.179	0.009	0.10	1.05
			老城区基础样本	0.843*	0.214	0.001	0.27	1.41
		高层（历史地段）夹缝小区	机关大院小区	−0.480*	0.179	0.048	−0.96	0.00
			高校校内小区	−0.575*	0.179	0.009	−1.05	−0.10
			老城区基础样本	0.268	0.231	1.000	−0.35	0.88
		老城区基础样本	机关大院小区	−0.747*	0.214	0.004	−1.32	−0.18
			高校校内小区	−0.843*	0.214	0.001	−1.41	−0.27
			高层（历史地段）夹缝小区	−0.268	0.231	1.000	−0.88	0.35
洗衣满意度	邦弗伦尼	机关大院小区	高校校内小区	−0.211	0.153	1.000	−0.62	0.20
			高层（历史地段）夹缝小区	0.480*	0.175	0.040	0.01	0.95
			老城区基础样本	0.791*	0.209	0.001	0.23	1.35
		高校校内小区	机关大院小区	0.211	0.153	1.000	−0.20	0.62
			高层（历史地段）夹缝小区	0.691*	0.175	0.001	0.22	1.16
			老城区基础样本	1.002*	0.209	0.000	0.44	1.56
		高层（历史地段）夹缝小区	机关大院小区	−0.480*	0.175	0.040	−0.95	−0.01
			高校校内小区	−0.691*	0.175	0.001	−1.16	−0.22
			老城区基础样本	0.311	0.226	1.000	−0.29	0.91
		老城区基础样本	机关大院小区	−0.791*	0.209	0.001	−1.35	−0.23
			高校校内小区	−1.002*	0.209	0.000	−1.56	−0.44
			高层（历史地段）夹缝小区	−0.311	0.226	1.000	−0.91	0.29

续附表2.14

			多重比较				
因变量		（I）居住小区类别	（J）居住小区类别	平均值差值（I-J）	标准误差	显著性	95%置信区间
							下限 / 上限
晒晾满意度	塔姆黑尼	机关大院小区	高校校内小区	-0.198	0.157	0.759	-0.62 / 0.22
			高层（历史地段）夹缝小区	0.339	0.147	0.131	-0.06 / 0.73
			老城区基础样本	0.814*	0.254	0.019	0.10 / 1.53
		高校校内小区	机关大院小区	0.198	0.157	0.759	-0.22 / 0.62
			高层（历史地段）夹缝小区	0.537*	0.167	0.010	0.09 / 0.99
			老城区基础样本	1.012*	0.266	0.003	0.27 / 1.75
		高层（历史地段）夹缝小区	机关大院小区	-0.339	0.147	0.131	-0.73 / 0.06
			高校校内小区	-0.537*	0.167	0.010	-0.99 / -0.09
			老城区基础样本	0.475	0.260	0.381	-0.25 / 1.20
		老城区基础样本	机关大院小区	-0.814*	0.254	0.019	-1.53 / -0.10
			高校校内小区	-1.012*	0.266	0.003	-1.75 / -0.27
			高层（历史地段）夹缝小区	-0.475	0.260	0.381	-1.20 / 0.25

*. 平均值差值的显著性水平为 0.05

附表2.15 竖向交通整体和构成因素重要度与改造度描述性统计

		个案数	平均值	标准差	标准误差	平均值的95%置信区间		最小值	最大值
						下限	上限		
竖向交通满意度	机关大院小区	63	3.35	1.259	0.159	3.03	3.67	1	5
	高校校内小区	59	3.71	1.175	0.153	3.41	4.02	1	5
	高层（历史地段）夹缝小区	36	2.67	1.069	0.178	2.30	3.03	1	5
	老城区基础样本	23	3.61	0.839	0.175	3.25	3.97	2	5
	总计	181	3.36	1.202	0.089	3.19	3.54	1	5
竖向交通改造度	机关大院小区	56	3.945858	2.5238554	0.3372644	3.269965	4.621751	1.0000	10.0000
	高校校内小区	55	3.383710	2.1869888	0.2948935	2.792485	3.974936	0.7071	10.0000
	高层（历史地段）夹缝小区	36	5.159448	2.4004976	0.4000829	4.347236	5.971659	2.0000	10.0000
	老城区基础样本	23	3.525359	1.2995171	0.2709680	2.963406	4.087312	1.4142	6.0000
	总计	170	3.964091	2.3355585	0.1791292	3.610472	4.317710	0.7071	10.0000
增设电梯重要性	机关大院小区	64	3.67	1.470	0.184	3.30	4.04	1	5
	高校校内小区	58	4.00	1.311	0.172	3.66	4.34	1	5
	高层（历史地段）夹缝小区	38	3.89	1.034	0.168	3.55	4.23	1	5
	老城区基础样本	23	4.22	1.166	0.243	3.71	4.72	1	5
	总计	183	3.89	1.305	0.096	3.70	4.08	1	5
增设电梯改造度	机关大院小区	59	5.9333	3.60901	0.46985	4.9928	6.8738	0.50	10.00
	高校校内小区	54	6.2414	3.74407	0.50950	5.2194	7.2633	0.50	10.00
	高层（历史地段）夹缝小区	38	5.2228	2.83288	0.45955	4.2917	6.1540	0.50	10.00
	老城区基础样本	23	7.1009	3.47745	0.72510	5.5971	8.6046	0.50	10.00
	总计	174	6.0281	3.49688	0.26510	5.5048	6.5513	0.50	10.00
入户坡道重要性	机关大院小区	61	3.25	1.287	0.165	2.92	3.58	1	5
	高校校内小区	46	3.11	1.479	0.218	2.67	3.55	1	5
	高层（历史地段）夹缝小区	37	3.14	1.058	0.174	2.78	3.49	1	5
	老城区基础样本	23	4.00	1.000	0.209	3.57	4.43	2	5
	总计	167	3.29	1.285	0.099	3.09	3.48	1	5

续附表2.15

		个案数	平均值	标准差	标准误差	平均值的95%置信区间		最小值	最大值
						下限	上限		
入户坡道改造度	机关大院小区	57	4.1183	2.92847	0.38789	3.3413	4.8953	0.50	10.00
	高校校内小区	42	3.8450	3.41557	0.52703	2.7807	4.9094	0.50	10.00
	高层（历史地段）夹缝小区	37	3.3610	2.10520	0.34609	2.6590	4.0629	0.50	10.00
	老城区基础样本	23	6.1670	3.06943	0.64002	4.8397	7.4943	1.41	10.00
	总计	159	4.1662	3.02511	0.23991	3.6924	4.6401	0.50	10.00
入户空间重要度	机关大院小区	61	3.15	1.167	0.149	2.85	3.45	1	5
	高校校内小区	45	3.04	1.551	0.231	2.58	3.51	1	5
	高层（历史地段）夹缝小区	38	3.55	1.179	0.191	3.17	3.94	1	5
	老城区基础样本	23	3.57	1.080	0.225	3.10	4.03	2	5
	总计	167	3.27	1.282	0.099	3.07	3.47	1	5
入户空间改造度	机关大院小区	56	3.8116	2.55452	0.34136	3.1275	4.4957	0.50	10.00
	高校校内小区	43	3.2805	3.09278	0.47164	2.3287	4.2323	0.50	10.00
	高层（历史地段）夹缝小区	37	4.4852	2.53948	0.41749	3.6385	5.3319	0.50	10.00
	老城区基础样本	23	4.9549	2.98354	0.62211	3.6647	6.2450	1.41	10.00
	总计	159	3.9901	2.80433	0.22240	3.5509	4.4294	0.50	10.00

附表2.16　竖向交通单因素方差分析（One-Way ANOVA）

方差齐性检验					
	莱文统计	自由度1	自由度2	显著性	
竖向交通满意度	2.311	3	177	0.078	
增设电梯重要性	3.646	3	179	0.014	
入户坡道重要性	4.181	3	163	0.007	
入户空间重要性	3.703	3	163	0.013	
入户空间改造度	0.605	3	155	0.613	

ANOVA					
		平方和	自由度	均方	F	显著性
竖向交通满意度	组间	26.036	3	8.679	6.568	0.000
	组内	233.897	177	1.321		
	总计	259.934	180			
入户空间改造度	组间	53.913	3	17.971	2.343	0.075
	组内	1188.644	155	7.669		
	总计	1242.556	158			

平均值相等性稳健检验					
		统计[a]	自由度1	自由度2	显著性
增设电梯重要性	韦尔奇	1.166	3	78.451	0.328
	布朗-福塞斯	1.346	3	153.071	0.262
入户坡道重要性	韦尔奇	4.212	3	76.501	0.008
	布朗-福塞斯	3.229	3	147.864	0.024
入户空间重要性	韦尔奇	1.766	3	73.982	0.161
	布朗-福塞斯	1.754	3	138.301	0.159
a. 渐近 F 分布					

附表2.17　竖向交通事后多重比较

因变量		（I）居住小区类别	（J）居住小区类别	平均值差值（I-J）	标准误差	显著性	95% 置信区间	
							下限	上限
竖向交通满意度	邦弗伦尼	机关大院小区	高校校内小区	−0.363	0.208	0.500	−0.92	0.19
			高层（历史地段）夹缝小区	0.683*	0.240	0.030	0.04	1.32
			老城区基础样本	−0.259	0.280	1.000	−1.01	0.49
		高校校内小区	机关大院小区	0.363	0.208	0.500	−0.19	0.92
			高层（历史地段）夹缝小区	1.045*	0.243	0.000	0.40	1.69
			老城区基础样本	0.103	0.283	1.000	−0.65	0.86
		高层（历史地段）夹缝小区	机关大院小区	−0.683*	0.240	0.030	−1.32	−0.04
			高校校内小区	−1.045*	0.243	0.000	−1.69	−0.40
			老城区基础样本	−0.942*	0.307	0.015	−1.76	−0.12
		老城区基础样本	机关大院小区	0.259	0.280	1.000	−0.49	1.01
			高校校内小区	−0.103	0.283	1.000	−0.86	0.65
			高层（历史地段）夹缝小区	0.942*	0.307	0.015	0.12	1.76
入户坡道重要性	塔姆黑尼	机关大院小区	高校校内小区	0.137	0.273	0.997	−0.60	0.87
			高层（历史地段）夹缝小区	0.111	0.240	0.998	−0.53	0.76
			老城区基础样本	−0.754*	0.266	0.038	−1.48	−0.03
		高校校内小区	机关大院小区	−0.137	0.273	0.997	−0.87	0.60
			高层（历史地段）夹缝小区	−0.026	0.279	1.000	−0.78	0.73
			老城区基础样本	−0.891*	0.302	0.026	−1.71	−0.70
		高层（历史地段）夹缝小区	机关大院小区	−0.111	0.240	0.998	−0.76	0.53
			高校校内小区	0.026	0.279	1.000	−0.73	0.78
			老城区基础样本	−0.865*	0.272	0.015	−1.61	−0.12
		老城区基础样本	机关大院小区	0.754*	0.266	0.038	0.03	1.48
			高校校内小区	0.891*	0.302	0.026	0.07	1.71
			高层（历史地段）夹缝小区	0.865*	0.272	0.015	0.12	1.61

*. 平均值差值的显著性水平为 0.05

附表2.18　楼层间电梯增设的重要性与急迫性描述性统计

居住楼层		增设电梯重要性	增设电梯急迫性	增设电梯改造度	增设电梯摊派比例
2F	平均值	3.57	2.81	4.4503	1.55
	标准差	1.441	1.632	3.63040	0.671
	个案数	23	21	21	22
3F	平均值	4.24	3.86	6.7986	1.96
	标准差	1.179	1.424	3.54876	1.038
	个案数	21	21	21	26
4F	平均值	3.83	3.65	5.3370	2.21
	标准差	1.230	0.988	2.86841	1.236
	个案数	23	20	20	29
5F	平均值	4.28	4.15	7.2007	1.68
	标准差	1.037	1.136	3.22864	0.962
	个案数	40	39	39	38

续附表2.18

居住楼层		增设电梯重要性	增设电梯急迫性	增设电梯改造度	增设电梯摊派比例
≥6F	平均值	4.53	4.67	8.5904	1.62
	标准差	0.772	0.594	2.16505	0.875
	个案数	19	18	18	24
总计	平均值	4.10	3.86	6.5413	1.81
	标准差	1.176	1.323	3.39785	1.004
	个案数	126	119	119	139

附表2.19 电梯增设的临界点分析（比较均值·独立样本T检验）

分割点＝3F 组统计								
		居住楼层	个案数	平均值	标准差	标准误差平均值		
户型改造：增设电梯急迫性		≥3	98	4.08	1.137	0.115		
		<3	21	2.81	1.632	0.356		
独立样本检验								
	莱文方差等同性检验		平均值等同性 t 检验					
	F	显著性	t	自由度	显著性（双尾）	平均值差值	标准误差差值	差值95% 置信区间
								下限 上限
增设电梯急迫性	假定等方差	10.484	0.002	4.282	117	0.000	1.272	0.297	0.684	1.860
	不假定等方差			3.401	24.323	0.002	1.272	0.374	0.501	2.044
分割点＝4F 组统计								
		居住楼层	个案数	平均值	标准差	标准误差平均值		
户型改造：增设电梯急迫性		≥4	77	4.14	1.048	0.119		
		<4	42	3.33	1.603	0.247		
独立样本检验								
	莱文方差等同性检验		平均值等同性 t 检验					
	F	显著性	t	自由度	显著性（双尾）	平均值差值	标准误差差值	差值95% 置信区间
								下限 上限
增设电梯急迫性	假定等方差	24.743	0.000	3.322	117	0.001	0.810	0.244	0.327	1.292
	不假定等方差			2.948	60.564	0.005	0.810	0.275	0.260	1.359

附表2.20 个性休闲空间满意度描述性统计数据

		个案数	平均值	标准差	标准误差	平均值的95%置信区间		最小值	最大值
						下限	上限		
散步运动满意度	机关大院小区	65	3.43	1.185	0.147	3.14	3.72	1	5
	高校校内小区	62	3.97	1.008	0.128	3.71	4.22	1	5
	高层（历史地段）夹缝小区	39	3.49	0.914	0.146	3.19	3.78	1	5
	老城区基础样本	23	3.17	0.778	0.162	2.84	3.51	1	4
	总计	189	3.59	1.061	0.077	3.43	3.74	1	5
静坐观察满意度	机关大院小区	63	3.78	1.039	0.131	3.52	4.04	1	5
	高校校内小区	59	4.00	0.910	0.118	3.76	4.24	1	5
	高层（历史地段）夹缝小区	39	3.59	0.785	0.126	3.34	3.84	2	5
	老城区基础样本	23	3.00	0.953	0.199	2.59	3.41	1	5
	总计	184	3.71	0.980	0.072	3.57	3.85	1	5

续附表2.20

		个案数	平均值	标准差	标准误差	平均值的95%置信区间		最小值	最大值
						下限	上限		
个性空间满意度	机关大院小区	63	4.278	2.5221	0.3178	3.643	4.913	1.0	17.5
	高校校内小区	60	4.025	0.8508	0.1098	3.805	4.245	1.0	5.0
	高层（历史地段）夹缝小区	39	3.628	0.6759	0.1082	3.409	3.847	2.5	5.0
	老城区基础样本	23	3.152	0.8317	0.1734	2.793	3.512	1.0	5.0
	总计	185	3.919	1.6407	0.1206	3.681	4.157	1.0	17.5

附表2.21　个性休闲空间单因素方差分析（One-Way ANOVA）

方差齐性检验				
	莱文统计	自由度1	自由度2	显著性
散步运动满意度	3.352	3	185	0.020
静坐观察满意度	1.692	3	180	0.170
个性空间满意度	1.773	3	181	0.154
ANOVA					
		平方和	自由度	均方	F	显著性
静坐观察满意度	组间	17.409	3	5.803	6.597	0.000
	组内	158.325	180	0.880		
	总计	175.734	183			
个性空间满意度	组间	25.606	3	8.535	3.289	0.022
	组内	469.678	181	2.595		
	总计	495.284	184			
平均值相等性稳健检验					
		统计[a]	自由度1	自由度2	显著性
散步运动满意度	韦尔奇	5.523	3	82.050	0.002
	布朗-福塞斯	5.320	3	172.854	0.002

a. 渐近F分布

附表2.22　个性休闲空间事后多重比较

因变量		（I）居住小区类别	（J）居住小区类别	平均值差值（I-J）	标准误差	显著性	95%置信区间	
							下限	上限
散步运动满意度	塔姆黑尼	机关大院小区	高校校内小区	−0.537*	0.195	0.040	−1.06	−0.02
			高层（历史地段）夹缝小区	−0.056	0.207	1.000	−0.61	0.50
			老城区基础样本	0.257	0.219	0.815	−0.34	0.85
		高校校内小区	机关大院小区	0.537*	0.195	0.040	0.02	1.06
			高层（历史地段）夹缝小区	0.481	0.194	0.089	−0.04	1.00
			老城区基础样本	0.794*	0.207	0.002	0.23	1.36
		高层（历史地段）夹缝小区	机关大院小区	0.056	0.207	1.000	−0.50	0.61
			高校校内小区	−0.481	0.194	0.089	−1.00	0.04
			老城区基础样本	0.313	0.218	0.642	−0.28	0.91
		老城区基础样本	机关大院小区	−0.257	0.219	0.815	−0.85	0.34
			高校校内小区	−0.794*	0.207	0.002	−1.36	−0.23
			高层（历史地段）夹缝小区	−0.313	0.218	0.642	−0.91	0.28

续附表2.22

因变量		（I）居住小区类别	（J）居住小区类别	平均值差值（I-J）	标准误差	显著性	95% 置信区间	
							下限	上限
静坐观察满意度	邦弗伦尼	机关大院小区	高校校内小区	-0.222	0.170	1.000	-0.68	0.23
			高层（历史地段）夹缝小区	0.188	0.191	1.000	-0.32	0.70
			老城区基础样本	0.778*	0.228	0.005	0.17	1.39
		高校校内小区	机关大院小区	0.222	0.170	1.000	-0.23	0.68
			高层（历史地段）夹缝小区	0.410	0.194	0.212	-0.11	0.93
			老城区基础样本	1.000*	0.231	0.000	0.38	1.62
		高层（历史地段）夹缝小区	机关大院小区	-0.188	0.191	1.000	-0.70	0.32
			高校校内小区	-0.410	0.194	0.212	-0.93	0.11
			老城区基础样本	0.590	0.247	0.107	-0.07	1.25
		老城区基础样本	机关大院小区	-0.778*	0.228	0.005	-1.39	-0.17
			高校校内小区	-1.000*	0.231	0.000	-1.62	-0.38
			高层（历史地段）夹缝小区	-0.590	0.247	0.107	-1.25	0.07
个性空间满意度	邦弗伦尼	机关大院小区	高校校内小区	0.2528	0.2906	1.000	-0.522	1.028
			高层（历史地段）夹缝小区	0.6496	0.3282	0.296	-0.226	1.525
			老城区基础样本	1.1256*	0.3924	0.028	0.079	2.172
		高校校内小区	机关大院小区	-0.2528	0.2906	1.000	-1.028	0.522
			高层（历史地段）夹缝小区	0.3968	0.3313	1.000	-0.487	1.281
			老城区基础样本	0.8728	0.3951	0.170	-0.181	1.927
		高层（历史地段）夹缝小区	机关大院小区	-0.6496	0.3282	0.296	-1.525	0.226
			高校校内小区	-0.3968	0.3313	1.000	-1.281	0.487
			老城区基础样本	0.4760	0.4235	1.000	-0.654	1.606
		老城区基础样本	机关大院小区	-1.1256*	0.3924	0.028	-2.172	-0.079
			高校校内小区	-0.8728	0.3951	0.170	-1.927	0.181
			高层（历史地段）夹缝小区	-0.4760	0.4235	1.000	-1.606	0.654

*. 平均值差值的显著性水平为 0.05

附表2.23　群聚社交空间满意度描述性统计数据

		个案数	平均值	标准差	标准误差	平均值的95%置信区间		最小值	最大值
						下限	上限		
交谈满意度	机关大院小区	63	3.75	0.879	0.111	3.52	3.97	1	5
	高校校内小区	57	3.91	1.023	0.135	3.64	4.18	1	5
	高层（历史地段）夹缝小区	39	3.69	0.694	0.111	3.47	3.92	3	5
	老城区基础样本	23	3.17	1.114	0.232	2.69	3.66	1	5
	总计	182	3.71	0.944	0.070	3.58	3.85	1	5
集体娱乐满意度	机关大院小区	62	3.65	1.088	0.138	3.37	3.92	1	5
	高校校内小区	54	3.98	0.961	0.131	3.72	4.24	1	5
	高层（历史地段）夹缝小区	39	3.56	0.912	0.146	3.27	3.86	1	5
	老城区基础样本	23	2.70	0.926	0.193	2.30	3.10	1	4
	总计	178	3.61	1.059	0.079	3.45	3.76	1	5

续附表2.23

		个案数	平均值	标准差	标准误差	平均值的95%置信区间		最小值	最大值
						下限	上限		
公共场所满意度	机关大院小区	59	3.85	0.738	0.096	3.66	4.04	2	5
	高校校内小区	44	3.82	1.105	0.167	3.48	4.15	1	5
	高层（历史地段）夹缝小区	35	3.43	0.917	0.155	3.11	3.74	2	5
	老城区基础样本	23	3.00	0.853	0.178	2.63	3.37	1	5
	总计	161	3.63	0.947	0.075	3.48	3.77	1	5
老年活动中心满意度	机关大院小区	60	3.77	0.998	0.129	3.51	4.02	1	5
	高校校内小区	53	4.04	0.876	0.120	3.80	4.28	2	5
	高层（历史地段）夹缝小区	33	3.48	0.906	0.158	3.16	3.81	2	5
	老城区基础样本	23	2.87	1.014	0.211	2.43	3.31	1	4
	总计	169	3.67	1.009	0.078	3.52	3.83	1	5

附表2.24 群聚社交空间单因素方差分析（One-Way ANOVA）

方差齐性检验				
	莱文统计	自由度1	自由度2	显著性
交谈满意度	1.116	3	178	0.344
集体娱乐满意度	1.539	3	174	0.206
公共场所满意度	2.640	3	157	0.051
老年活动中心满意度	0.310	3	165	0.818
ANOVA				
		平方和	自由度	均方	F	显著性
交谈满意度	组间	9.033	3	3.011	3.523	0.016
	组内	152.110	178	0.855		
	总计	161.143	181			
集体娱乐满意度	组间	26.838	3	8.946	9.069	0.000
	组内	171.634	174	0.986		
	总计	198.472	177			
公共场所满意度	组间	14.896	3	4.965	6.055	0.001
	组内	128.744	157	0.820		
	总计	143.640	160			
老年活动中心满意度	组间	23.592	3	7.864	8.796	0.000
	组内	147.509	165	0.894		
	总计	171.101	168			

附表2.25　群聚社交空间事后多重比较

因变量		（I）居住小区类别	（J）居住小区类别	平均值差值（I–J）	标准误差	显著性	95%置信区间	
							下限	上限
交谈满意度	邦弗伦尼	机关大院小区	高校校内小区	−0.166	0.169	1.000	−0.62	0.28
			高层（历史地段）夹缝小区	0.054	0.188	1.000	−0.45	0.56
			老城区基础样本	0.572	0.225	0.072	−0.03	1.17
		高校校内小区	机关大院小区	0.166	0.169	1.000	−0.28	0.62
			高层（历史地段）夹缝小区	0.220	0.192	1.000	−0.29	0.73
			老城区基础样本	0.738*	0.228	0.009	0.13	1.35
		高层（历史地段）夹缝小区	机关大院小区	−0.054	0.188	1.000	−0.56	0.45
			高校校内小区	−0.220	0.192	1.000	−0.73	0.29
			老城区基础样本	0.518	0.243	0.206	−0.13	1.17
		老城区基础样本	机关大院小区	−0.572	0.225	0.072	−1.17	0.03
			高校校内小区	−0.738*	0.228	0.009	−1.35	−0.13
			高层（历史地段）夹缝小区	−0.518	0.243	0.206	−1.17	0.13
集体娱乐满意度	邦弗伦尼	机关大院小区	高校校内小区	−0.336	0.185	0.424	−0.83	0.16
			高层（历史地段）夹缝小区	0.081	0.203	1.000	−0.46	0.62
			老城区基础样本	0.950*	0.242	0.001	0.30	1.60
		高校校内小区	机关大院小区	0.336	0.185	0.424	−0.16	0.83
			高层（历史地段）夹缝小区	0.417	0.209	0.282	−0.14	0.97
			老城区基础样本	1.286*	0.247	0.000	0.63	1.95
		高层（历史地段）夹缝小区	机关大院小区	−0.081	0.203	1.000	−0.62	0.46
			高校校内小区	−0.417	0.209	0.282	−0.97	0.14
			老城区基础样本	0.868*	0.261	0.006	0.17	1.57
		老城区基础样本	机关大院小区	−0.950*	0.242	0.001	−1.60	−0.30
			高校校内小区	−1.286*	0.247	0.000	−1.95	−0.63
			高层（历史地段）夹缝小区	−0.868*	0.261	0.006	−1.57	−0.17
公共场所满意度	邦弗伦尼	机关大院小区	高校校内小区	0.029	0.180	1.000	−0.45	0.51
			高层（历史地段）夹缝小区	0.419	0.193	0.190	−0.10	0.94
			老城区基础样本	0.847*	0.223	0.001	0.25	1.44
		高校校内小区	机关大院小区	−0.029	0.180	1.000	−0.51	0.45
			高层（历史地段）夹缝小区	0.390	0.205	0.356	−0.16	0.94
			老城区基础样本	0.818*	0.233	0.003	0.20	1.44
		高层（历史地段）夹缝小区	机关大院小区	−0.419	0.193	0.190	−0.94	0.10
			高校校内小区	−0.390	0.205	0.356	−0.94	0.16
			老城区基础样本	0.429	0.243	0.479	−0.22	1.08
		老城区基础样本	机关大院小区	−0.847*	0.223	0.001	−1.44	−0.25
			高校校内小区	−0.818*	0.233	0.003	−1.44	−0.20
			高层（历史地段）夹缝小区	−0.429	0.243	0.479	−1.08	0.22

续附表2.25

因变量		（I）居住小区类别	（J）居住小区类别	平均值差值（I-J）	标准误差	显著性	95% 置信区间	
							下限	上限
老年活动中心满意度	邦弗伦尼	机关大院小区	高校校内小区	−0.271	0.178	0.781	−0.75	0.20
			高层（历史地段）夹缝小区	0.282	0.205	1.000	−0.27	0.83
			老城区基础样本	0.897*	0.232	0.001	0.28	1.52
		高校校内小区	机关大院小区	0.271	0.178	0.781	−0.20	0.75
			高层（历史地段）夹缝小区	0.553	0.210	0.055	−0.01	1.11
			老城区基础样本	1.168*	0.236	0.000	0.54	1.80
		高层（历史地段）夹缝小区	机关大院小区	−0.282	0.205	1.000	−0.83	0.27
			高校校内小区	−0.553	0.210	0.055	−1.11	0.01
			老城区基础样本	0.615	0.257	0.106	−0.07	1.30
		老城区基础样本	机关大院小区	−0.897*	0.232	0.001	−1.52	−0.28
			高校校内小区	−1.168*	0.236	0.000	−1.80	−0.54
			高层（历史地段）夹缝小区	−0.615	0.257	0.106	−1.30	0.07

*. 平均值差值的显著性水平为 0.05

附表2.26　老年活动中心便捷性

	个案数	平均值	标准差	标准误差	平均值的95%置信区间		最小值	最大值
					下限	上限		
机关大院小区	63	3.59	0.927	0.117	3.35	3.82	1	5
高校校内小区	59	4.27	0.739	0.096	4.08	4.46	2	5
高层（历史地段）夹缝小区	34	3.47	0.992	0.170	3.12	3.82	2	5
老城区基础样本	23	2.74	1.010	0.211	2.30	3.18	1	4
总计	179	3.68	1.014	0.076	3.53	3.83	1	5

附表2.27　老年活动中心单因素方差分析（One-Way ANOVA）

方差齐性检验				ANOVA					
莱文统计	自由度1	自由度2	显著性		平方和	自由度	均方	F	显著性
2.318	3	175	0.077	组间	43.013	3	14.338	17.943	0.000
				组内	139.836	175	0.799		
				总计	182.849	178			

附表2.28　老年活动中心事后多重比较

因变量：老年活动中心便捷性							
	（I）居住小区类别	（J）居住小区类别	平均值差值（I−J）	标准误差	显著性	95% 置信区间 下限	95% 置信区间 上限
邦弗伦尼	机关大院小区	高校校内小区	−0.684*	0.162	0.000	−1.12	−0.25
		高层（历史地段）夹缝小区	0.117	0.190	1.000	−0.39	0.62
		老城区基础样本	0.848*	0.218	0.001	0.27	1.43
	高校校内小区	机关大院小区	0.684*	0.162	0.000	0.25	1.12
		高层（历史地段）夹缝小区	0.801*	0.192	0.000	0.29	1.31
		老城区基础样本	1.532*	0.220	0.000	0.95	2.12
	高层（历史地段）夹缝小区	机关大院小区	−0.117	0.190	1.000	−0.62	0.39
		高校校内小区	−0.801*	0.192	0.000	−1.31	−0.29
		老城区基础样本	0.731*	0.241	0.017	0.09	1.38
	老城区基础样本	机关大院小区	−0.848*	0.218	0.001	−1.43	−0.27
		高校校内小区	−1.532*	0.220	0.000	−2.12	−0.95
		高层（历史地段）夹缝小区	−0.731*	0.241	0.017	−1.38	−0.09

*. 平均值差值的显著性水平为 0.05

附表2.29　垃圾收集点、居民存车处与居民停车场满意度描述性统计数据

		个案数	平均值	标准差	标准误差	平均值的95%置信区间 下限	平均值的95%置信区间 上限	最小值	最大值
垃圾收集点满意度	机关大院小区	59	3.93	0.807	0.105	3.72	4.14	1	5
	高校校内小区	53	3.60	0.987	0.136	3.33	3.88	2	5
	高层（历史地段）夹缝小区	37	3.41	1.040	0.171	3.06	3.75	1	5
	老城区基础样本	23	3.57	0.945	0.197	3.16	3.97	1	5
	总计	172	3.67	0.949	0.072	3.53	3.81	1	5
居民存车处满意度	机关大院小区	59	3.10	1.012	0.132	2.84	3.37	1	5
	高校校内小区	48	3.31	1.151	0.166	2.98	3.65	1	5
	高层（历史地段）夹缝小区	38	2.76	0.943	0.153	2.45	3.07	2	5
	老城区基础样本	23	2.87	0.815	0.170	2.52	3.22	1	5
	总计	168	3.05	1.028	0.079	2.90	3.21	1	5
居民停车场满意度	机关大院小区	59	2.98	1.091	0.142	2.70	3.27	1	5
	高校校内小区	50	3.20	1.107	0.156	2.89	3.51	1	5
	高层（历史地段）夹缝小区	38	2.74	0.828	0.134	2.46	3.01	2	5
	老城区基础样本	23	2.57	0.843	0.176	2.20	2.93	1	4
	总计	170	2.94	1.027	0.079	2.78	3.09	1	5

附表2.30　垃圾收集点、居民存车处与居民停车场单因素方差分析（One-Way ANOVA）

方差齐性检验				
	莱文统计	自由度1	自由度2	显著性
垃圾收集点满意度	4.589	3	168	0.004
居民存车处满意度	2.653	3	164	0.050
居民停车场满意度	1.011	3	166	0.389

续附表2.30

ANOVA						
		平方和	自由度	均方	F	显著性
居民存车处满意度	组间	7.338	3	2.446	2.371	0.072
	组内	169.179	164	1.032		
	总计	176.518	167			
居民停车场满意度	组间	8.285	3	2.762	2.696	0.048
	组内	170.004	166	1.024		
	总计	178.288	169			
平均值相等性稳健检验						
		统计[a]	自由度1	自由度2		显著性
垃圾收集点满意度	韦尔奇	2.882	3	71.653		0.042
	布朗-福塞斯	2.618	3	125.530		0.054
a. 渐近F分布						

附表2.31　垃圾收集点与居民停车场事后多重比较

因变量		(I)居住小区类别	(J)居住小区类别	平均值差值(I–J)	标准误差	显著性	95%置信区间	
							下限	上限
垃圾收集点满意度	塔姆黑尼	机关大院小区	高校校内小区	0.328	0.172	0.303	−0.13	0.79
			高层（历史地段）夹缝小区	0.527	0.201	0.063	−0.02	1.07
			老城区基础样本	0.367	0.223	0.500	−0.26	0.99
		高校校内小区	机关大院小区	−0.328	0.172	0.303	−0.79	0.13
			高层（历史地段）夹缝小区	0.198	0.218	0.935	−0.39	0.79
			老城区基础样本	0.039	0.239	1.000	−0.62	0.70
		高层（历史地段）夹缝小区	机关大院小区	−0.527	0.201	0.063	−1.07	0.02
			高校校内小区	−0.198	0.218	0.935	−0.79	0.39
			老城区基础样本	−0.160	0.261	0.991	−0.87	0.55
		老城区基础样本	机关大院小区	−0.367	0.223	0.500	−0.99	0.26
			高校校内小区	−0.039	0.239	1.000	−0.70	0.62
			高层（历史地段）夹缝小区	0.160	0.261	0.991	−0.55	0.87
居民停车场满意度	邦弗伦尼	机关大院小区	高校校内小区	−0.217	0.195	1.000	−0.74	0.30
			高层（历史地段）夹缝小区	0.246	0.210	1.000	−0.32	0.81
			老城区基础样本	0.418	0.249	0.569	−0.25	1.08
		高校校内小区	机关大院小区	0.217	0.195	1.000	−0.30	0.74
			高层（历史地段）夹缝小区	0.463	0.218	0.210	−0.12	1.04
			老城区基础样本	0.635	0.255	0.083	−0.05	1.32
		高层（历史地段）夹缝小区	机关大院小区	−0.246	0.210	1.000	−0.81	0.32
			高校校内小区	−0.463	0.218	0.210	−1.04	0.12
			老城区基础样本	0.172	0.267	1.000	−0.54	0.89
		老城区基础样本	机关大院小区	−0.418	0.249	0.569	−1.08	0.25
			高校校内小区	−0.635	0.255	0.083	−1.32	0.05
			高层（历史地段）夹缝小区	−0.172	0.267	1.000	−0.89	0.54
*. 平均值差值的显著性水平为0.05								

四、住区外部环境适老化改造因素数据分析

附表2.32　医疗护理子项满意度描述性统计数据

		个案数	平均值	标准差	标准误差	平均值的95%置信区间		最小值	最大值
						下限	上限		
医院满意度	机关大院小区	61	4.07	0.629	0.081	3.90	4.23	3	5
	高校校内小区	53	4.15	0.907	0.125	3.90	4.40	1	5
	高层（历史地段）夹缝小区	36	3.72	1.003	0.167	3.38	4.06	2	5
	老城区基础样本	23	3.22	0.951	0.198	2.81	3.63	1	5
	总计	173	3.91	0.897	0.068	3.77	4.04	1	5
门诊满意度	机关大院小区	61	3.95	0.717	0.092	3.77	4.13	2	5
	高校校内小区	46	4.22	0.841	0.124	3.97	4.47	2	5
	高层（历史地段）夹缝小区	36	3.83	0.775	0.129	3.57	4.10	2	5
	老城区基础样本	23	3.43	0.945	0.197	3.03	3.84	1	5
	总计	166	3.93	0.828	0.064	3.80	4.05	1	5
卫生站满意度	机关大院小区	61	3.85	0.872	0.112	3.63	4.08	1	5
	高校校内小区	42	4.26	0.767	0.118	4.02	4.50	2	5
	高层（历史地段）夹缝小区	34	3.82	0.797	0.137	3.55	4.10	2	5
	老城区基础样本	23	3.43	0.945	0.197	3.03	3.84	1	5
	总计	160	3.89	0.873	0.069	3.76	4.03	1	5
护理院满意度	机关大院小区	58	3.60	1.138	0.149	3.30	3.90	1	5
	高校校内小区	30	3.97	1.159	0.212	3.53	4.40	1	5
	高层（历史地段）夹缝小区	31	3.81	0.833	0.150	3.50	4.11	2	5
	老城区基础样本	19	3.00	1.106	0.254	2.47	3.53	0	5
	总计	138	3.64	1.106	0.094	3.46	3.83	0	5
养老院托老所满意度	机关大院小区	58	3.79	0.987	0.130	3.53	4.05	1	5
	高校校内小区	29	3.03	1.523	0.283	2.46	3.61	1	5
	高层（历史地段）夹缝小区	32	3.13	1.070	0.189	2.74	3.51	1	5
	老城区基础样本	16	2.38	1.204	0.301	1.73	3.02	0	4
	总计	135	3.30	1.248	0.107	3.09	3.52	0	5

附表2.33　医疗护理子项单因素方差分析（One-Way ANOVA）

方差齐性检验				
	莱文统计	自由度1	自由度2	显著性
医院满意度	4.405	3	169	0.005
门诊满意度	2.009	3	162	0.115
卫生站满意度	0.522	3	156	0.668
护理院满意度	1.634	3	134	0.184
养老院托老所满意度	4.236	3	131	0.007

续附表2.33

ANOVA			平方和	自由度	均方	F	显著性
门诊满意度		组间	9.802	3	3.267	5.122	0.002
		组内	103.331	162	0.638		
		总计	113.133	165			
卫生站满意度		组间	10.809	3	3.603	5.092	0.002
		组内	110.385	156	0.708		
		总计	121.194	159			
护理院满意度		组间	11.917	3	3.972	3.419	0.019
		组内	155.685	134	1.162		
		总计	167.601	137			

平均值相等性稳健检验			统计[a]	自由度1	自由度2	显著性
医院满意度		韦尔奇	6.569	3	67.514	0.001
		布朗–福塞斯	6.998	3	108.441	0.000
养老院托老所满意度		韦尔奇	7.972	3	48.061	0.000
		布朗–福塞斯	6.804	3	79.669	0.000

a. 渐近F分布

附表2.34 医疗护理子项事后多重比较

因变量		（I）居住小区类别	（J）居住小区类别	平均值差值（I–J）	标准误差	显著性	95% 置信区间	
							下限	上限
医院满意度	塔姆黑尼	机关大院小区	高校校内小区	−0.085	0.148	0.993	−0.48	0.31
			高层（历史地段）夹缝小区	0.343	0.186	0.353	−0.16	0.85
			老城区基础样本	0.848*	0.214	0.003	0.24	1.45
		高校校内小区	机关大院小区	0.085	0.148	0.993	−0.31	0.48
			高层（历史地段）夹缝小区	0.429	0.209	0.234	−0.14	0.99
			老城区基础样本	0.934*	0.234	0.002	0.29	1.58
		高层（历史地段）夹缝小区	机关大院小区	−0.343	0.186	0.353	−0.85	0.16
			高校校内小区	−0.429	0.209	0.234	−0.99	0.14
			老城区基础样本	0.505	0.259	0.299	−0.21	1.22
		老城区基础样本	机关大院小区	−0.848*	0.214	0.003	−1.45	−0.24
			高校校内小区	−0.934*	0.234	0.002	−1.58	−0.29
			高层（历史地段）夹缝小区	−0.505	0.259	0.299	−1.22	0.21
门诊满意度	邦弗伦尼	机关大院小区	高校校内小区	−0.267	0.156	0.536	−0.68	0.15
			高层（历史地段）夹缝小区	0.117	0.168	1.000	−0.33	0.57
			老城区基础样本	0.516	0.195	0.055	−0.01	1.04
		高校校内小区	机关大院小区	0.267	0.156	0.536	−0.15	0.68
			高层（历史地段）夹缝小区	0.384	0.178	0.193	−0.09	0.86
			老城区基础样本	0.783*	0.204	0.001	0.24	1.33
		高层（历史地段）夹缝小区	机关大院小区	−0.117	0.168	1.000	−0.57	0.33
			高校校内小区	−0.384	0.178	0.193	−0.86	0.09
			老城区基础样本	0.399	0.213	0.380	−0.17	0.97
		老城区基础样本	机关大院小区	−0.516	0.195	0.055	−1.04	0.01
			高校校内小区	−0.783*	0.204	0.001	−1.33	−0.24
			高层（历史地段）夹缝小区	−0.399	0.213	0.380	−0.97	0.17

续附表2.34

因变量	（I）居住小区类别	（J）居住小区类别	平均值差值（I-J）	标准误差	显著性	95% 置信区间	
						下限	上限
卫生站满意度	邦弗伦尼	机关大院小区	高校校内小区	−0.409	0.169	0.098	−0.86	0.04
			高层（历史地段）夹缝小区	0.029	0.180	1.000	−0.45	0.51
			老城区基础样本	0.418	0.206	0.265	−0.13	0.97
		高校校内小区	机关大院小区	0.409	0.169	0.098	−0.04	0.86
			高层（历史地段）夹缝小区	0.438	0.194	0.152	−0.08	0.96
			老城区基础样本	0.827*	0.218	0.001	0.24	1.41
		高层（历史地段）夹缝小区	机关大院小区	−0.029	0.180	1.000	−0.51	0.45
			高校校内小区	−0.438	0.194	0.152	−0.96	0.08
			老城区基础样本	0.389	0.227	0.534	−0.22	1.00
		老城区基础样本	机关大院小区	−0.418	0.206	0.265	−0.97	0.13
			高校校内小区	−0.827*	0.218	0.001	−1.41	−0.24
			高层（历史地段）夹缝小区	−0.389	0.227	0.534	−1.00	0.22
			新建高层夹缝中小区	−0.389	0.240	0.511	−1.05	0.27
护理院满意度	邦弗伦尼	机关大院小区	高校校内小区	−0.363	0.242	0.818	−1.01	0.29
			高层（历史地段）夹缝小区	−0.203	0.240	1.000	−0.85	0.44
			老城区基础样本	0.603	0.285	0.216	−0.16	1.37
		高校校内小区	机关大院小区	0.363	0.242	0.818	−0.29	1.01
			高层（历史地段）夹缝小区	0.160	0.276	1.000	−0.58	0.90
			老城区基础样本	0.967*	0.316	0.016	0.12	1.81
		高层（历史地段）夹缝小区	机关大院小区	0.203	0.240	1.000	−0.44	0.85
			高校校内小区	−0.160	0.276	1.000	−0.90	0.58
			老城区基础样本	0.806	0.314	0.068	−0.03	1.65
		老城区基础样本	机关大院小区	−0.603	0.285	0.216	−1.37	0.16
			高校校内小区	−0.967*	0.316	0.016	−1.81	−0.12
			高层（历史地段）夹缝小区	−0.806	0.314	0.068	−1.65	0.03
养老院托老所满意度	塔姆黑尼	机关大院小区	高校校内小区	0.759	0.311	0.110	−0.10	1.62
			高层（历史地段）夹缝小区	0.668*	0.229	0.030	0.04	1.29
			老城区基础样本	1.418*	0.328	0.002	0.47	2.37
		高校校内小区	机关大院小区	−0.759	0.311	0.110	−1.62	0.10
			高层（历史地段）夹缝小区	−0.91	0.340	1.000	−1.02	0.84
			老城区基础样本	0.659	0.413	0.532	−0.49	1.81
		高层（历史地段）夹缝小区	机关大院小区	−0.668*	0.229	0.030	−1.29	−0.04
			高校校内小区	0.091	0.340	1.000	−0.84	1.02
			老城区基础样本	0.750	0.356	0.238	−0.26	1.76
		老城区基础样本	机关大院小区	−1.418*	0.328	0.002	−2.37	−0.47
			高校校内小区	−0.659	0.413	0.532	−1.81	0.49
			高层（历史地段）夹缝小区	−0.750	0.356	0.238	−1.76	0.26

*. 平均值差值的显著性水平为 0.05

附表2.35　医护整体与子项改造度描述性统计数据

居住小区类别		医护整体改造度	医院改造度	门诊改造度	卫生站改造度	护理院改造度	养老院托老所改造度
机关大院小区	平均值	3.253356	2.791945	2.824391	2.862079	2.696097	2.5319
	个案数	54	61	61	61	58	58
	标准差	1.5927094	0.7130633	0.7404030	0.8950666	0.7273060	0.75715
高校校内小区	平均值	2.928787	2.635773	2.585037	2.541431	2.648038	3.0408
	个案数	55	53	46	42	30	29
	标准差	1.8520335	0.8775314	0.7973417	0.6193491	1.0649092	1.68342
高层（历史地段）夹缝小区	平均值	3.647872	3.165370	3.128878	2.918394	2.927100	2.7778
	个案数	39	36	36	34	31	32
	标准差	1.3477859	1.1249836	1.1027808	0.8947862	0.9379866	0.54107
老城区基础样本	平均值	4.937763	3.328162	2.883470	2.883470	2.900668	3.0004
	个案数	23	23	23	23	19	16
	标准差	2.0474539	1.2383412	0.8398822	0.8398822	0.5341837	0.49756
总计	平均值	3.465497	2.893096	2.832283	2.792951	2.765707	2.7551
	个案数	171	173	166	160	138	135
	标准差	1.7992579	0.9636984	0.8725681	0.8295184	0.8389224	0.98893

附表2.36　医护整体满意度描述性统计数据

		描述							
		个案数	平均值	标准差	标准误差	平均值的95%置信区间		最小值	最大值
						下限	上限		
医疗护理满意度（整体）	机关大院小区	63	3.81	0.981	0.124	3.56	4.06	1	5
	高校校内小区	65	4.17	1.039	0.129	3.91	4.43	1	5
	高层（历史地段）夹缝小区	39	3.49	0.790	0.127	3.23	3.74	2	5
	老城区基础样本	23	2.96	0.878	0.183	2.58	3.34	1	4
	总计	190	3.76	1.024	0.074	3.62	3.91	1	5

附表2.37　医护整体满意度单因素方差分析（One-Way ANOVA）

方差齐性检验				
	莱文统计	自由度1	自由度2	显著性
医疗护理满意度	0.745	3	186	0.527
ANOVA					
		平方和	自由度	均方	F	显著性
医疗护理满意度	组间	28.789	3	9.596	10.527	0.000
	组内	169.553	186	0.912		
	总计	198.342	189			

附表2.38　医护整体满意度事后多重比较

（I）居住小区类别	（J）居住小区类别	平均值差值（I-J）	标准误差	显著性	95% 置信区间	
					下限	上限
机关大院小区	高校校内小区	−0.360	0.169	0.206	−0.81	0.09
	高层（历史地段）夹缝小区	0.322	0.195	0.595	−0.20	0.84
	老城区基础样本	0.853*	0.233	0.002	0.23	1.47
高校校内小区	机关大院小区	0.360	0.169	0.206	−0.09	0.81
	高层（历史地段）夹缝小区	0.682*	0.193	0.003	0.17	1.20
	老城区基础样本	1.213*	0.232	0.000	0.59	1.83
高层（历史地段）夹缝小区	机关大院小区	−0.322	0.195	0.595	−0.84	0.20
	高校校内小区	−0.682*	0.193	0.003	−1.20	−0.17
	老城区基础样本	0.531	0.251	0.215	−0.14	1.20
老城区基础样本	机关大院小区	−0.853*	0.233	0.002	−1.47	−0.23
	高校校内小区	−1.213*	0.232	0.000	−1.83	−0.59
	高层（历史地段）夹缝小区	−0.531	0.251	0.215	−1.20	0.14

*.平均值差值的显著性水平为 0.05

附表2.39　商购子项满意度描述性统计数据

		个案数	平均值	标准差	标准误差	平均值的95%置信区间		最小值	最大值
						下限	上限		
超市满意度	机关大院小区	60	3.75	0.856	0.111	3.53	3.97	2	5
	高校校内小区	59	3.32	1.306	0.170	2.98	3.66	1	5
	高层（历史地段）夹缝小区	37	3.70	0.878	0.144	3.41	4.00	2	5
	老城区基础样本	23	3.43	0.788	0.164	3.09	3.78	2	5
	总计	179	3.56	1.034	0.077	3.41	3.71	1	5
菜市场满意度	机关大院小区	60	3.75	1.019	0.132	3.49	4.01	1	5
	高校校内小区	53	2.83	1.355	0.186	2.46	3.20	1	5
	高层（历史地段）夹缝小区	38	3.82	0.766	0.124	3.56	4.07	2	5
	老城区基础样本	23	3.35	0.935	0.195	2.94	3.75	1	5
	总计	174	3.43	1.150	0.087	3.26	3.60	1	5
餐饮店满意度	机关大院小区	60	3.78	0.825	0.107	3.57	4.00	2	5
	高校校内小区	47	3.87	0.875	0.128	3.62	4.13	1	5
	高层（历史地段）夹缝小区	38	3.82	0.692	0.112	3.59	4.04	3	5
	老城区基础样本	18	3.22	0.878	0.207	2.79	3.66	2	5
	总计	163	3.75	0.832	0.065	3.63	3.88	1	5
书店满意度	机关大院小区	59	3.81	0.819	0.107	3.60	4.03	1	5
	高校校内小区	33	3.97	0.847	0.147	3.67	4.27	2	5
	高层（历史地段）夹缝小区	33	3.85	0.795	0.138	3.57	4.13	2	5
	老城区基础样本	16	2.25	1.238	0.310	1.59	2.91	0	5
	总计	141	3.68	1.009	0.085	3.51	3.85	0	5
五金便民店满意度	机关大院小区	58	3.88	0.751	0.099	3.68	4.08	2	5
	高校校内小区	39	4.05	0.887	0.142	3.76	4.34	1	5
	高层（历史地段）夹缝小区	38	3.79	0.777	0.126	3.53	4.04	2	5
	老城区基础样本	16	3.19	1.109	0.277	2.60	3.78	0	5
	总计	151	3.83	0.862	0.070	3.69	3.97	0	5

附表2.40 商购子项满意度单因素方差分析（One-Way ANOVA）

方差齐性检验				
	莱文统计	自由度1	自由度2	显著性
超市满意度	8.771	3	175	0.000
菜市场满意度	9.321	3	170	0.000
餐饮店满意度	0.299	3	159	0.826
书店满意度	1.665	3	137	0.178
五金便民店满意度	0.250	3	147	0.861
ANOVA				
		平方和	自由度	均方	F	显著性
餐饮店满意度	组间	5.945	2	1.982	2.966	0.034
	组内	106.239	159	0.668		
	总计	112.184	162			
书店满意度	组间	37.477	3	12.492	16.275	0.000
	组内	105.161	137	0.768		
	总计	142.638	140			
五金便民店满意度	组间	8.717	3	2.906	4.155	0.007
	组内	102.806	147	0.699		
	总计	111.523	150			
平均值相等性稳健检验					
		统计[a]	自由度1	自由度2	显著性
超市满意度	韦尔奇	1.974	3	77.885	0.125
	布朗-福塞斯	2.380	3	154.146	0.072
菜市场满意度	韦尔奇	7.496	3	76.784	0.000
	布朗-福塞斯	9.775	3	141.867	0.000

a. 渐近F分布

附表2.41 商购子项满意度事后多重比较

因变量		（I）居住小区类别	（J）居住小区类别	平均值差值（I-J）	标准误差	显著性	95% 置信区间	
							下限	上限
菜市场满意度	塔姆黑尼	机关大院小区	高校校内小区	0.920*	0.228	0.001	0.31	1.53
			高层（历史地段）夹缝小区	−0.066	0.181	0.999	−0.55	0.42
			老城区基础样本	0.402	0.235	0.448	−0.25	1.05
		高校校内小区	机关大院小区	−0.920*	0.228	0.001	−1.53	−0.31
			高层（历史地段）夹缝小区	−0.986*	0.224	0.000	−1.59	−0.38
			老城区基础样本	−0.518	0.269	0.308	−1.25	0.22
		高层（历史地段）夹缝小区	机关大院小区	0.066	0.181	0.999	−0.42	0.55
			高校校内小区	0.986*	0.224	0.000	0.38	1.59
			老城区基础样本	0.468	0.231	0.263	−0.17	1.11
		老城区基础样本	机关大院小区	−0.402	0.235	0.448	−1.05	0.25
			高校校内小区	0.518	0.269	0.308	−0.22	1.25
			高层（历史地段）夹缝小区	−0.468	0.231	0.263	−1.11	0.17

续附表2.41

因变量		（I）居住小区类别	（J）居住小区类别	平均值差值（I-J）	标准误差	显著性	95% 置信区间	
							下限	上限
餐饮店满意度	邦弗伦尼	机关大院小区	高校校内小区	−0.089	0.159	1.000	−0.51	0.34
			高层（历史地段）夹缝小区	−0.032	0.169	1.000	−0.49	0.42
			老城区基础样本	0.561	0.220	0.069	−0.03	1.15
		高校校内小区	机关大院小区	0.089	0.159	1.000	−0.34	0.51
			高层（历史地段）夹缝小区	0.057	0.178	1.000	−0.42	0.53
			老城区基础样本	0.650*	0.227	0.028	0.04	1.26
		高层（历史地段）夹缝小区	机关大院小区	0.032	0.169	1.000	−0.42	0.49
			高校校内小区	−0.057	0.178	1.000	−0.53	0.42
			老城区基础样本	0.594	0.234	0.073	−0.03	1.22
		老城区基础样本	机关大院小区	−0.561	0.220	0.069	−1.15	0.03
			高校校内小区	−0.650*	0.227	0.028	−1.26	−0.04
			高层（历史地段）夹缝小区	−0.594	0.234	0.073	−1.22	0.03
书店满意度	邦弗伦尼	机关大院小区	高校校内小区	−0.156	0.190	1.000	−0.67	0.35
			高层（历史地段）夹缝小区	−0.035	0.190	1.000	−0.54	0.47
			老城区基础样本	1.564*	0.247	0.000	0.90	2.22
		高校校内小区	机关大院小区	0.156	0.190	1.000	−0.35	0.67
			高层（历史地段）夹缝小区	0.121	0.216	1.000	−0.46	0.70
			老城区基础样本	1.720*	0.267	0.000	1.01	2.43
		高层（历史地段）夹缝小区	机关大院小区	0.035	0.190	1.000	−0.47	0.54
			高校校内小区	−0.121	0.216	1.000	−0.70	0.46
			老城区基础样本	1.598*	0.267	0.000	0.88	2.31
		老城区基础样本	机关大院小区	−1.564*	0.247	0.000	−2.22	−0.90
			高校校内小区	−1.720*	0.267	0.000	−2.43	−1.01
			高层（历史地段）夹缝小区	−1.598*	0.267	0.000	−2.31	−0.88
五金便民店满意度	邦弗伦尼	机关大院小区	高校校内小区	−0.172	0.173	1.000	−0.64	0.29
			高层（历史地段）夹缝小区	0.090	0.175	1.000	−0.38	0.56
			老城区基础样本	0.692*	0.236	0.024	0.06	1.32
		高校校内小区	机关大院小区	0.172	0.173	1.000	−0.29	0.64
			高层（历史地段）夹缝小区	0.262	0.191	1.000	−0.25	0.77
			老城区基础样本	0.864*	0.248	0.004	0.20	1.53
		高层（历史地段）夹缝小区	机关大院小区	−0.090	0.175	1.000	−0.56	0.38
			高校校内小区	−0.262	0.191	1.000	−0.77	0.25
			老城区基础样本	0.602	0.249	0.102	−0.06	1.27
		老城区基础样本	机关大院小区	−0.692*	0.236	0.024	−1.32	−0.06
			高校校内小区	−0.864*	0.248	0.004	−1.53	−0.20
			高层（历史地段）夹缝小区	−0.602	0.249	0.102	−1.27	0.06

*. 平均值差值的显著性水平为 0.05

附表2.42 子孙教育陪护环境子项满意度描述性统计数据

		个案数	平均值	标准差	标准误差	平均值的95%置信区间		最小值	最大值
						下限	上限		
接送小孩满意度	机关大院小区	59	3.95	0.879	0.114	3.72	4.18	1	5
	高校校内小区	37	4.16	1.093	0.180	3.80	4.53	1	5
	高层（历史地段）夹缝小区	29	3.48	0.949	0.176	3.12	3.84	1	5
	老城区基础样本	23	3.04	0.878	0.183	2.66	3.42	1	5
	总计	148	3.77	1.017	0.084	3.60	3.94	1	5
幼儿园满意度	机关大院小区	57	4.02	0.855	0.113	3.79	4.24	1	5
	高校校内小区	42	4.29	0.805	0.124	4.03	4.54	3	5
	高层（历史地段）夹缝小区	26	3.62	0.852	0.167	3.27	3.96	2	5
	老城区基础样本	20	3.20	0.894	0.200	2.78	3.62	2	5
	总计	145	3.91	0.912	0.076	3.76	4.06	1	5
小学满意度	机关大院小区	58	4.16	0.768	0.101	3.95	4.36	3	5
	高校校内小区	37	4.05	0.998	0.164	3.72	4.39	1	5
	高层（历史地段）夹缝小区	27	3.63	0.884	0.170	3.28	3.98	2	5
	老城区基础样本	20	3.50	0.889	0.199	3.08	3.92	2	5
	总计	142	3.94	0.901	0.076	3.79	4.09	1	5
初中满意度	机关大院小区	58	4.00	0.795	0.104	3.79	4.21	2	5
	高校校内小区	34	3.68	1.173	0.201	3.27	4.09	1	5
	高层（历史地段）夹缝小区	26	3.62	0.804	0.158	3.29	3.94	2	5
	老城区基础样本	19	3.47	0.964	0.221	3.01	3.94	1	5
	总计	137	3.77	0.939	0.080	3.62	3.93	1	5
高中满意度	机关大院小区	58	4.03	0.772	0.101	3.83	4.24	3	5
	高校校内小区	31	3.55	1.179	0.212	3.12	3.98	1	5
	高层（历史地段）夹缝小区	24	3.71	0.908	0.185	3.32	4.09	1	5
	老城区基础样本	18	3.28	1.018	0.240	2.77	3.78	1	5
	总计	131	3.76	0.969	0.085	3.59	3.92	1	5

附表2.43 子孙教育陪护环境子项满意度单因素方差分析（One-Way ANOVA）

方差齐性检验				
	莱文统计	自由度1	自由度2	显著性
接送小孩满意度	1.583	3	144	0.196
子孙教育陪护整体改造度	1.574	3	133	0.196
幼儿园满意度	1.466	3	141	0.226
幼儿园改造度	2.642	3	141	0.052
小学满意度	0.415	3	138	0.743
小学改造度	1.735	3	138	0.163
初中满意度	2.757	3	133	0.045
初中改造度	1.721	3	133	0.166
高中满意度	2.619	3	127	0.054
高中改造度	0.094	3	127	0.963

续附表2.43

ANOVA						
		平方和	自由度	均方	F	显著性
接送小孩满意度	组间	22.117	3	7.372	8.162	0.000
	组内	130.072	144	0.903		
	总计	152.189	147			
幼儿园满意度	组间	18.927	3	6.309	8.816	0.000
	组内	100.908	141	0.716		
	总计	119.834	144			
小学满意度	组间	9.638	3	3.213	4.231	0.007
	组内	104.792	138	0.759		
	总计	114.430	141			
高中满意度	组间	10.005	3	3.335	3.776	0.012
	组内	112.178	127	0.883		
	总计	122.183	130			
平均值相等性稳健检验						
		统计[a]	自由度1	自由度2		显著性
初中满意度	韦尔奇	2.468	3	53.251		0.072
	布朗–福塞斯	2.076	3	91.146		0.109
a. 渐近F分布						

附表2.44 子孙教育陪护环境满意度事后多重比较

因变量		（I）居住小区类别	（J）居住小区类别	平均值差值（I–J）	标准误差	显著性	95% 置信区间	
							下限	上限
接送小孩满意度	邦弗伦尼	机关大院小区	高校校内小区	−0.213	0.199	1.000	−0.75	0.32
			高层（历史地段）夹缝小区	0.466	0.216	0.193	−0.11	1.04
			老城区基础样本	0.906*	0.234	0.001	0.28	1.53
		高校校内小区	机关大院小区	0.213	0.199	1.000	−0.32	0.75
			高层（历史地段）夹缝小区	0.679*	0.236	0.027	0.05	1.31
			老城区基础样本	1.119*	0.252	0.000	0.44	1.79
		高层（历史地段）夹缝小区	机关大院小区	−0.466	0.216	0.193	−1.04	0.11
			高校校内小区	−0.679*	0.236	0.027	−1.31	−0.05
			老城区基础样本	0.439	0.265	0.600	−0.27	1.15
		老城区基础样本	机关大院小区	−0.906*	0.234	0.001	−1.53	−0.28
			高校校内小区	−1.119*	0.252	0.000	−1.79	−0.44
			高层（历史地段）夹缝小区	−0.439	0.265	0.600	−1.15	0.27

续附表2.44

因变量		（I）居住小区类别	（J）居住小区类别	平均值差值（I-J）	标准误差	显著性	95% 置信区间	
							下限	上限
幼儿园满意度	邦弗伦尼	机关大院小区	高校校内小区	−0.268	0.172	0.728	−0.73	0.19
			高层（历史地段）夹缝小区	0.402	0.200	0.279	−0.13	0.94
			老城区基础样本	0.818*	0.220	0.002	0.23	1.41
		高校校内小区	机关大院小区	0.268	0.172	0.728	−0.19	0.73
			高层（历史地段）夹缝小区	0.670*	0.211	0.011	0.11	1.24
			老城区基础样本	1.086*	0.230	0.000	0.47	1.70
		高层（历史地段）夹缝小区	机关大院小区	−0.402	0.200	0.279	−0.94	0.13
			高校校内小区	−0.670*	0.211	0.011	−1.24	−0.11
			老城区基础样本	0.415	0.252	0.606	−0.26	1.09
		老城区基础样本	机关大院小区	−0.818*	0.220	0.002	−1.41	−0.23
			高校校内小区	−1.086*	0.230	0.000	−1.70	−0.47
			高层（历史地段）夹缝小区	−0.415	0.252	0.606	−1.09	0.26
小学满意度	邦弗伦尼	机关大院小区	高校校内小区	0.101	0.183	1.000	−0.39	0.59
			高层（历史地段）夹缝小区	0.526	0.203	0.064	−0.02	1.07
			老城区基础样本	0.655*	0.226	0.026	0.05	1.26
		高校校内小区	机关大院小区	−0.101	0.183	1.000	−0.59	0.39
			高层（历史地段）夹缝小区	0.424	0.221	0.338	−0.17	1.01
			老城区基础样本	0.554	0.242	0.141	−0.09	1.20
		高层（历史地段）夹缝小区	机关大院小区	−0.526	0.203	0.064	−1.07	0.02
			高校校内小区	−0.424	0.221	0.338	−1.01	0.17
			老城区基础样本	0.130	0.257	1.000	−0.56	0.82
		老城区基础样本	机关大院小区	−0.665*	0.226	0.026	−1.26	−0.05
			高校校内小区	−0.554	0.242	0.141	−1.20	0.09
			高层（历史地段）夹缝小区	−0.130	0.257	1.000	−0.82	0.56
高中满意度	邦弗伦尼	机关大院小区	高校校内小区	0.486	0.209	0.130	−0.07	1.05
			高层（历史地段）夹缝小区	0.326	0.228	0.931	−0.29	0.94
			老城区基础样本	0.757*	0.254	0.020	0.08	1.44
		高校校内小区	机关大院小区	−0.486	0.209	0.130	−1.05	0.07
			高层（历史地段）夹缝小区	−0.160	0.256	1.000	−0.84	0.52
			老城区基础样本	0.271	0.279	1.000	−0.48	1.02
		高层（历史地段）夹缝小区	机关大院小区	−0.326	0.228	0.931	−0.94	0.29
			高校校内小区	0.160	0.256	1.000	−0.52	0.84
			老城区基础样本	0.431	0.293	0.865	−0.35	1.22
		老城区基础样本	机关大院小区	−0.757*	0.254	0.020	−1.44	−0.08
			高校校内小区	−0.271	0.279	1.000	−1.02	0.48
			高层（历史地段）夹缝小区	−0.431	0.293	0.865	−1.22	0.35

*. 平均值差值的显著性水平为 0.05

附表2.45　子孙教育陪护环境改造度描述性统计数据

		个案数	平均值	标准差	标准误差	平均值的95%置信区间		最小值	最大值
						下限	上限		
子孙教育陪护整体改造度	机关大院小区	52	3.126152	1.4773647	0.2048736	2.714851	3.537453	0.7071	10.0000
	高校校内小区	33	2.551023	1.0788486	0.1878034	2.168480	2.933566	1.4142	6.0000
	高层（历史地段）夹缝小区	29	3.290566	1.6743136	0.3109122	2.653691	3.927441	1.4142	10.0000
	老城区基础样本	23	4.296138	1.9246426	0.4013157	3.463861	5.128416	1.0000	10.0000
	总计	137	3.218841	1.6054851	0.1371658	2.947588	3.490095	0.7071	10.0000
幼儿园改造度	机关大院小区	57	2.707686	0.6627987	0.0877898	2.531822	2.883550	1.4142	4.2426
	高校校内小区	42	2.759802	0.9513364	0.1467944	2.463345	3.056259	2.0000	4.2426
	高层（历史地段）夹缝小区	26	3.122453	0.9275245	0.1819025	2.747817	3.497088	2.0000	5.6569
	老城区基础样本	20	3.089214	1.4213632	0.3178265	2.423995	3.754432	0.5000	8.0000
	总计	145	2.849778	0.9360486	0.0777346	2.696130	3.003426	0.5000	8.0000
小学改造度	机关大院小区	58	2.722362	0.8924376	0.1171828	2.487707	2.957016	1.4142	6.0000
	高校校内小区	37	2.549349	0.7822756	0.1286053	2.288525	2.810172	1.4142	6.0000
	高层（历史地段）夹缝小区	27	3.087235	0.9336137	0.1796740	2.717909	3.456560	2.0000	5.6569
	老城区基础样本	20	2.767767	0.5977731	0.1336661	2.488001	3.047533	1.0000	4.2426
	总计	142	2.753053	0.8483992	0.0711961	2.612303	2.893803	1.0000	6.0000
高中改造度	机关大院小区	58	2.806582	0.7509025	0.0985983	2.609142	3.004022	1.4142	4.2426
	高校校内小区	31	2.556411	0.6747263	0.1211844	2.308919	2.803902	1.0000	4.2426
	高层（历史地段）夹缝小区	24	2.765419	0.7135026	0.1456431	2.464133	3.066705	1.4142	4.2426
	老城区基础样本	18	2.565426	0.6080152	0.1433106	2.263067	2.867785	1.0000	3.0000
	总计	131	2.706704	0.7098850	0.0620229	2.583999	2.829409	1.0000	4.2426

附表2.46　社区服务——生活服务满意度描述性统计数据

		个案数	平均值	标准差	标准误差	平均值的95%置信区间		最小值	最大值
						下限	上限		
金融邮电满意度	机关大院小区	60	4.08	0.671	0.087	3.91	4.26	3	5
	高校校内小区	52	4.37	0.595	0.083	4.20	4.53	3	5
	高层（历史地段）夹缝小区	38	3.71	0.835	0.136	3.44	3.99	2	5
	老城区基础样本	23	3.74	0.915	0.191	3.34	4.13	2	5
	总计	173	4.04	0.765	0.058	3.93	4.16	2	5
老年服务中心满意度	机关大院小区	59	3.83	0.968	0.126	3.58	4.08	1	5
	高校校内小区	55	4.05	0.870	0.117	3.82	4.29	2	5
	高层（历史地段）夹缝小区	35	4.00	0.874	0.148	3.70	4.30	2	5
	老城区基础样本	23	3.00	1.128	0.235	2.51	3.49	1	5
	总计	172	3.83	0.993	0.076	3.68	3.98	1	5
物业管理满意度	机关大院小区	59	3.69	0.933	0.121	3.45	3.94	1	5
	高校校内小区	48	3.29	1.254	0.181	2.93	3.66	1	5
	高层（历史地段）夹缝小区	38	4.05	0.899	0.146	3.76	4.35	2	5
	老城区基础样本	23	2.91	0.733	0.153	2.60	3.23	1	4
	总计	168	3.55	1.065	0.082	3.39	3.72	1	5

续附表2.46

		个案数	平均值	标准差	标准误差	平均值的95%置信区间		最小值	最大值
						下限	上限		
水电气服务站满意度	机关大院小区	58	3.86	0.805	0.106	3.65	4.07	2	5
	高校校内小区	34	3.97	1.114	0.191	3.58	4.36	1	5
	高层（历史地段）夹缝小区	36	3.31	0.980	0.163	2.97	3.64	1	5
	老城区基础样本	15	3.60	0.737	0.190	3.19	4.01	3	5
	总计	143	3.72	0.952	0.080	3.56	3.88	1	5

附表2.47　社区服务——生活服务满意度单因素方差分析（One-Way ANOVA）

方差齐性检验				
	莱文统计	自由度1	自由度2	显著性
金融邮电满意度	3.613	3	169	0.015
老年服务中心满意度	0.773	3	168	0.511
物业管理满意度	5.089	3	164	0.002
水电气服务站满意度	1.881	3	139	0.136
ANOVA				
	平方和	自由度	均方	F	显著性
老年服务中心满意度	组间	19.626	3	6.542	7.369	0.000
	组内	149.141	168	0.888		
	总计	168.767	171			
水电气服务站满意度	组间	9.705	3	3.235	3.775	0.012
	组内	119.106	139	0.857		
	总计	128.811	42			
平均值相等性稳健检验				
		统计[a]	自由度1	自由度2	显著性
金融邮电满意度	韦尔奇	7.237	3	69.423	0.000
	布朗-福塞斯	6.523	3	94.785	0.000
物业管理满意度	韦尔奇	10.712	3	77.740	0.000
	布朗-福塞斯	8.415	3	146.382	0.000

a. 渐近 F 分布

附表2.48　社区服务——生活服务满意度事后多重比较

因变量		（I）居住小区类别	（J）居住小区类别	平均值差值（I-J）	标准误差	显著性	95% 置信区间	
							下限	上限
金融邮电满意度	塔姆黑尼	机关大院小区	高校校内小区	−0.282	0.120	0.115	−0.60	0.04
			高层（历史地段）夹缝小区	0.373	0.161	0.133	−0.06	0.81
			老城区基础样本	0.344	0.210	0.505	−0.24	0.93
		高校校内小区	机关大院小区	0.282	0.120	0.115	−0.04	0.60
			高层（历史地段）夹缝小区	0.655*	0.159	0.001	0.22	1.09
			老城区基础样本	0.626*	0.208	0.031	0.04	1.21
		高层（历史地段）夹缝小区	机关大院小区	−0.373	0.161	0.133	−0.81	0.06
			高校校内小区	−0.655*	0.159	0.001	−1.09	−0.22
			老城区基础样本	−0.029	0.234	1.000	−0.67	0.62
		老城区基础样本	机关大院小区	−0.344	0.210	0.505	−0.93	0.24
			高校校内小区	−0.626*	0.208	0.031	−1.21	−0.04
			高层（历史地段）夹缝小区	0.029	0.234	1.000	−0.62	0.67
老年服务中心满意度	邦弗伦尼	机关大院小区	高校校内小区	−0.224	0.177	1.000	−0.70	0.25
			高层（历史地段）夹缝小区	−0.169	0.201	1.000	−0.71	0.37
			老城区基础样本	0.831*	0.232	0.003	0.21	1.45
		高校校内小区	机关大院小区	0.224	0.177	1.000	−0.25	0.70
			高层（历史地段）夹缝小区	0.055	0.204	1.000	−0.49	0.60
			老城区基础样本	1.055*	0.234	0.000	0.43	1.68
		高层（历史地段）夹缝小区	机关大院小区	0.169	0.201	1.000	−0.37	0.71
			高校校内小区	−0.055	0.204	1.000	−0.60	0.49
			老城区基础样本	1.000*	0.253	0.001	0.32	1.68
		老城区基础样本	机关大院小区	−0.831*	0.232	0.003	−1.45	−0.21
			高校校内小区	−1.055*	0.234	0.000	−1.68	−0.43
			高层（历史地段）夹缝小区	−1.000*	0.253	0.001	−1.68	−0.32
物业管理满意度	塔姆黑尼	机关大院小区	高校校内小区	0.403	0.218	0.344	−0.18	0.99
			高层（历史地段）夹缝小区	−0.358	0.190	0.323	−0.87	0.15
			老城区基础样本	0.782*	0.195	0.001	0.25	1.32
		高校校内小区	机关大院小区	−0.403	0.218	0.344	−0.99	0.18
			高层（历史地段）夹缝小区	−0.761*	0.232	0.009	−1.39	−0.13
			老城区基础样本	0.379	0.237	0.519	−0.26	1.02
		高层（历史地段）夹缝小区	机关大院小区	0.358	0.190	0.323	−0.15	0.87
			高校校内小区	0.761*	0.232	0.009	0.13	1.39
			老城区基础样本	1.140*	0.211	0.000	0.56	1.72
		老城区基础样本	机关大院小区	−0.782*	0.195	0.001	−1.32	−0.25
			高校校内小区	−0.379	0.237	0.519	−1.02	0.26
			高层（历史地段）夹缝小区	−1.140*	0.211	0.000	−1.72	−0.56

续附表2.48

因变量		（I）居住小区类别	（J）居住小区类别	平均值差值（I−J）	标准误差	显著性	95% 置信区间	
							下限	上限
水电气服务站满意度	邦弗伦尼	机关大院小区	高校校内小区	−0.109	0.200	1.000	−0.64	0.43
			高层（历史地段）夹缝小区	0.557*	0.196	0.032	0.03	1.08
			老城区基础样本	0.262	0.268	1.000	−0.46	0.98
		高校校内小区	机关大院小区	0.109	0.200	1.000	−0.43	0.64
			高层（历史地段）夹缝小区	0.665*	0.221	0.019	0.07	1.26
			老城区基础样本	0.371	0.287	1.000	−0.40	1.14
		高层（历史地段）夹缝小区	机关大院小区	−0.557*	0.196	0.032	−1.08	−0.03
			高校校内小区	−0.665*	0.221	0.019	−1.26	−0.07
			老城区基础样本	−0.294	0.284	1.000	−1.06	0.47
		老城区基础样本	机关大院小区	−0.262	0.268	1.000	−0.98	0.46
			高校校内小区	−0.371	0.287	1.000	−1.14	0.40
			高层（历史地段）夹缝小区	0.294	0.284	1.000	−0.47	1.06

*. 平均值差值的显著性水平为 0.05

附表2.49　社区服务——行政管理氛围满意度描述性统计数据

		个案数	平均值	标准差	标准误差	平均值的95%置信区间		最小值	最大值
						下限	上限		
居委会满意度	机关大院小区	59	3.76	0.878	0.114	3.53	3.99	2	5
	高校校内小区	45	3.84	0.852	0.127	3.59	4.10	2	5
	高层（历史地段）夹缝小区	38	4.08	0.882	0.143	3.79	4.37	2	5
	老城区基础样本	23	3.35	0.775	0.162	3.01	3.68	1	4
	总计	165	3.80	0.878	0.068	3.67	3.93	1	5
治安联防站满意度	机关大院小区	57	4.05	0.718	0.095	3.86	4.24	2	5
	高校校内小区	34	3.56	1.160	0.199	3.15	3.96	1	5
	高层（历史地段）夹缝小区	36	3.33	0.894	0.149	3.03	3.64	2	5
	老城区基础样本	16	2.81	1.047	0.262	2.25	3.37	0	4
	总计	143	3.62	0.999	0.084	3.45	3.78	0	5
街道办事处满意度	机关大院小区	59	3.93	0.740	0.096	3.74	4.12	2	5
	高校校内小区	41	3.49	1.075	0.168	3.15	3.83	1	5
	高层（历史地段）夹缝小区	34	3.50	0.896	0.154	3.19	3.81	2	5
	老城区基础样本	23	3.22	0.600	0.125	2.96	3.48	2	5
	总计	157	3.62	0.888	0.071	3.48	3.76	1	5
市政管理机构满意度	机关大院小区	58	3.74	0.807	0.106	3.53	3.95	1	5
	高校校内小区	31	3.26	1.094	0.197	2.86	3.66	1	5
	高层（历史地段）夹缝小区	32	3.41	0.875	0.155	3.09	3.72	2	5
	老城区基础样本	15	3.20	0.775	0.200	2.77	3.63	2	5
	总计	136	3.49	0.911	0.078	3.34	3.65	1	5
派出所满意度	机关大院小区	58	3.97	0.725	0.095	3.77	4.16	2	5
	高校校内小区	41	3.63	1.043	0.163	3.30	3.96	1	5
	高层（历史地段）夹缝小区	32	3.53	0.842	0.149	3.23	3.83	2	5
	老城区基础样本	15	3.33	0.816	0.211	2.88	3.79	2	5
	总计	146	3.71	0.879	0.073	3.57	3.86	1	5

附表2.50　社区服务——行政管理氛围满意度单因素方差分析（One-Way ANOVA）

方差齐性检验				
	莱文统计	自由度1	自由度2	显著性
居委会满意度	0.284	3	161	0.837
治安联防站满意度	5.079	3	139	0.002
街道办事处满意度	6.471	3	153	0.000
市政管理机构满意度	1.901	3	132	0.132
派出所满意度	4.414	3	142	0.005
ANOVA				
	平方和	自由度	均方	F	显著性
居委会满意度	组间	7.830	3	2.610	3.544	0.016
	组内	118.570	161	0.736		
	总计	126.400	164			
市政管理机构满意度	组间	6.818	3	2.273	2.852	0.040
	组内	105.175	132	0.797		
	总计	111.993	135			
平均值相等性稳健检验				
		统计[a]	自由度1	自由度2	显著性
治安联防站满意度	韦尔奇	10.269	3	49.822	0.000
	布朗-福塞斯	8.320	3	79.006	0.000
街道办事处满意度	韦尔奇	7.229	3	71.425	0.000
	布朗-福塞斯	5.012	3	124.407	0.003
派出所满意度	韦尔奇	3.801	3	50.663	0.016
	布朗-福塞斯	3.187	3	96.470	0.027
a. 渐近F分布				

附表2.51　社区服务——行政管理氛围满意度事后多重比较

因变量		（I）居住小区类别	（J）居住小区类别	平均值差值（I-J）	标准误差	显著性	95%置信区间	
							下限	上限
居委会满意度	邦弗伦尼	机关大院小区	高校校内小区	−0.082	0.170	1.000	−0.54	0.37
			高层（历史地段）夹缝小区	−0.316	0.179	0.470	−0.79	0.16
			老城区基础样本	0.415	0.211	0.306	−0.15	0.98
		高校校内小区	机关大院小区	0.082	0.170	1.000	−0.37	0.54
			高层（历史地段）夹缝小区	−0.235	0.189	1.000	−0.74	0.27
			老城区基础样本	0.497	0.220	0.152	−0.09	1.08
		高层（历史地段）夹缝小区	机关大院小区	0.316	0.179	0.470	−0.16	0.79
			高校校内小区	0.235	0.189	1.000	−0.27	0.74
			老城区基础样本	0.731[*]	0.227	0.009	0.13	1.34
		老城区基础样本	机关大院小区	−0.415	0.211	0.306	−0.98	0.15
			高校校内小区	−0.497	0.220	0.152	−1.08	0.09
			高层（历史地段）夹缝小区	−0.731[*]	0.227	0.009	−1.34	−0.13

续附表2.51

因变量		（I）居住小区类别	（J）居住小区类别	平均值差值（I-J）	标准误差	显著性	95% 置信区间	
							下限	上限
治安联防站满意度	塔姆黑尼	机关大院小区	高校校内小区	0.494	0.220	0.166	−0.11	1.10
			高层（历史地段）夹缝小区	0.719*	0.177	0.001	0.24	1.20
			老城区基础样本	1.240*	0.278	0.002	0.42	2.06
		高校校内小区	机关大院小区	−0.494	0.220	0.166	−1.10	0.11
			高层（历史地段）夹缝小区	0.225	0.249	0.936	−0.45	0.90
			老城区基础样本	0.746	0.329	0.167	−0.17	1.67
		高层（历史地段）夹缝小区	机关大院小区	−0.719*	0.177	0.001	−1.20	−0.24
			高校校内小区	−0.225	0.249	0.936	−0.90	0.45
			老城区基础样本	0.521	0.301	0.454	−0.34	1.38
		老城区基础样本	机关大院小区	−1.240*	0.278	0.002	−2.06	−0.42
			高校校内小区	−0.746	0.329	0.167	−1.67	0.17
			高层（历史地段）夹缝小区	−0.521	0.301	0.454	−1.38	0.34
街道办事处满意度	塔姆黑尼	机关大院小区	高校校内小区	0.444	0.194	0.140	−0.08	0.97
			高层（历史地段）夹缝小区	0.432	0.181	0.116	−0.06	0.93
			老城区基础样本	0.715*	0.158	0.000	0.28	1.15
		高校校内小区	机关大院小区	−0.444	0.194	0.140	−0.97	0.08
			高层（历史地段）夹缝小区	−0.012	0.228	1.000	−0.63	0.60
			老城区基础样本	0.270	0.209	0.740	−0.30	0.84
		高层（历史地段）夹缝小区	机关大院小区	−0.432	0.181	0.116	−0.93	0.06
			高校校内小区	0.012	0.228	1.000	−0.60	0.63
			老城区基础样本	0.283	0.198	0.647	−0.26	0.82
		老城区基础样本	机关大院小区	−0.715*	0.158	0.000	−1.15	−0.28
			高校校内小区	−0.270	0.209	0.740	−0.84	0.30
			高层（历史地段）夹缝小区	−0.283	0.198	0.647	−0.82	0.26
市政管理机构满意度	邦弗伦尼	机关大院小区	高校校内小区	0.483	0.199	0.098	−0.05	1.02
			高层（历史地段）夹缝小区	0.335	0.197	0.543	−0.19	0.86
			老城区基础样本	0.541	0.259	0.229	−0.15	1.23
		高校校内小区	机关大院小区	−0.483	0.199	0.098	−1.02	0.05
			高层（历史地段）夹缝小区	−0.148	0.225	1.000	−0.75	0.45
			老城区基础样本	0.058	0.281	1.000	−0.69	0.81
		高层（历史地段）夹缝小区	机关大院小区	−0.335	0.197	0.543	−0.86	0.19
			高校校内小区	0.148	0.225	1.000	−0.45	0.75
			老城区基础样本	0.206	0.279	1.000	−0.54	0.95
		老城区基础样本	机关大院小区	−0.541	0.259	0.229	−1.23	0.15
			高校校内小区	−0.058	0.281	1.000	−0.81	0.69
			高层（历史地段）夹缝小区	−0.206	0.279	1.000	−0.95	0.54

续附表2.51

因变量		（I）居住小区类别	（J）居住小区类别	平均值差值（I–J）	标准误差	显著性	95% 置信区间	
							下限	上限
派出所满意度	塔姆黑尼	机关大院小区	高校校内小区	0.331	0.189	0.408	−0.18	0.84
			高层（历史地段）夹缝小区	0.434	0.177	0.098	−0.05	0.92
			老城区基础样本	0.632	0.231	0.074	−0.04	1.31
		高校校内小区	机关大院小区	−0.331	0.189	0.408	−0.84	0.18
			高层（历史地段）夹缝小区	0.103	0.221	0.998	−0.49	0.70
			老城区基础样本	0.301	0.266	0.845	−0.45	1.05
		高层（历史地段）夹缝小区	机关大院小区	−0.434	0.177	0.098	−0.92	0.05
			高校校内小区	−0.103	0.221	0.998	−0.70	0.49
			老城区基础样本	0.198	0.258	0.972	−0.53	0.93
		老城区基础样本	机关大院小区	−0.632	0.231	0.074	−1.31	0.04
			高校校内小区	−0.301	0.266	0.845	−1.05	0.45
			高层（历史地段）夹缝小区	−0.198	0.258	0.972	−0.93	0.53

*. 平均值差值的显著性水平为 0.05

附表2.52　周边老年设施满意度描述性统计数据

			个案数	平均值	标准差	标准误差	平均值的95%置信区间		最小值	最大值
							下限	上限		
老年大学	满意度	机关大院小区	60	3.80	1.070	0.138	3.52	4.08	1	5
		高校校内小区	34	3.74	1.109	0.190	3.35	4.12	1	5
		高层（历史地段）夹缝小区	30	3.50	0.938	0.171	3.15	3.85	2	5
		老城区基础样本	17	3.35	0.931	0.226	2.87	3.83	1	5
		总计	141	3.67	1.040	0.088	3.49	3.84	1	5
	便捷性	机关大院小区	63	3.52	1.162	0.146	3.23	3.82	1	5
		高校校内小区	36	3.86	1.099	0.183	3.49	4.23	1	5
		高层（历史地段）夹缝小区	31	3.32	1.166	0.209	2.89	3.75	1	5
		老城区基础样本	18	2.94	1.110	0.262	2.39	3.50	1	5
		总计	148	3.49	1.163	0.096	3.30	3.68	1	5
运动场馆	便捷性	机关大院小区	63	3.41	1.102	0.139	3.14	3.69	1	5
		高校校内小区	47	4.04	0.884	0.129	3.78	4.30	1	5
		高层（历史地段）夹缝小区	37	3.43	0.929	0.153	3.12	3.74	2	5
		老城区基础样本	23	2.74	1.010	0.211	2.30	3.18	1	4
		总计	170	3.50	1.067	0.082	3.34	3.66	1	5
	满意度	机关大院小区	60	3.63	0.974	0.126	3.38	3.88	1	5
		高校校内小区	43	3.84	0.974	0.149	3.54	4.14	1	5
		高层（历史地段）夹缝小区	36	3.47	0.845	0.141	3.19	3.76	2	5
		老城区基础样本	23	2.87	1.014	0.211	2.43	3.31	1	4
		总计	162	3.54	0.991	0.078	3.39	3.70	1	5

附表2.53　周边老年设施满意度单因素方差分析（One–Way ANOVA）

方差齐性检验				
	莱文统计	自由度1	自由度2	显著性
老年大学满意度	0.614	3	137	0.607
老年大学便捷性	0.006	3	144	0.999
运动场馆便捷性	2.071	3	166	0.106
运动场馆满意度	0.359	3	158	0.782
ANOVA				
	平方和	自由度	均方	F	显著性
老年大学满意度	组间	3.733	3	1.244	1.155	0.329
	组内	147.600	137	1.077		
	总计	151.333	140			
老年大学便捷性	组间	11.255	3	3.752	2.878	0.038
	组内	187.738	144	1.304		
	总计	198.993	147			
运动场馆便捷性	组间	27.799	3	9.266	9.340	0.000
	组内	164.701	166	0.992		
	总计	192.500	169			
运动场馆满意度	组间	14.823	3	4.941	5.445	0.001
	组内	143.375	158	0.907		
	总计	158.198	161			

附表2.54　周边老年设施便捷性或满意度事后多重比较

因变量		（I）居住小区类别	（J）居住小区类别	平均值差值（I–J）	标准误差	显著性	95%置信区间	
							下限	上限
老年大学便捷性	邦弗伦尼	机关大院小区	高校校内小区	−0.337	0.239	0.957	−0.98	0.30
			高层（历史地段）夹缝小区	0.201	0.251	1.000	−0.47	0.87
			老城区基础样本	0.579	0.305	0.358	−0.24	1.40
		高校校内小区	机关大院小区	0.337	0.239	0.957	−0.30	0.98
			高层（历史地段）夹缝小区	0.539	0.280	0.337	−0.21	1.29
			老城区基础样本	0.917*	0.330	0.037	0.03	1.80
		高层（历史地段）夹缝小区	机关大院小区	−0.201	0.251	1.000	−0.87	0.47
			高校校内小区	−0.539	0.280	0.337	−1.29	0.21
			老城区基础样本	0.378	0.338	1.000	−0.53	1.28
		老城区基础样本	机关大院小区	−0.579	0.305	0.358	−1.40	0.24
			高校校内小区	−0.917*	0.330	0.037	−1.80	−0.03
			高层（历史地段）夹缝小区	−0.378	0.338	1.000	−1.28	0.53

续附表2.54

因变量		（ I ）居住小区类别	（ J ）居住小区类别	平均值差值（ I-J ）	标准误差	显著性	95% 置信区间	
							下限	上限
运动场馆便捷性	邦弗伦尼	机关大院小区	高校校内小区	−0.630*	0.192	0.008	−1.14	−0.12
			高层（历史地段）夹缝小区	−0.020	0.206	1.000	−0.57	0.53
			老城区基础样本	0.674*	0.243	0.037	0.03	1.32
		高校校内小区	机关大院小区	0.630*	0.192	0.008	0.12	1.14
			高层（历史地段）夹缝小区	0.610*	0.219	0.036	0.03	1.19
			老城区基础样本	1.303*	0.253	0.000	0.63	1.98
		高层（历史地段）夹缝小区	机关大院小区	0.020	0.206	1.000	−0.53	0.57
			高校校内小区	−0.610*	0.219	0.036	−1.19	−0.03
			老城区基础样本	0.693	0.264	0.057	−0.01	1.40
		老城区基础样本	机关大院小区	−0.674*	0.243	0.037	−1.32	−0.03
			高校校内小区	−1.303*	0.253	0.000	−1.98	−0.63
			高层（历史地段）夹缝小区	−0.693	0.264	0.057	−1.40	0.01
运动场馆满意度	邦弗伦尼	机关大院小区	高校校内小区	−0.204	0.190	1.000	−0.71	0.30
			高层（历史地段）夹缝小区	0.161	0.201	1.000	−0.38	0.70
			老城区基础样本	0.764*	0.234	0.008	0.14	1.39
		高校校内小区	机关大院小区	0.204	0.190	1.000	−0.30	0.71
			高层（历史地段）夹缝小区	0.365	0.215	0.551	−0.21	0.94
			老城区基础样本	0.968*	0.246	0.001	0.31	1.63
		高层（历史地段）夹缝小区	机关大院小区	−0.161	0.201	1.000	−0.70	0.38
			高校校内小区	−0.365	0.215	0.551	−0.94	0.21
			老城区基础样本	0.603	0.254	0.114	−0.08	1.28
		老城区基础样本	机关大院小区	−0.764*	0.234	0.008	−1.39	−0.14
			高校校内小区	−0.968*	0.246	0.001	−1.63	−0.31
			高层（历史地段）夹缝小区	−0.603	0.254	0.114	−1.28	0.08

*. 平均值差值的显著性水平为 0.05

注：老年大学属于社区外设施，不在改造范畴内，只做便捷性考察。

附录三　汉口近代里分（历史地段夹缝小区）相关资料与数据

附表3.1　武汉近代里分发展历程

发展阶段	历史背景		形式与特征	代表里分
初期~创建（1861—1910年）	鸦片战争后，汉口被迫开埠，各国领事馆相继建立，出现城市建设高峰		三间两厢或两间一厢；居住条件较差	生成里、德兴里、海寿里、新昌里、长清里、泰兴里、永康里、如寿里、新昌里、三分里等
中期~兴盛（1911—1937年）	1914年	1911年汉口大火之后开始全面重建计划	建筑多为二层小楼，仿效西式做法，单元联排式，中间堂屋，侧面正房，外观整齐，沿街底层为商业	寿春里、汉润里、宁波里、三阳里、义成里等
	1917年	1917年由华商总会的买办们发起建设	建设规模大，砖木结构或混合结构；空间灵活，功能合理，户型标准多样，建筑质量统一，装修简洁精致，围合宁静，建筑质量统一，基础设施配套完善	辅堂里、坤厚里、昌年里、丰寿里、辅义里、上海村
	1930年	1930年汉口政府颁布了严格的规划与建筑法规，并建立了完善的近代行政管理体制，对城市建设实行综合管理	天井的应用广泛，建筑形式多样，规定了主巷、次巷的宽度和功能，逐渐形成社区氛围	江汉村、洞庭村、同兴里、大陆坊、金城里等
后期~停滞衰退（1938年至今）	1938—1949年	抗日战争爆发，里分建设处于停滞状态	—	—
	1950年至今	随着城市的不断建设，大量里分建筑陆续被拆除	—	宁波里、联怡里、如寿里、鄱阳里等

附表3.2　里分周边区位优势分析（调研样本区域与数量：江汉路至三阳路片，共计80处里分）

区位优势1：医疗资源优势		相邻里分数量				占比	附近公交站点	代表里分
		≤300m	300m<x≤500m	500m<x≤1500m	总计			
三甲医院	武汉市中心医院	15	17	36	68	85%	宝华街南京路：w408路/408路外/727路	1.汉润里 2.上海村 3.中孚里
	武汉市中医医院	12	15	53	80	100%	胜利街兰陵路：38路/313路/526路	1.黄陂一里 2.黄陂二里
	亚洲心脏病医院	0	3	35	38	48%	京汉大道前进一路：526路/548路/622路	1.泰宁里 2.长康里 3.德安总里
	协和医院	0	0	7	7	9%	中山公园地铁站：轨道交通2号线	1.泰宁里 2.贯中里
	武汉市第六医院	0	0	35	35	44%	苗栗路地铁站：轨道交通六号线	1.长安里 2.新华里 3.三德里
	新华医院中山分院	10	15	50	75	94%	中山大道黄兴路：1路/24路/408路外	1.辅仁里 2.兰陵村 3.义品里

续附表3.2

区位优势1:医疗资源优势		相邻里分数量				占比	附近公交站点	代表里分
		≤300m	300m＜x≤500m	500m＜x≤1500m	总计			
二甲医院	武汉市第八医院	0	0	22	22	28%	京汉大道新兴街:332路/534路	1.四美里 2.延庆里
	武汉普济肝病医院	0	2	50	52	65%	循礼门地铁站:轨道交通二号线/轨道交通一号线	1.保元里 2.泰安里 3.福忠里
	武汉市商业职工医院	0	0	7	7	9%	沿江大道四官殿:606路	1.上海村 2.六也村
区位优势2:交往娱乐资源优势		相邻里分数量				占比	附近公交站点	代表里分
		≤300m	300m＜x≤500m	500m＜x≤1500m	总计			
	江滩公园	2	12	66	80	100%	沿江大道兰陵路:7路/68路/212路 沿江大道粤汉码头:7路/30路/408路	1.首善里 2.坤厚里 3.同兴里
	解放公园	0	0	20	20	25%	解放公园路解放公园:24路/509路/516路	1.长安里 2.三德里
	中山公园	0	0	7	7	9%	中山公园地铁站:轨道交通2号线	1.泰宁里 2.贾中里
	宝岛公园	0	0	32	32	40%	台北路台北一路:522路	1.三德里 2.宏伟里
	青少年宫	0	0	65	65	81%	解放大道循礼门:508路/522路/524路	1.长康里 2.德安总里
区位优势3:文化教育资源优势		相邻里分数量				占比	附近公交站点	代表里分
		≤300m	300m＜x≤500m	500m＜x≤1500m	总计			
博物馆	黎黄陂路街头博物馆	7	15	58	80	100%	胜利街兰陵路:38路/313路/526路	1.同兴里 2.泰兴里 3.兰陵村
	武汉横渡长江博物馆	0	2	38	40	50%	沿江大道粤汉码头:212路/527路/601路	1.首善里 2.滨江里
	武汉蓝光艺术博物馆	2	9	69	80	100%	沿江大道兰陵路:30路/68路	1.同兴里 2.泰兴里
	湖北省电力博物馆	1	12	67	80	100%	鄱阳街兰陵路:313路	1.诚昌里 2.咸安坊
	武汉非物质文化遗产展览中心	2	12	66	80	100%	鄱阳街兰陵路:313路	1.诚昌里 2.同丰里
	江汉关博物馆	0	2	41	43	54%	沿江大道武汉关:248路/559路	1.上海村 2.江汉村

续附表3.2

区位优势3：文化教育资源优势		相邻里分数量				占比	附近公交站点	代表里分
		≤300m	300m＜x≤500m	500m＜x≤1500m	总计			
美术馆	武汉美术馆	17	27	28	72	90%	宝华街南京路：1路/24路/581路	1.汉润里 2.保元里
	武汉市群众艺术馆	1	12	67	80	100%	鄱阳街兰陵路：313路	1.诚昌里 2.同丰里
	武汉科学艺术馆	0	3	65	68	85%	沿江大道武汉港：7路/30路/68路	1.六也村 2.江汉村
	武汉祥云艺术馆	2	11	67	80	100%	洞庭街洞庭小路：313路	1.同兴里 2.泰兴里
纪念馆	宋庆龄汉口旧居纪念馆	2	9	69	80	100%	沿江大道兰陵路：30路/68路	1.同兴里 2.泰兴里
	八七会议会址纪念馆	4	8	68	80	100%	鄱阳街兰陵路：313路	1.同兴里 2.兰陵村
	国民政府旧址纪念馆	0	0	42	42	53%	六渡桥地铁站：轨道交通六号线	1.联保里 2.上海村
	武汉中共中央旧址纪念馆	11	8	61	80	100%	胜利街兰陵路：38路/313路/526路	1.黄陂一里 2.黄陂二里
	詹天佑故居	1	10	69	80	100%	鄱阳街兰陵路：313路	1.诚昌里 2.兰陵村
	湖北共进会旧址	5	13	62	80	100%	中山大道大智路：24路/408路/581路	1.诚昌里 2.兰陵村

注：①300m以内为步行5min的距离，为老人基本生活活动范围，活动频率高；300~500m为步行5~10min的距离，为老人扩大邻里活动范围，活动频率较高；500~1500m为步行10~30min的距离，为老人集域活动范围，活动频率中等。

②里分周边分布有多所三甲医院和二甲医院，以武汉市中心医院和武汉市中医医院周边里分数量最多、距离最近，居民通过步行就能到达，其余医疗设施在车行30min内能够到达，交通便利。里分周边公园绿地也较多，距离最近的是江滩公园，可达性较高，且覆盖范围广泛，为里分内居民提供了休闲娱乐的去处。文化教育设施数量最多，且多数展馆的集域活动范围覆盖了调研全部里分，设施位置集中分布在江汉路到三阳路段里分片区内，带动整个里分片区的文化氛围。

附表3.3　武汉近代里分建筑特征

建筑特征	分类	特点	示意图或实景图
总体布局	主巷型	一条主巷与城市街道相接,贯穿始终,适用于规模较小的里分	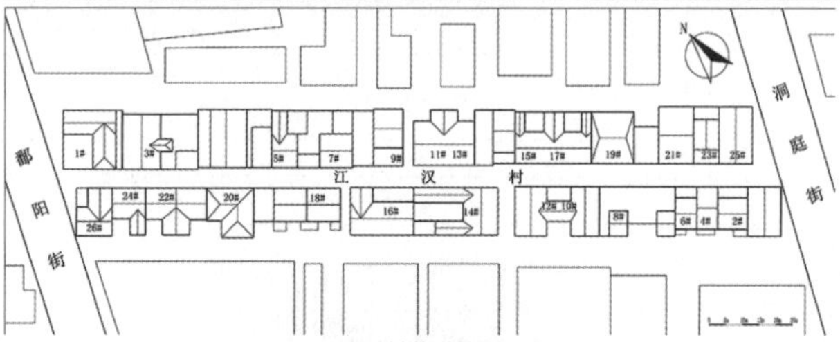 江汉村巷道格局
	主次巷型	一条主巷与城市街道相接,且里分内有较宽的次巷和较窄的支巷与主巷连通,适用于规模较大的里分	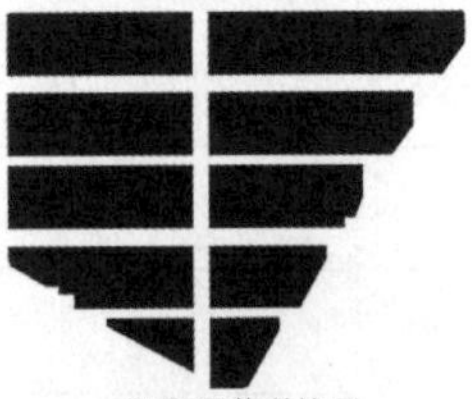 汉润里巷道格局
	综合型	两个以上的出入口与城市街道相通,主巷有时呈非直线状,有的住宅大门面向主巷,里分内一部分次巷和支巷为尽端式等	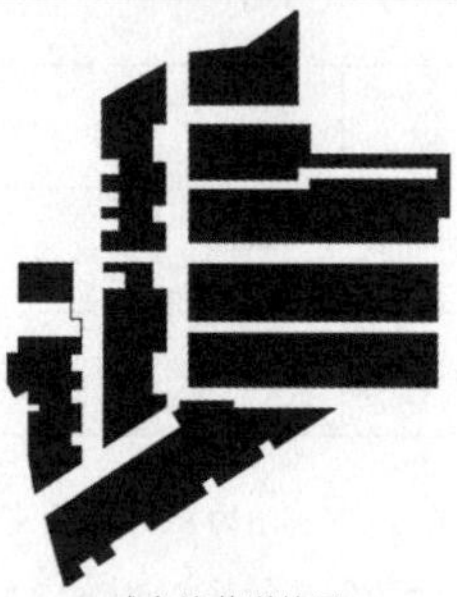 咸安坊巷道格局
	网格型	主巷、次巷以及支巷整齐排列,土地利用系数高,常常采取和城市街道正交的网格式道路系统	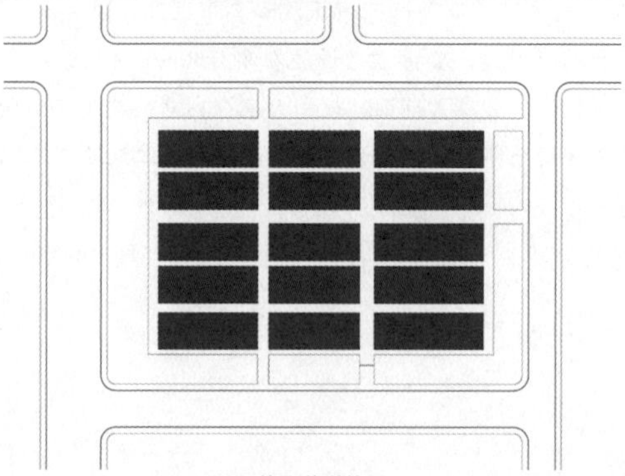 三德里巷道格局

续附表3.3

建筑特征	分类	特点	示意图或实景图
单体布局	一间半式	由半间入户，院子位于最前方，后为起居室和卧室，楼梯在最后，后天井一侧为辅助用房，适用于小户型或用地紧张的住宅	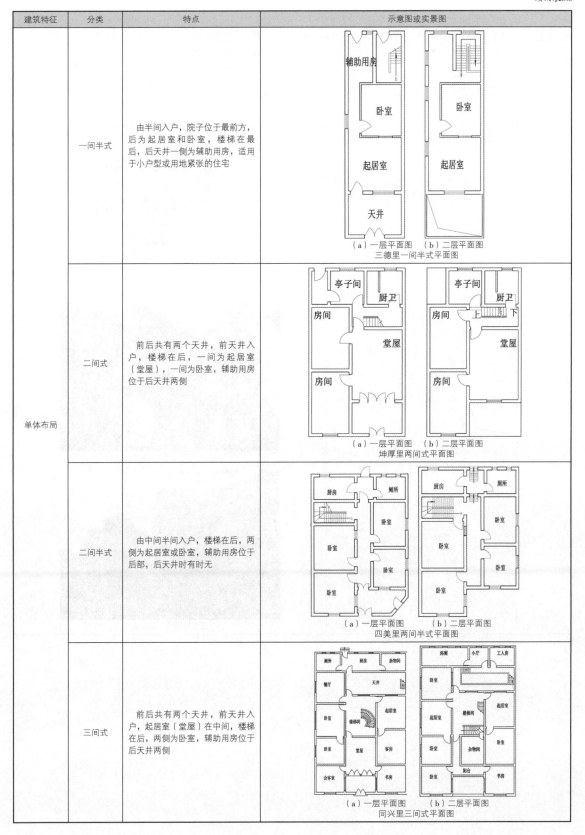
	二间式	前后共有两个天井，前天井入户，楼梯在后，一间为起居室（堂屋），一间为卧室，辅助用房位于后天井两侧	
	二间半式	由中间半间入户，楼梯在后，两侧为起居室或卧室，辅助用房位于后部，后天井时有时无	
	三间式	前后共有两个天井，前天井入户，起居室（堂屋）在中间，楼梯在后，两侧为卧室，辅助用房位于后天井两侧	

（a）一层平面图 （b）二层平面图
三德里一间半式平面图

（a）一层平面图 （b）二层平面图
坤厚里两间式平面图

（a）一层平面图 （b）二层平面图
四美里两间半式平面图

（a）一层平面图 （b）二层平面图
同兴里三间式平面图

续附表3.3

建筑特征	分类	特点	示意图或实景图
天井	前天井	位于建筑平面前端，可以作为前院使用，增加空间的过渡层次	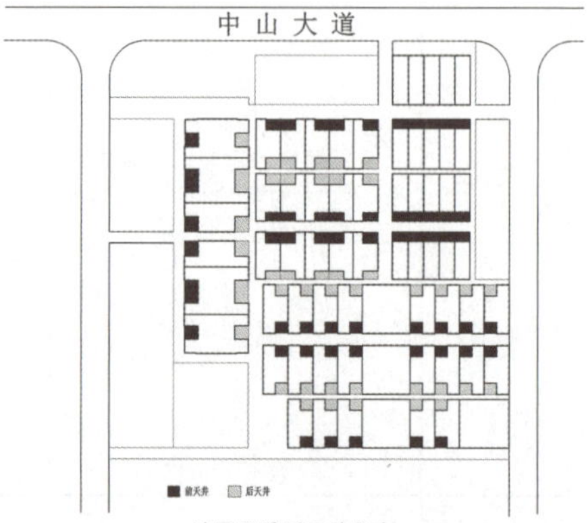 坤厚里前后天井分布
	后天井	位于建筑平面后端，保证室内通风采光，可作为建筑内部的中庭使用	
结构	砖木结构	砖结构：分隔墙、承重墙、围护墙等； 木结构：格栅、梁架、楼梯、桁条、椽子、裙板、阳台以及起联系、承重、支撑作用的穿枋、斜撑等	 平安里砖木结构建筑
	混合结构	除具有上述砖木结构外，还穿插有一定数量的钢筋混凝土构件，粉假麻石面外墙，或红砖水泥缝外墙	 江汉村混合结构建筑

续附表3.3

建筑特征	分类	特点	示意图或实景图	
装饰	主入口	分两种形式：牌坊式和过街楼；增加有效使用面积，增加入口的尺度，使入口具有标志性	  江汉村入口牌坊	新华里入口过街楼
	石库门	石库门门头装饰形状有长方形、三角形、半圆形、弧形或组合形；其上的浮雕各不相同，有采用中国传统各种吉祥图案的，也有西方古典的柱式、山花	  江汉村石库门	同兴里石库门
	窗户	分为三个层次：铁制窗栅或木制百叶、木制窗、布窗帘；铁制窗栅造型优美，对外窗户面积较小，对内窗户面积较大，保护了住宅的私密性	  江汉村百叶窗	四美里铁制窗
	雕饰	在雕饰上融入了大量的西方风格和手法，在具有西方特色的装饰中流露出中国传统文化的痕迹，这也使得里分住宅具有了明显的可识别性	 坤厚里柱饰	

续附表3.3

建筑特征	分类	特点	示意图或实景图
人文环境		里分社区具有亲切的建筑尺度与巷道空间，为邻里交往活动提供了场所；巷道与每个里分前院相连，使里分建筑活动空间向外延伸，丰富巷道活动，提高巷道活力，使邻里关系更加密切	 上海村街巷空间

附表3.4 里分社区被破坏原因

因素	具体原因	破坏程度	现状实景图
自然因素	锈蚀、雷击、风化、地震、雨雪等	建筑结构、室内外设施等方面破旧，大量房屋存在着墙面剥落、墙体开裂、设备老化、底层返潮、屋顶漏水等现象	 坤厚里墙面严重剥落
人为因素	1.扩大居住面积和使用面积； 2.增添现代化设施； 3.保护意识差	原有住宅加盖楼层，将天井改变为厨房、厕所；各种空调、落水管在墙体上随意穿洞；电线、晾衣绳私拉私设等	 三德里随处可见电线缠绕
政府因素	1.旧城开发，城市建设； 2.政策保障缺乏； 3.保护修缮资金缺乏； 4.管理不当； 5.技术条件落后	一些里分正在慢慢消逝，另一些已经被拆除	 拆除中的联怡里

　　注：在多方面因素的影响下，对于一部分重点里分，政府采取了保护与修缮措施，但是其他不在保护范围内的里分，鉴于人力、物力、社会经济等综合原因遭到了抛弃，放任不管任由其被破坏。里分原本的居住功能已然无法满足现代生活的使用需求，里分甚至成为贫穷落后的象征，曾经经典的里分住宅渐渐被现代建筑所取代，又或是被现代城市所掩埋。

附表3.5 调研里分基本信息表

编号	里分名称	周边配套服务设施	区位优势			建成年份	占地面积	街巷模式
			医疗设施	文化教育	公共绿地			
1	联保里	武汉市中心医院、武汉市美术馆	▲	△		1918年	9300m²	主次巷型
2	上海村	江汉关博物馆、武汉市中心医院	△	▲		1923年	3404m²	主次巷型
3	汉润里	江汉路步行街、武汉市中心医院、武汉市美术馆	▲	△		1919年	9122m²	主次巷型
4	同兴里	黎黄陂路街头博物馆、湖北省中医院、江滩公园	△	▲	△	1928年	9317m²	主巷型
5	三德里	黎黄陂路街头博物馆、湖北省中医院、江滩公园	△	△	▲	1901年	14530m²	网格型
6	坤厚里	江滩公园			▲	1917年	14607m²	网格型

注：▲—主要区位优势，△—次要区位优势。

附表3.6 调研里分建筑现状表

因素	实例	具体原因	实景照片
商业因素	同兴里	巷道中开设理发店、棋牌室、汗蒸馆等，为了便于使用，将原有的石库门拆除换成玻璃门、铁门，或将窗洞扩大成门洞，不仅对建筑本身的结构造成破坏，而且还破坏了建筑原有的风貌与艺术效果	 同兴里巷道内店铺

续附表3.6

因素	实例	具体原因	实景照片
居民因素	汉润里	原本的木质窗被换成了现代的铝合金窗，一些居民将原有的窗洞改成入户大门；支巷成为堆放杂物与垃圾的场所，严重破坏了巷道美观；采光用的阳台被改成了房间，部分住户将厨房挑出阳台外，悬在巷子上空，遮挡住阳光	 汉润里窗洞被改造成入户大门  支巷内堆放的垃圾 　加建的悬挑房屋
	坤厚里	随处可见巷道内部晾晒的衣物，影响了社区的整体形象，遮挡住阳光；电线、落水管、网线暴露在外部，杂乱地缠绕在一起；为了扩大居住面积，支巷上方随意加建违章建筑，破坏巷道结构，影响采光通风	 坤厚里晾晒的衣物 　坤厚里缠绕的电线  坤厚里私自加建改造

附表3.7　调研里分居住环境满意度评分表

居住环境		单项评分						平均值	综合评分
		联保里	上海村	汉润里	同兴里	三德里	坤厚里		
人居环境	建筑质量	3.10	3.18	3.64	3.23	3.52	3.33	3.33	3.04
	建筑外观	3.21	3.64	3.75	3.55	3.67	3.51	3.56	
	绿化水平	2.86	2.57	2.89	3.36	3.20	3.29	3.03	
	街巷宽度	3.02	2.63	2.67	2.89	2.74	2.67	2.77	
	入口空间大小	2.81	2.67	3.25	3.10	2.54	2.84	2.87	
	室外活动场所	2.45	2.26	2.77	2.83	3.01	2.63	2.61	
	环境卫生	2.98	2.47	2.69	2.77	2.56	2.77	2.71	
	文化建设	2.64	2.56	3.02	2.75	3.30	2.81	2.85	
	邻里关系	4.10	3.74	3.63	3.52	3.98	3.84	3.80	
	安全防护	3.24	3.10	2.86	2.74	2.63	2.82	2.90	
居住空间	居住面积	2.41	2.26	2.45	3.20	2.70	2.75	2.63	2.72
	户型结构	2.78	2.64	2.32	2.85	3.04	2.31	2.66	
	通风采光条件	2.10	2.22	2.34	2.58	2.64	2.41	2.38	
	水电配套设施	3.86	3.51	3.98	4.20	3.56	3.74	3.81	
	无障碍设计	1.92	1.80	2.26	2.14	2.31	1.68	2.02	
	住房私密性	2.63	2.86	2.79	3.12	2.96	2.45	2.80	
配套设施	休闲娱乐设施	2.54	2.23	2.67	2.45	2.84	2.92	2.61	2.65
	便民服务设施	3.12	2.56	2.41	2.89	2.45	2.76	2.70	
区位条件	交通出行便利性	3.96	4.32	4.54	3.75	3.89	4.12	4.10	4.19
	社区周边商业配套及便利性	4.12	4.86	4.54	4.31	4.10	4.27	4.37	
	社区周边医疗服务设施及便利性	4.13	4.69	4.78	4.54	3.86	3.71	4.29	
	社区周边文化教育设施及便利性	3.78	3.56	4.29	4.76	4.21	4.10	4.12	
	社区周边公共活动绿地及便利性	3.66	3.52	4.11	4.45	4.04	4.59	4.06	
总体满意度		3.10	3.04	3.23	3.30	3.21	3.14	3.17	3.17

附表3.8　改造样本基本信息表

	汉润里	同兴里	坤厚里
位置	汉口中山大道与南京路交汇处,北面为文华里,南临宝润里和崇正里	江岸区胜利街东侧,黄兴路与洞庭街之间	一元路社区南侧,西起中山大道,东起胜利街,南到一元路,北至一元小路
历史背景	1919年建成汉润里,"汉润里"名中"润"字为"润泽乡里"之意;1967年更名为"兴国里";1972年重新定名为"汉润里"	1928年由周纯等人在此建楼形成居民区,称"同兴里",代表美好的愿望,由义品洋行设计,永茂隆营造厂施工建造;1932年形成现有的规模;1967年改名为"烽火一里";1972年恢复原名	1903年,和记洋行买地扩建厂房,杨坤山、黄厚卿二人在中山大道一元路合资建造了这个里弄;1922年,卖给安利英行买办蒋佩村,改名为"中原里";1967年再次更名为"新建里";1972年复名"坤厚里"
周边区位优势	武汉市中心医院	黎黄陂路街头博物馆	江滩公园
占地面积	9122m²	9317m²	14607m²

续附表3.8

	汉润里	同兴里	坤厚里
街巷模式	主次巷型	主巷型	网格型
空间格局	入口：过街楼形式，与中山大道相连； 主巷：长112m，宽4.5m，与入口相连； 次巷（前巷）：宽4.5m，与主巷垂直，两侧为每家的主要出入口； 支巷（后巷）：宽3.0m，住宅后门面向支巷，为生活性出入口	入口：西出口位于胜利街一侧，东出口位于洞庭街，为"一巷两口"型布局； 主巷：长230m、宽4m，只有一条主巷与城市街道相连接； 次巷、支巷：用以辅助疏散主巷交通	入口：主入口为过街楼形式，与中山大道相连，过街楼下部采用平顶，楼上为住宅； 主巷：宽6m，主巷的主要出入口与中山大道相连； 次巷（前巷）：3m，共有7个次入口； 支巷（后巷）：1.5m，作为辅助交通或佣人出入口
建筑概况	共有35个居住单元，供35户银行高级职员家庭居住，单体建筑为二层砖混结构，平面形式有两间式、三间式以及异形平面，房间围合成天井，屋内进深大，内空高； 外墙粉仿麻石，门窗上有精致的花纹图案，并装有百叶窗，内部空间用木板分隔	共有25个居住单元，单体建筑均为二层砖混结构，主要平面形式有三间式、两间半式、两间式、一间半式，栋门为石库门式，分门为过街楼式； 外墙粉假麻石，红瓦屋顶，第一层地板下面有低空层，内部装修精致，有卫生设备	共有96个居住单元，单体建筑为二层砖混结构，联排布置，住宅楼入口采用石库门形式，主要平面形式有一间半式、两间式、三间式； 建筑外墙体为粗水泥砂浆，内墙为水泥砂浆抹灰，坡屋面铺红瓦
鸟瞰图			
总平面图			

附表3.9 套内空间设计通用要点及设计示例

类别	设计要点	设计示例
入口门厅	1.形成进深小而开敞的空间形式 门厅的设计除了满足换鞋等基本活动外，还需考虑接待访客或护理人员的空间，以及保证担架出入空间和乘坐轮椅老人的活动空间。 2.保证活动安全及便利性 采光良好；提供扶手及座位；考虑轮椅的使用要求；提示板的设置。 3.保证视线的通达 选择开敞的门厅，使门厅与起居室等公共空间保持视线联系。 4.适当选择地面材质 地面采用防滑、防水、耐污材质；材质交界处避免形成高差	 一般老人适用的门厅　　轮椅老人适用的门厅

续附表3.9

类别	设计要点	设计示例
起居室	1.合理把握空间尺度 　起居室自身要有良好的比例，适宜老人日常交流与活动，要考虑到家具的摆放、轮椅的通行和老人看电视时的视距。通常老年起居室开间为3300~4500mm，进深不小于3600mm，且开间：进深=1：1~1：2。 2.有效组织交通流线 　起居室位于整个户型的中心，起到组织住宅套内各个空间的作用，因此起居室的设置应使老人更方便到达其他空间，减少通行距离	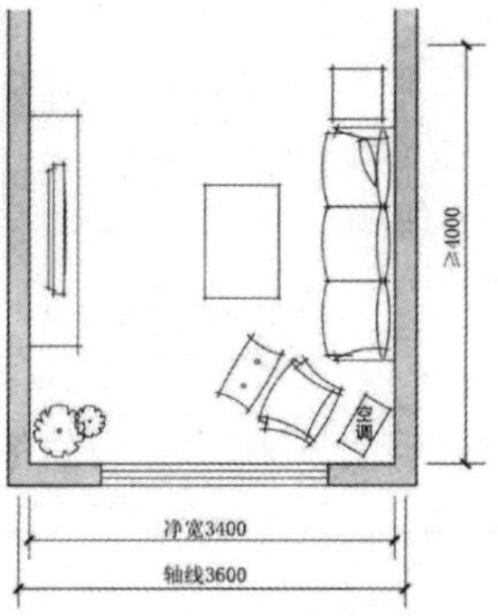 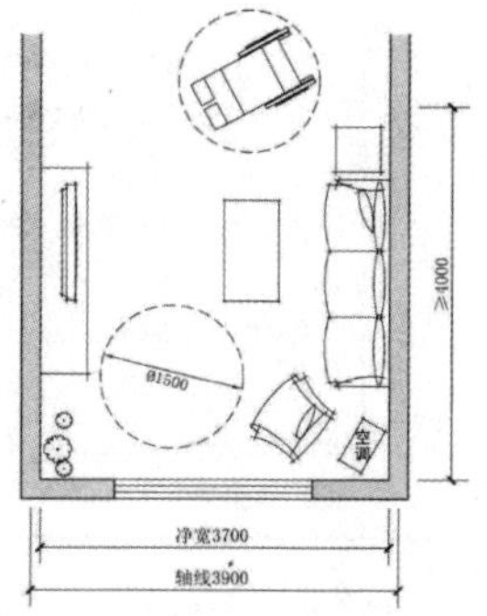 一般老人适用的起居室　　轮椅老人适用的起居室
卧室	1.保证适宜的空间尺寸 　卧室面宽一般为3600mm以上，保证床与对面家具有足够的距离供轮椅通过；进深足够大，形成完整的空间供老人休闲活动。 2.形成集中的活动空间 　在卧室内留出一处集中的活动空间供老人活动。 3.创造舒适的休息环境 　满足通风采光和日照要求，注意噪声的隔绝，保证居室的舒适性	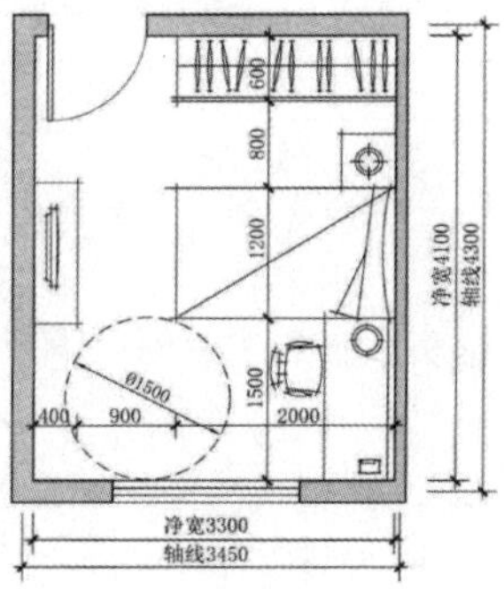 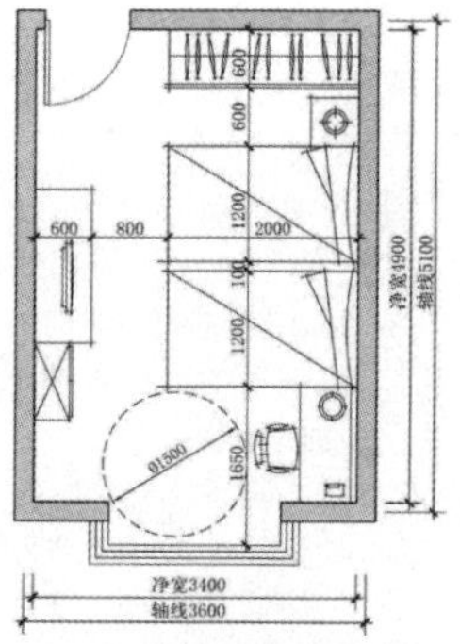 单人卧室　　双人卧室
厨房	1.创造合理的操作活动空间 　厨房两操作台间通行宽度大于900mm，轮椅老人所需的回转直径为1500mm，为老人提供充足的操作空间。 2.确定操作台布置形式 　采用U形和L形的布置形式，有利于轮椅的旋转，并且能够形成连续的操作台面，使操作流线清晰，节省体力。 3.确定适宜的开门位置 　厨房与阳台连接时，应在适宜处开门，缩短开门距离；充分利用厨房门后的空间设置辅助台面。 4.保证良好的采光通风 　保证老人在使用厨房室时有充足的光线；保证开窗方式有利于通风；加设机械通风，排除油烟气味	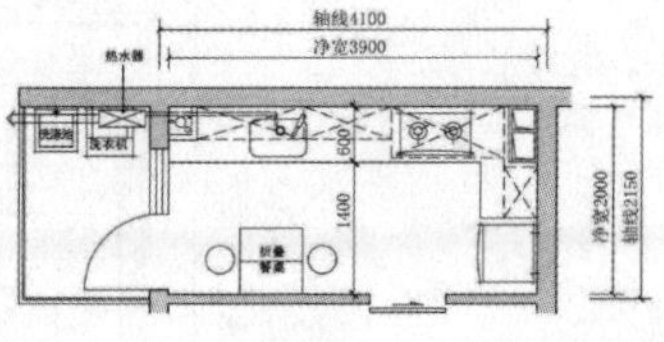 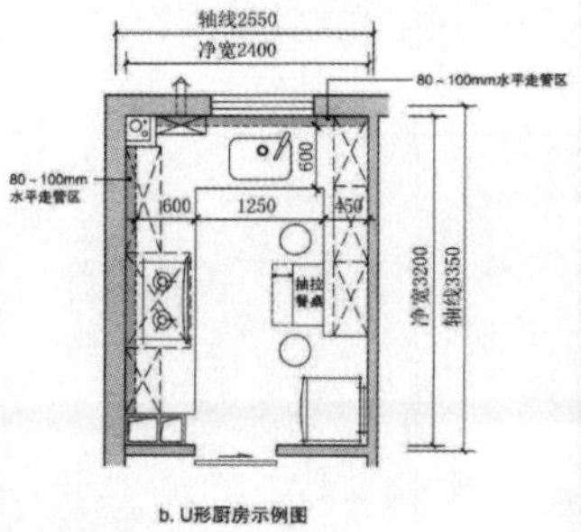 一般老人适用的厨房 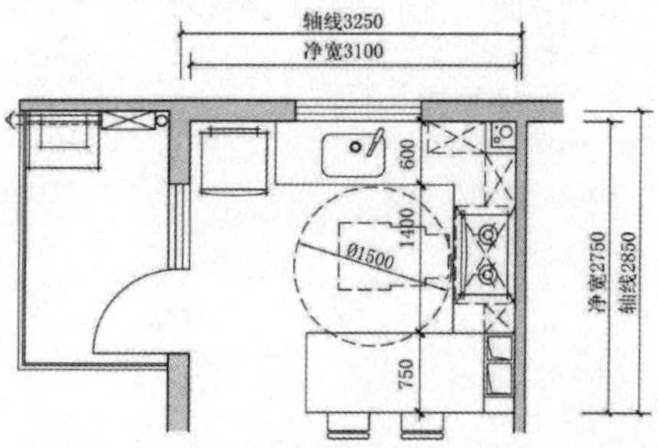 轮椅老人适用的厨房

续附表3.9

类别	设计要点	设计示例	
卫生间	1.形成合理的空间尺度 卫生间不宜过大也不宜过小，使洁具布局紧凑的同时保证轮椅的使用空间。 2.干湿分区明确 将洗浴区与坐便器、洗手盆分开布置，避免淋浴时打湿地面导致滑倒。 3.保障安全防护 卫生间内安装扶手，辅助行动不便的老人；设计紧急呼救装置；地面做防滑处理；适当位置设置坐凳	一般老人适用的卫生间	轮椅老人适用的卫生间

资料来源：根据《老年住宅》。

附表3.10　公共空间设计通用要点及设计示例

类别	设计要点	设计示例	
出入口	1.加强易识别性 出入口应设置易于辨识并且醒目的标识，指引老人找到相应的楼栋。 2.保证出入安全性 保证地面平整，材料防滑，增加照明设施，增加扶手、坡道等无障碍设施；使用适宜的台阶尺寸；加强出入口防盗设计	台阶宽度与扶手的设置	坡道的尺寸要求
电梯	1.满足不同类型的尺寸要求 电梯分为医用电梯与普通电梯，医用电梯须满足担架运送要求，普通电梯满足轮椅乘坐要求。 2.保证使用者的安全性与便利性 电梯内应设置安全镜、安全扶手、低位操作板、防撞板等	普通电梯尺寸 医用电梯尺寸 轿厢无障碍设计	

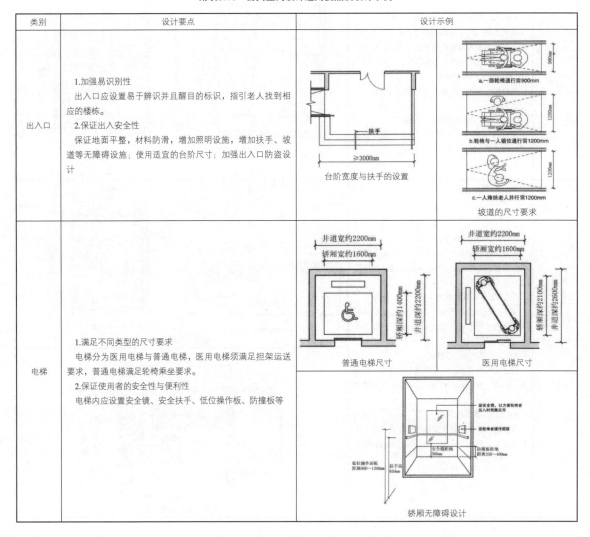

续附表3.10

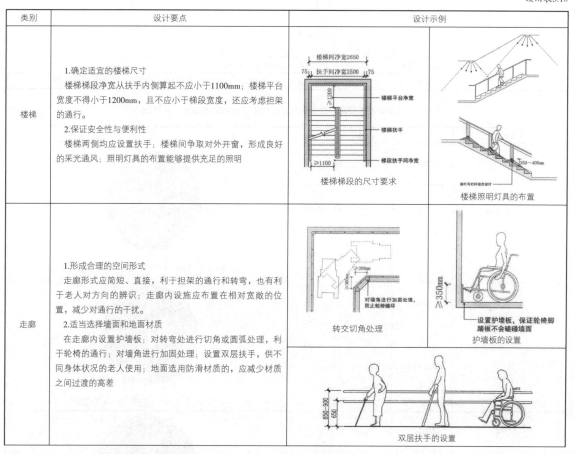

类别	设计要点	设计示例
楼梯	1.确定适宜的楼梯尺寸 楼梯梯段净宽从扶手内侧算起不应小于1100mm；楼梯平台宽度不得小于1200mm，且不应小于梯段宽度，还应考虑担架的通行。 2.保证安全性与便利性 楼梯两侧均应设置扶手；楼梯间争取对外开窗，形成良好的采光通风；照明灯具的布置能够提供充足的照明	楼梯梯段的尺寸要求 楼梯照明灯具的布置
走廊	1.形成合理的空间形式 走廊形式应简短、直接，利于担架的通行和转弯，也有利于老人对方向的辨识；走廊内设施应布置在相对宽敞的位置，减少对通行的干扰。 2.适当选择墙面和地面材质 在走廊内设置护墙板；对转弯处进行切角或圆弧处理，利于轮椅的通行；对墙角进行加固处理；设置双层扶手，供不同身体状况的老人使用；地面选用防滑材质的，应减少材质之间过渡的高差	转交切角处理 护墙板的设置 双层扶手的设置

资料来源：根据《老年住宅》改绘。

附表3.11　适老化社区配套设施空间优化

空间类别	空间设计特点		具体原因
医疗保健	安静的环境		安静的环境有利于老人的康复与治疗，也利于医务人员思考，提高诊断的准确率和效率
	良好的通风采光		阳光对室内有杀菌消毒的作用，同时能为老人带来好的心情，使其放松身心，更好地接受治疗；良好的通风能给室内带来干净清洁的空气，带走医院消毒水的味道，使空气清新，保障老人身体健康，改善医疗氛围
	合理的流线组织		合理的流线组织能够提高医疗护理的效率，提升社区医院的利用率，减少对老人求医问诊时造成的不便
文化娱乐	分区明确、动静分离		书画室及阅览室需要安静的环境，参与其中的老人不希望被打扰，而多媒体教室、放映室等有声场所则比较喧闹，因此动静不同的活动区域应分开布置，避免相互干扰
	可达性高		文化娱乐设施应设置在社区中心位置，具有较高的可达性，方便老人参与，形成开放与半开放空间，吸引老人积极相互交流
	室内	空间开敞	封闭独立的环境使老人觉得压抑，缺乏人气，并且无法满足多功能的使用需求，相反，开敞、通透的大空间更有益于营造集体活动氛围，吸引过路的老人参与其中
	室外	空间尺度适宜	空间尺度不宜过大，形成围合或半围合的小空间，给老人提供私密而亲切的户外交往场所
		营造休息空间	将休息空间和交往空间融为一体，塑造空间节点，提高老人接触和交往的可能性

续附表3.11

空间类别	空间设计特点	具体原因
社区管理	创造积极交流空间	在生活服务设施中制造交流空间，例如在社区食堂座椅的设计中，将空间围合成若干个小的单元，使老人分散成不同的小集体，增加交流互动的机会
	良好的通风采光	保证良好的通风采光，保障老人身体健康
	设置单独出入口	避开老人主要活动场所及通道，另外设置单独出入口，避免老人产生被监督的心理

附表3.12　汉润里改造策略评价调查结果统计表（调研样本数量：共计28人）

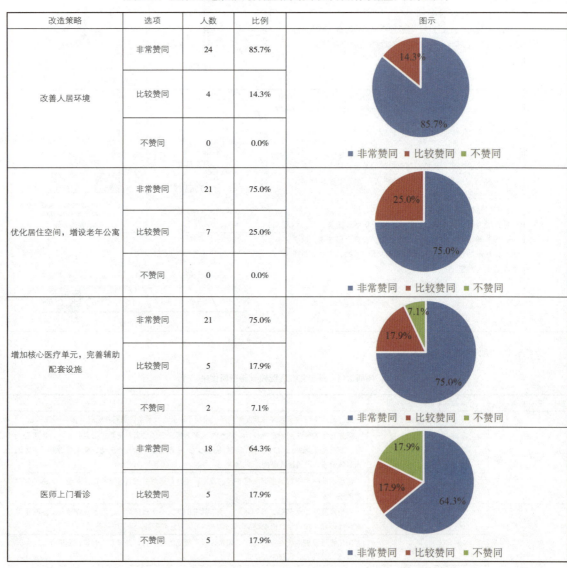

改造策略	选项	人数	比例	图示
改善人居环境	非常赞同	24	85.7%	
	比较赞同	4	14.3%	
	不赞同	0	0.0%	
优化居住空间，增设老年公寓	非常赞同	21	75.0%	
	比较赞同	7	25.0%	
	不赞同	0	0.0%	
增加核心医疗单元，完善辅助配套设施	非常赞同	21	75.0%	
	比较赞同	5	17.9%	
	不赞同	2	7.1%	
医师上门看诊	非常赞同	18	64.3%	
	比较赞同	5	17.9%	
	不赞同	5	17.9%	

续附表3.12

改造策略	选项	人数	比例	图示
形成绿色就医通道	非常赞同	28	100.0%	
	比较赞同	0	0.0%	
	不赞同	0	0.0%	

1.调查结果显示大部分受访老人（＞60%）对汉润里的改造策略表示赞同，表明在汉润里实施以医疗为核心的改造策略可行性较高。

2.“增加核心医疗单元，完善辅助配套设施”这一策略上有2位老人选择不赞同，他们认为配套服务设施还需要提供家政服务和代办服务等生活帮助，因此在改造中还应该适当加入生活协助类服务，将这类服务设施与社区管理办公设施结合设置。

3.“医师上门看诊”有5位老人选择不赞同，主要原因是老人认为医师上门看诊费用较高，没有必要。笔者认为适老化社区的上门看诊服务应该具有公益性，推出由政府主导，投资者参与的实施方案，例如对普通老人在收费方面应该有优惠政策，对于孤寡老人应该为其免费看诊。如果能够得到政府的支持，同时引入社会公益事业的力量，就能减轻老年居民的经济负担，消除老人的顾虑，这也是实际改造中需要重点考虑的问题

附表3.13　坤厚里改造策略评价调查结果统计表（调研样本数量：共计30人）

改造策略	选项	人数	比例	图示
改善人居环境，丰富交往空间层次	非常赞同	24	80.0%	
	比较赞同	6	20.0%	
	不赞同	0	0.0%	
优化居住空间	非常赞同	22	73.3%	
	比较赞同	5	16.7%	
	不赞同	3	10.0%	

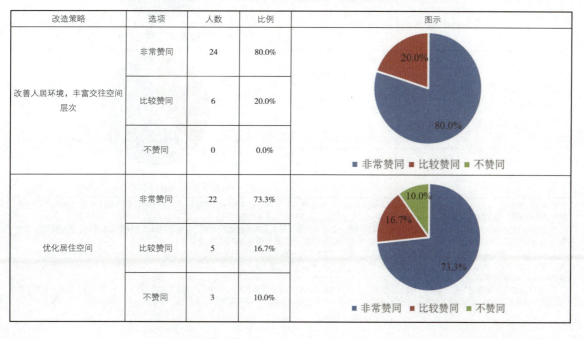

213

续附表3.13

改造策略	选项	人数	比例	图示
增加核心交往娱乐单元，完善辅助配套设施	非常赞同	20	66.7%	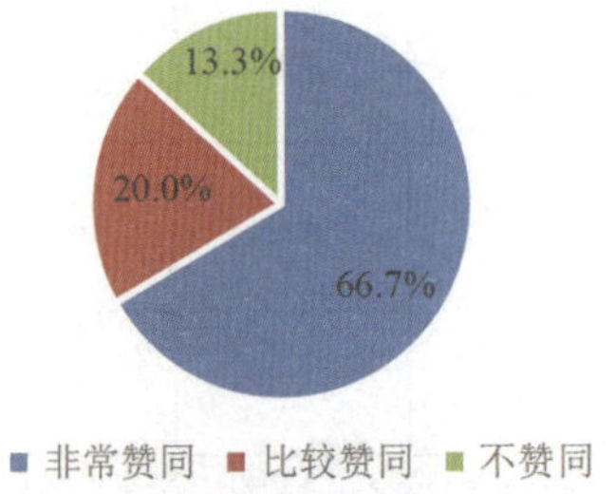
	比较赞同	6	20.0%	
	不赞同	4	13.3%	
丰富周边公园绿地的利用形式	非常赞同	25	83.3%	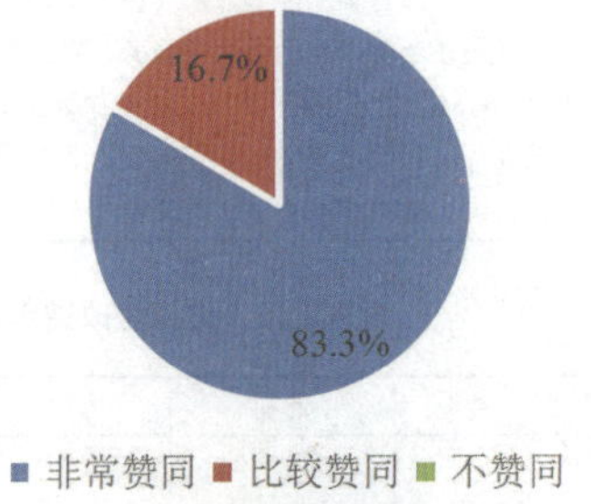
	比较赞同	5	16.7%	
	不赞同	0	0.0%	
打造适老化休闲绿道	非常赞同	19	63.3%	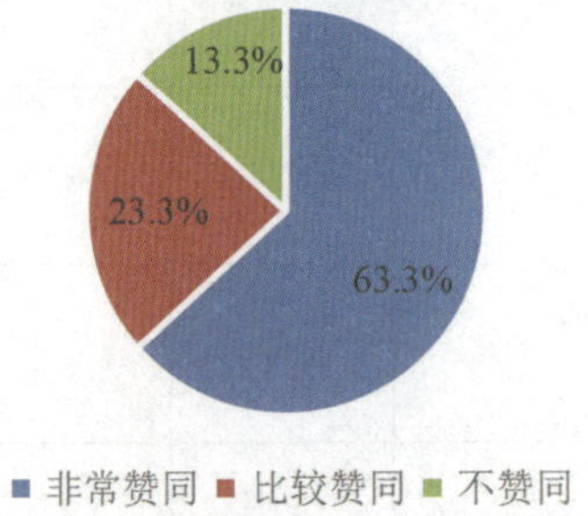
	比较赞同	7	23.3%	
	不赞同	4	13.3%	

1.调查结果显示，对于坤厚里的改造策略大部分老人都表示"非常赞同"，部分老人表示"比较赞同"，其中有3项策略少数老人选择了"不赞同"，总体看来，以交往娱乐为核心的坤厚里改造总体认可度较高，具有一定的参考价值。

2. "优化居住空间"方面，有3位老人认为居住空间内的水电配套设施需要进行改善。因此，在设计中除了对居住空间进行改造外，还应完善住宅内部的水、电、煤气、供暖等能源供给，同时改善社区内废水、垃圾排放，为居民提供整洁舒适的生活环境。

3. "增加核心交往娱乐单元，完善辅助配套设施"这一策略有4位老人不赞同，主要原因是他们认为在社区内设置老年活动中心会打扰到居民的休息。在该策略中老年活动中心的出入口正对室外活动空间，由于室外活动空间的分隔作用，居住空间相对安静，同时种植的树木和花草能起到一定的隔声作用，因此并不会影响到居民的日常生活。

4. "打造适老化休闲绿道"这一策略有4位老人选择不赞同，有的老人认为绿道距离太短，有的老人则认为道路太窄，不适合修建，因此如果要实施此方案可适当扩宽道路，增加绿道长度，使一元路片区的多个社区通过绿道形成串联，丰富绿道空间形式，使更多的老人走出社区，积极参与社交活动

附表3.14　同兴里改造策略评价调查结果统计表（调研样本数量：共计28人）

改造策略	选项	人数	比例	图示
改善人居环境	非常赞同	25	89.3%	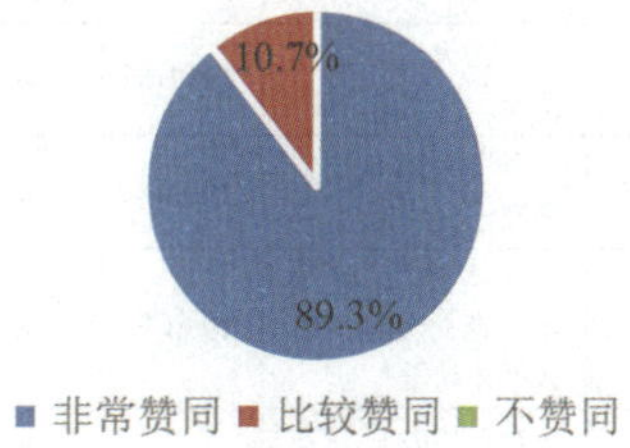
	比较赞同	3	10.7%	
	不赞同	0	0.0%	
优化居住空间	非常赞同	24	85.7%	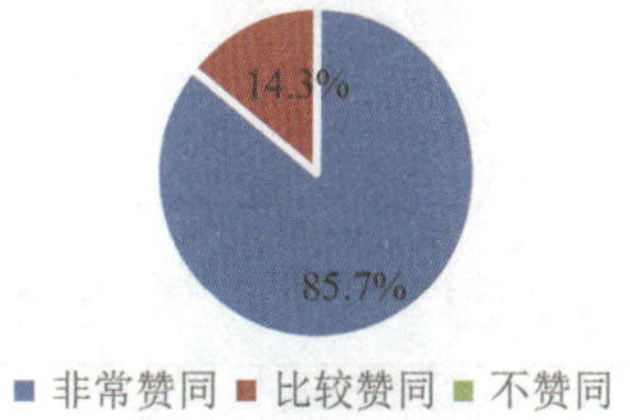
	比较赞同	4	14.3%	
	不赞同	0	0.0%	
增加核心文化教育单元，完善辅助配套设施	非常赞同	20	71.4%	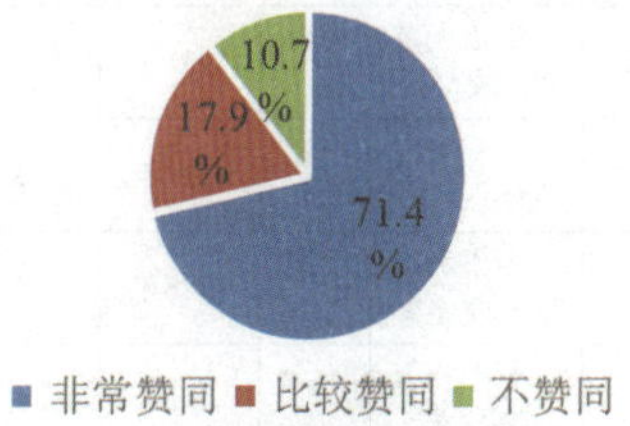
	比较赞同	5	17.9%	
	不赞同	3	10.7%	
打造文化教育展廊	非常赞同	22	78.6%	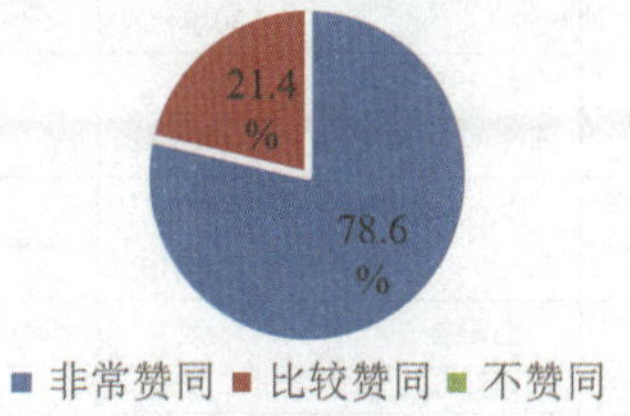
	比较赞同	6	21.4%	
	不赞同	0	0.0%	

1.对于同兴里的改造策略，大部分老人都表示非常赞同，调研中选择"非常赞同"的人数均达到了70%以上，少部分老人选择了"比较赞同"，仅有3位老人在"增加核心文化教育单元，完善辅助配套设施"这一项选择了"不赞同"，其原因主要是他们认为自己没有学习教育方面的需求。

2.要解决这一问题需要加大社区内部对老年教育的宣传力度，同时定期举办学习展示、文艺演出、老年知识讲座等活动，吸引老人参加，让一些不愿意主动学习的老人从中找到学习的乐趣，主动参与到学习中。通过学习丰富自己的知识，结交朋友，达到排解内心孤独的目的，这对于改善老人身心健康都是十分有益的

附表3.15　基于老人精神赡养的近代里分适老化改造策略推广应用一览表

编号	里分名称	具体位置	建成年代	区位优势			改造核心			改造类型	备注
				医疗设施	文教设施	娱乐设施	医疗护理	文化教育	休闲娱乐		
01	汉润里	中山大道中段东南侧，南京路下首	1917年	▲	△		√			J	市一级保护街区
02	崇正里	中山大道与南京路交汇处北侧	1922年	▲	△		√			J	
03	中孚里	南京路中段南侧，西邻大陆坊，东邻永松里	1900年	▲	△		√			W	整洁宁静
04	鼎余里	胜利街与阳子街之间	民国初年	▲	△		√			J	
05	咸安坊	鄱阳街与洞庭街之间，南京路北侧	1915年	▲	△		√			W	市一级保护街区
06	江汉村	江汉路东段北侧，鄱阳街与洞庭街之间	1936年	▲	△	△	√			W	市二级保护街区
07	上海村	江汉路东段北侧，胜利街与鄱阳街之间	1923年	▲	△		√			W	市二级保护街区
08	洞庭村	南京路北侧，鄱阳街与洞庭街之间	1931年	△	▲			√		W	市二级保护街区
09	兰陵村	车站路与兰陵路相交处东北侧	不详	▲	△		√			J	
10	大陆坊	中山大道与南京路相交处东北侧	1931年	△	▲			√		W	市二级保护街区
11	延昌里	胜利街与扬子街之间	1931年	▲	△		√			J	
12	汉安村	中山大道与北京路相交处南侧	1928年	△	▲			√		W	
13	同仁里	鄱阳街西侧，北京路与南京路之间		▲	△		√			J	
14	新德里	中山大道扬子街	清末	▲	△		√			Z	密度高、质量差
15	宝润里	南京路中段南侧	20世纪30年代初	▲	△		√			Z	
16	诚昌里	合作路中段与天津路间	20世纪20年代	△	▲	△		√		W	已重建
17	义品里	合作路与兰陵路之间	20世纪20年代	▲	△		√			Z	
18	鄱阳村	鄱阳街与合作路相交处西北侧		△	▲	△		√		Z	
19	双合村	兰陵路与胜利街相交处东北侧		▲	△		√			Z	
20	大陆村	中山大道中段西侧，保成路与铭新街交会处东侧			▲			√		J	
21	鄱阳村	鄱阳街与合作路相交处西北侧		△		▲			√	Z	

续附表3.15

编号	里分名称	具体位置	建成年代	区位优势			改造核心			改造类型	备注
				医疗设施	文教设施	娱乐设施	医疗护理	文化教育	休闲娱乐		
22	鼎新里	中山大道中段西侧，保成路与吉庆街交会北侧	20世纪20年代		▲			√		J	具有典型特征
23	金业里	中山大道中段西侧，南京路与吉庆街交会处西侧	20世纪30年代初		▲			√		Z	
24	福新里	中山大道中段西侧，江汉路与铭新街交会处东侧	20世纪20年代		▲			√		Z	
25	德安总里	泰宁街与铭新街之间	1910年		▲			√		Z	
26	月德里	铭新街西段北侧，保成路与南京路之间	20世纪20年代		▲			√		Z	
27	大吉里	铭新街西段北侧，保成路与南京路之间	20世纪20年代		▲			√		J	
28	裕润里	中山大道中段西侧，铭新街与南京路交会处东侧	20世纪20年代		▲			√		Z	
29	榆荫里	中山大道中段西侧，汇通路与崇善路交会处西南	民国初		▲			√		Z	
30	二德里	中山大道中段西侧，汇通路与吉庆街交会处西北			▲			√		Z	
31	退思里	中山大道中段西侧，南京路与吉庆街交会处北侧	民国初		▲			√		Z	
32	福忠里	中山大道中段西侧，南京路与汇通路之间	20世纪20年代初		▲			√		Z	
33	泰安里	南京路西段与汇通路之间	20世纪20年代初		▲			√		Z	
34	保元里	南京路西段与汇通路之间，西邻泰安里	民国初	△	▲			√		J	
35	金城里	中山大道与宝华街之间	1931年	△	▲			√		W	市二级保护街区
36	昌业里	中山大道中段西侧，黄石路西北段西南	20世纪20年代初	△	▲			√		J	
37	蔼吉里	中山大道中段西侧，汇通路西北端东北	1935年		▲			√		Z	
38	鼎丰里	中山大道中段西侧，铭新街与汇通路交会处北侧	20世纪30年代		▲			√		Z	

续附表3.15

编号	里分名称	具体位置	建成年代	区位优势			改造核心			改造类型	备注
				医疗设施	文教设施	娱乐设施	医疗护理	文化教育	休闲娱乐		
39	辅义里	中山大道中段西侧，吉庆街与瑞祥路交会处	20世纪20年代初		▲			√		Z	
40	辅堂里	车站路与友益街相交处西北	20世纪20年代	▲	△		√			J	
41	宏伟里	车站路与中山大道的交汇处北侧	20世纪20年代初	△	▲			√		J	
42	三德里	中山大道中段北侧，海寿街西侧	1900年	△	▲			√		J	市二级保护街区
43	海寿里	中山大道中段北侧，海寿街东侧	明末清初		△	▲			√	J	
44	昌年里	中山大道一元路相交处西侧	1920年初		△	▲			√	J	
45	辅仁里	中山大道与兰陵路相交处西侧	20世纪20年代初	▲	△		√			Z	
46	华新里	中山大道与黄兴路交会处西侧	民国初	▲	△		√			W	
47	平安里	友谊街与黄兴路相交处南侧	20世纪30年代	▲	△		√			J	
48	新华里	中山大道中段西北侧，黄兴路与友谊街之间	20世纪20年代后期	▲	△		√			J	
49	新成里	友谊街与车站路相交处西北	20世纪20年代初	▲	△		√			J	
50	公德里	车站路与友谊街相交处东南侧	20世纪20年代	△	▲			√		J	
51	三阳里	友谊街东段南侧	1914年		▲			√		J	
52	坤厚里	一元路西段与一元小路之间	1917年			▲			√	W	市二级保护街区
53	同兴里	胜利街东侧，黄兴路与车站路之间	1928年	△	▲	△		√		W	市二级保护街区
54	延庆里	胜利街与二曜小路相交处西北侧，西口与四美里相通	1933年			▲			√	J	
55	四美里	三阳路南侧，二曜小路东北侧，东口与延庆里相通	20世纪20年代			▲			√	J	
56	泰兴里	黎黄陂路北侧，胜利街东侧	1907年	△	▲	△		√		W	巷–院–宅
57	黄陂村	黎黄陂路北侧，胜利街与洞庭街之间		△	△	▲			√	W	5、6、7号为周苍柏公馆
58	忠义村	中山大道中段与岳飞街相交处东侧		△	▲	△		√		W	
59	四益里	中山大道与二曜小路相交处东侧	20世纪20年代			▲			√	J	局部已重建

续附表3.15

编号	里分名称	具体位置	建成年代	区位优势			改造核心			改造类型	备注
				医疗设施	文教设施	娱乐设施	医疗护理	文化教育	休闲娱乐		
60	寿春里	中山大道与三阳路相交处东南侧	1915年			▲			√	J	
61	黄陂一里	黎黄陂路西端北侧	1910年	△	▲			√		Z	
62	黄陂二里	黎黄陂路西端北侧	20世纪20年代初	△	▲			√		Z	
63	伟英里	中山大道中段东南侧，黄兴路与车站路之间	民国初	△	▲			√		J	
64	胜德里	中山大道东南侧，黄兴路与车站路之间	清末民初	△	▲			√		W	已整治
65	首安里	中山大道中段东南侧，岳飞街与车站路相交处	清末民初	△	▲	△		√		Z	
66	首善里	胜利街蔡锷路交会东北	1962年		△	▲			√	Z	
67	滨江里	洞庭街与蔡锷路交会处西侧	1917年		△	▲			√	W	
68	庆祥里	一元路以北，胜利街以西，二曜路南侧	1919年			▲			√	Z	
69	同德里	中山大道二曜路口东侧	1910年			▲			√	J	
70	广兴里	中山大道与二曜小路相交处南侧	民国初			▲			√	Z	

资料来源：《武汉地名志》、《武汉房地志》、武汉理工大学建筑学院测绘及调研资料汇编。

注：▲—主要区位优势、△—次要区位优势、√—推荐改造模式、W—完全保护型、J—局部保留型、Z—整体更新型。

附录四　老城区基础样本相关数据

附表4.1　调研问卷中老城区基础样本的满意度、重要度与改造度排序（降序）

排序	项目（满意度）	均值	排序	项目（重要度）	均值	排序	项目（改造度）	均值
01	中西药店满意度	3.84	01	就寝重要度	4.48	01	电梯增设改造度	7.1009
02	公交始末站满意度	3.74	02	如厕重要度	4.43	02	机动车停放改造度	7.0682
03	银行储蓄所满意度	3.74	03	晾晒重要度	4.39	03	非机动车停放改造度	6.9098
04	竖向交通满意度	3.61	04	医疗护理重要度	4.30	04	老年呼叫系统改造度	6.7658
05	水电气服务站满意度	3.60	05	散步运动重要度	4.22	05	活动广场改造度	6.6018
06	垃圾收集点满意度	3.57	06	烹饪重要度	4.22	06	无障碍改造度	6.5574
07	就寝满意度	3.52	07	商业购物重要度	4.17	07	门禁监控改造度	6.3141
08	商业购物满意度	3.52	08	竖向交通重要度	4.13	08	签约医生改造度	6.2800
09	消防站满意度	3.47	09	交谈重要度	4.13	09	公共照明改造度	6.2781
10	基层卫生设施满意度	3.43	10	洗漱重要度	4.13	10	室外铺地改造度	6.1670
11	洗漱满意度	3.43	11	就餐重要度	4.13	11	入户坡道改造度	6.1670
12	超市满意度	3.43	12	静坐观察重要度	4.00	12	隔音降噪改造度	6.1341
13	就餐满意度	3.43	13	洗衣重要度	4.00	13	排水环境改造度	6.0521
14	老年大学满意度	3.35	14	接送小孩重要度	3.91	14	健身器材改造度	6.0260
15	如厕满意度	3.35	15	集体娱乐重要度	3.91	15	绿化环境改造度	5.9942
16	菜市场满意度	3.35				16	社区医疗改造度	5.6931
17	烹饪满意度	3.35				17	照明环境改造度	5.6629
18	居委会满意度	3.35				18	厕所改造度	5.416929
19	派出所满意度	3.33				19	室外晾晒改造度	5.3949
20	洗衣满意度	3.30				20	厨房改造度	5.023439
21	餐饮店满意度	3.22				21	入户空间改造度	4.9549
22	街道办事处满意度	3.22				22	阳台改造度	4.917569
23	医院满意度	3.22				23	采光通风改造度	4.6409
24	晾晒满意度	3.22						
25	市政管理机构满意度	3.20						
26	五金便民店满意度	3.19						
27	交谈满意度	3.17						
28	散步运动满意度	3.17						
29	个性空间满意度	3.152						
30	接送小孩满意度	3.04						
31	老年服务中心满意度	3.00						
32	护理院满意度	3.00						
33	静坐观察满意度	3.00						
34	公共场所满意度	3.00						
35	医疗护理满意度	2.96						
36	物业管理满意度	2.91						
37	居民存车处满意度	2.87						
38	运动场馆满意度	2.87						
39	老年活动中心满意度	2.87						
40	治安联防站满意度	2.81						
41	健身设施满意度	2.74						
42	集体娱乐满意度	2.70						
43	居民停车场满意度	2.57						
44	养老院托老所满意度	2.38						
45	书店满意度	2.25						

附录五　机关大院小区相关数据

附表5.1　调研问卷中机关大院小区的满意度、重要度与改造度排序（降序）

排序	项目（满意度）	均值	排序	项目（重要度）	均值	排序	项目（改造度）	均值
01	个性空间满意度	4.28	01	就寝重要度	4.38	01	电梯增设改造度	5.9333
02	洗漱满意度	4.16	02	如厕重要度	4.36	02	机动车停放改造度	5.8428
03	小学满意度	4.16	03	就餐重要度	4.31	03	非机动车停放改造度	5.5030
04	洗衣满意度	4.10	04	晾晒重要度	4.30	04	社区医疗改造度	5.1414
05	烹饪满意度	4.10	05	洗漱重要度	4.29	05	签约医生改造度	5.0495
06	银行储蓄所满意度	4.08	06	医疗护理重要度	4.24	06	老年呼叫系统改造度	5.0308
07	医院满意度	4.07	07	烹饪重要度	4.21	07	隔音降噪改造度	4.7974
08	就餐满意度	4.06	08	接送小孩重要度	4.19	08	无障碍改造度	4.7833
09	治安联防站满意度	4.05	09	洗衣重要度	4.13	09	门禁监控改造度	4.6191
10	高中满意度	4.03	10	商业购物重要度	3.95	10	健身器材改造度	4.3778
11	晾晒满意度	4.03	11	竖向交通重要度	3.93	11	照明环境改造度	4.3374
12	幼儿园满意度	4.02	12	集体娱乐重要度	3.89	12	公共照明改造度	4.3262
13	如厕满意度	4.00	13	散步运动重要度	3.86	13	活动广场改造度	4.3174
14	公交始末站满意度	3.98	14	交谈重要度	3.84	14	绿化环境改造度	4.2839
15	就寝满意度	3.97	15	静坐观察重要度	3.73	15	室外晾晒改造度	4.2734
16	派出所满意度	3.97				16	卧室改造度	3.052940
17	接送小孩满意度	3.95				17	餐厅改造度	2.982797
18	中西药店满意度	3.93				18	卫生间前室改造度	2.844873
19	街道办事处满意度	3.93				19	烹饪改造度	2.827094
20	垃圾收集点满意度	3.93				20	洗衣条件改造度	2.800943
21	基层卫生设施满意度	3.9016				21	卧室改造度	3.052940
22	消防站满意度	3.88				22	餐厅改造度	2.982797
23	五金便民店满意度	3.88				23	卫生间前室改造度	2.844873
24	水电气服务站满意度	3.86				24	洗衣条件改造度	2.800943
25	公共场所满意度	3.85						
26	老年服务中心满意度	3.83						
27	书店满意度	3.81						
28	医疗护理满意度	3.81						
29	老年大学满意度	3.80						
30	养老院托老所满意度	3.79						
31	餐饮满意度	3.78						
32	静坐观察满意度	3.78						
33	老年活动中心满意度	3.77						
34	居委会满意度	3.76						
35	菜市场满意度	3.75						
36	超市满意度	3.75						
37	交谈满意度	3.75						
38	市政管理机构满意度	3.74						
39	物业管理满意度	3.69						
40	个人兴趣满意度	3.68						
41	商业购物满意度	3.66						
42	集体娱乐满意度	3.65						
43	运动场馆满意度	3.63						
44	护理院满意度	3.60						
45	健身设施满意度	3.56						
46	散步运动满意度	3.43						
47	竖向交通满意度	3.35						
48	居民存车处满意度	3.10						
49	居民停车场满意度	2.98						

附录六　高校校内小区相关数据

附表6.1　调研问卷中高校校内小区的满意度、重要度与改造度排序（降序）

排序	项目（满意度）	均值	排序	项目（重要度）	均值	排序	项目（改造度）	均值
01	银行储蓄所满意度	4.37	01	洗漱重要度	4.33	01	电梯增设改造度	6.2414
02	洗衣满意度	4.31	02	医疗护理重要度	4.33	02	社区医疗改造度	4.9225
03	洗漱满意度	4.29	03	如厕重要度	4.30	03	无障碍改造度	4.7934
04	幼儿园满意度	4.29	04	接送小孩重要度	4.29	04	公共照明改造度	4.6313
05	晾晒满意度	4.23	05	就寝重要度	4.26	05	排水环境改造度	4.6296
06	基层卫生设施满意度	4.22	06	烹饪重要度	4.22	06	隔音降噪改造度	4.2657
07	如厕满意度	4.21	07	就餐重要度	4.19	07	门禁监控改造度	4.1731
08	就餐满意度	4.21	08	洗衣重要度	4.19	08	机动车停放改造度	4.1653
09	就寝满意度	4.19	09	晾晒重要度	4.17	09	厕所改造度	4.154460
10	烹饪满意度	4.19	10	交谈重要度	4.09	10	非机动车停放改造度	4.0842
11	医疗护理满意度	4.17	11	散步运动重要度	4.05	11	入户坡道改造度	3.8450
12	接送小孩满意度	4.16	12	集体娱乐重要度	4.02	12	老年呼叫系统改造度	3.7393
13	医院满意度	4.15	13	竖向交通重要度	3.93	13	健身器材改造度	3.6384
14	中西药店满意度	4.08	14	静坐观察重要度	3.72	14	阳台改造度	3.556481
15	老年服务中心满意度	4.05	15	商业购物重要度	3.59	15	采光通风改造度	3.5253
16	小学满意度	4.05				16	厨房改造度	3.491625
17	五金便民店满意度	4.05				17	室外铺地改造度	3.4781
18	老年活动中心满意度	4.04				18	签约医生改造度	3.4693
19	个性空间满意度	4.025				19	活动广场改造度	3.3241
20	静坐观察满意度	4.00				20	入户空间改造度	3.2805
21	集体娱乐满意度	3.98				21	绿化环境改造度	3.2539
22	水电气服务站满意度	3.97				22	照明环境改造度	3.1684
23	书店满意度	3.97				23	餐饮改造度	3.048861
24	散步运动满意度	3.97				24	菜市场改造度	3.029825
25	护理院满意度	3.97				25	室外晾晒改造度	2.9857
26	交谈满意度	3.91				26	医护整体改造度	2.928787
27	餐饮满意度	3.87				27	超市改造度	2.823652
28	居委会满意度	3.84				28	药店改造度	2.746258
29	运动场馆满意度	3.84				29	卧室改造度	2.728026
30	消防站满意度	3.83				30	如厕改造度	2.694852
31	公共场所满意度	3.82				31	烹饪改造度	2.687113
32	老年大学满意度	3.74				32	餐厅改造度	2.671503
33	公交始末站满意度	3.73				33	便民店改造度	2.601211
34	竖向交通满意度	3.71				34	室内晾晒改造度	2.573292
35	健身设施满意度	3.63				35	卫生间前室改造度	2.552990
36	派出所满意度	3.63				36	书店改造度	2.549946
37	垃圾收集点满意度	3.60				37	洗衣条件改造度	2.440111
38	治安联防站满意度	3.56						
39	高中满意度	3.55						
40	街道办事处满意度	3.49						
41	商业购物满意度	3.38						
42	超市满意度	3.32						
43	居民存车处满意度	3.31						
44	物业管理满意度	3.29						
45	市政管理机构满意度	3.26						
46	居民停车场满意度	3.20						
47	养老院托老所满意度	3.03						
48	菜市场满意度	2.83						

附录七　调查问卷样表

一、武汉老城区住宅适老化改造对策调研问卷

尊敬的爷爷奶奶：

　　您好！谢谢您百忙中参与本次问卷调研。本问卷是2018年湖北省重大调研项目课题《武汉老城区住宅适老化改造对策研究》（项目批准号：LX201850，中共湖北省委政策研究室/湖北省全面深化改革领导小组办公室）关于城市老人居住满意度的调查，问卷采取不记名方式，涉及您隐私的部分将为您保密。其中所提供的答案没有正确错误之分，您的问卷将直接关系到相关部门适老化政策制定，请您按实际情况和本人意愿填写，谢谢！（请在符合的选项字母下面打"√"）

武汉理工大学，《武汉老城区住宅适老化改造对策研究》课题组

2018年6月

（一）基本资料

　　1.您在小区居住的时间。

　　A.<10年　　　B.10年≤x<20年　　　C.20年≤x<30年　　　D.30年≤x<40年　　　E.≥40年

　　2.您的性别。

　　A.男　　　　B.女

　　3.您的年龄。

　　A.55～59岁　　B.60～64岁　　C.65～69岁　　D.70～74岁　　E.75～79岁　　F.≥80岁

　　4.您的身体状况。

　　A.身体健康可照顾家人　　　B.能自理　　　C.半自理　　　D.不能自理

　　5.您的受教育程度。

　　A.未受过教育　　B.小学　　C.初中　　D.中专或高中　　E.大专　　F.本科　　G.研究生

　　6.您目前的居住状态。

　　A.独居　　　　B.夫妻合居　　　C.与家人合居　　　D.其他

　　7.您现在的居住现状：＿＿＿＿（所住楼层/总楼层＿＿＿＿＿/＿＿＿＿）

　　A.<50m²　　B.50m²≤S<70m²　　C.70m²≤S<90m²　　D.90m²≤S<120m²　　E.>120m²

　　8.您对原居养老的意愿与时间，原因是什么？

　　A.非常愿意（>10年）　　B.一般（5～10年）　　C.不愿意（<5年）　　D.其他

　　原因如下（搬去与子女同住/更换城市居住/入住专门养老机构/拆迁还建等）：

9.您推测，您的子女在此继续居住的意愿和原因：

　　　A.＜5年　　　B.5年≤x＜10年　　　C.10年≤x＜20年　　　D.20年≤x＜30年　　　E.≥30年

（二）居住生活行为发生场所调查

（请您根据您目前的居住状况在相应位置上打"√"）

空间领域 生活行为	居室个人空间						设施服务空间	住区公共空间	其他
	客厅	卧室	厨房	卫生间	餐厅	阳台	老人 服务中心	小区活动场地	
就寝									
如厕									
就餐									
洗漱									
烹饪									
洗衣									
晾晒									
医疗护理									
散步运动									
静坐观察									
个人兴趣									
阅读									
视听									
邻里交流									
集体娱乐									

注：统计中不含竖向交通。

（三）各空间满意度、重要度调研

满意度评价（5分制）1—非常不满意；2—不太满意；3—一般；4—比较满意；5—非常满意

重要度评价（5分制）1—非常不重要；2—不太重要；3—一般；4—比较重要；5—非常重要

例如，您对目前的就寝空间比较满意，并且认为就寝空间非常重要，选择如下：

生活行为	非常不满意→非常满意					非常不重要→非常重要				
就寝	1	2	3	4√	5	1	2	3	4	5√

	生活行为	非常不满意→非常满意					非常不重要→非常重要				
生存行为	就寝	1	2	3	4	5	1	2	3	4	5
	如厕	1	2	3	4	5	1	2	3	4	5
	就餐	1	2	3	4	5	1	2	3	4	5
	洗漱	1	2	3	4	5	1	2	3	4	5
	烹饪	1	2	3	4	5	1	2	3	4	5
	洗衣	1	2	3	4	5	1	2	3	4	5
	晾晒	1	2	3	4	5	1	2	3	4	5
	医疗护理	1	2	3	4	5	1	2	3	4	5
休闲行为	散步运动	1	2	3	4	5	1	2	3	4	5
	静坐观察	1	2	3	4	5	1	2	3	4	5
	个人兴趣	1	2	3	4	5	1	2	3	4	5
	阅读	1	2	3	4	5	1	2	3	4	5
	视听	1	2	3	4	5	1	2	3	4	5
社交行为	交谈	1	2	3	4	5	1	2	3	4	5
	集体娱乐	1	2	3	4	5	1	2	3	4	5
	接送小孩	1	2	3	4	5	1	2	3	4	5
其他	竖向交通	1	2	3	4	5	1	2	3	4	5
	商业购物	1	2	3	4	5	1	2	3	4	5

您对社区改造的建议？请在下面告诉我们。

_____

_____

_____

_____

（四）周边服务设施便捷度、满意度调研

便捷度评价（5分制）1—非常不便捷；2—不太便捷；3—一般；4—比较便捷；5—非常便捷

满意度评价（5分制）1—非常不满意；2—不太满意；3—一般；4—比较满意；5—非常满意

例如，您对目前的就医便捷性比较满意，并且认为医疗条件满意，选择如下：

服务	非常不便捷→非常便捷					非常不满意→非常满意				
就医	1	2	3	4√	5	1	2	3	4	5√

类别	公共服务设施	非常不便捷→非常便捷					非常不满意→非常满意				
教育	幼儿园	1	2	3	4	5	1	2	3	4	5
	小学	1	2	3	4	5	1	2	3	4	5
	初中	1	2	3	4	5	1	2	3	4	5
	高中	1	2	3	4	5	1	2	3	4	5
医疗卫生	医院	1	2	3	4	5	1	2	3	4	5
	门诊	1	2	3	4	5	1	2	3	4	5
	卫生站	1	2	3	4	5	1	2	3	4	5
	护理院	1	2	3	4	5	1	2	3	4	5
文化体育	老年大学	1	2	3	4	5	1	2	3	4	5
	老年活动中心	1	2	3	4	5	1	2	3	4	5
	居民运动场馆	1	2	3	4	5	1	2	3	4	5
	居民健身设施	1	2	3	4	5	1	2	3	4	5
商业服务	超市	1	2	3	4	5	1	2	3	4	5
	菜市场	1	2	3	4	5	1	2	3	4	5
	餐饮店	1	2	3	4	5	1	2	3	4	5
	中西药店	1	2	3	4	5	1	2	3	4	5
	书店	1	2	3	4	5	1	2	3	4	5
	便民店	1	2	3	4	5	1	2	3	4	5
金融邮电	银行/储蓄所	1	2	3	4	5	1	2	3	4	5
	电信	1	2	3	4	5	1	2	3	4	5
	邮电	1	2	3	4	5	1	2	3	4	5
社区服务	老年服务中心	1	2	3	4	5	1	2	3	4	5
	居委会	1	2	3	4	5	1	2	3	4	5
	物业管理	1	2	3	4	5	1	2	3	4	5
	治安联防站	1	2	3	4	5	1	2	3	4	5
	养老院/托老所	1	2	3	4	5	1	2	3	4	5
市政公用	公共场所	1	2	3	4	5	1	2	3	4	5
	垃圾收集点	1	2	3	4	5	1	2	3	4	5
	居民存车处	1	2	3	4	5	1	2	3	4	5
	居民停车场	1	2	3	4	5	1	2	3	4	5
	公交始末站	1	2	3	4	5	1	2	3	4	5
	消防站	1	2	3	4	5	1	2	3	4	5
	水电气服务站	1	2	3	4	5	1	2	3	4	5
行政管理	街道办事处	1	2	3	4	5	1	2	3	4	5
	市政管理机构	1	2	3	4	5	1	2	3	4	5
	派出所	1	2	3	4	5	1	2	3	4	5

您常用的公共服务设施有哪些？对相关设施改造的建议？请在下面告诉我们。

教育_____

医疗卫生＿＿＿＿＿＿＿＿＿＿＿＿＿＿＿＿＿＿＿＿＿＿＿＿＿＿＿＿＿＿＿

＿＿＿＿＿＿＿＿＿＿＿＿＿＿＿＿＿＿＿＿＿＿＿＿＿＿＿＿＿＿＿＿＿＿＿

文化体育＿＿＿＿＿＿＿＿＿＿＿＿＿＿＿＿＿＿＿＿＿＿＿＿＿＿＿＿＿＿＿

＿＿＿＿＿＿＿＿＿＿＿＿＿＿＿＿＿＿＿＿＿＿＿＿＿＿＿＿＿＿＿＿＿＿＿

商业服务＿＿＿＿＿＿＿＿＿＿＿＿＿＿＿＿＿＿＿＿＿＿＿＿＿＿＿＿＿＿＿

＿＿＿＿＿＿＿＿＿＿＿＿＿＿＿＿＿＿＿＿＿＿＿＿＿＿＿＿＿＿＿＿＿＿＿

金融邮电＿＿＿＿＿＿＿＿＿＿＿＿＿＿＿＿＿＿＿＿＿＿＿＿＿＿＿＿＿＿＿

＿＿＿＿＿＿＿＿＿＿＿＿＿＿＿＿＿＿＿＿＿＿＿＿＿＿＿＿＿＿＿＿＿＿＿

社区服务＿＿＿＿＿＿＿＿＿＿＿＿＿＿＿＿＿＿＿＿＿＿＿＿＿＿＿＿＿＿＿

＿＿＿＿＿＿＿＿＿＿＿＿＿＿＿＿＿＿＿＿＿＿＿＿＿＿＿＿＿＿＿＿＿＿＿

市政公用＿＿＿＿＿＿＿＿＿＿＿＿＿＿＿＿＿＿＿＿＿＿＿＿＿＿＿＿＿＿＿

＿＿＿＿＿＿＿＿＿＿＿＿＿＿＿＿＿＿＿＿＿＿＿＿＿＿＿＿＿＿＿＿＿＿＿

行政管理＿＿＿＿＿＿＿＿＿＿＿＿＿＿＿＿＿＿＿＿＿＿＿＿＿＿＿＿＿＿＿

＿＿＿＿＿＿＿＿＿＿＿＿＿＿＿＿＿＿＿＿＿＿＿＿＿＿＿＿＿＿＿＿＿＿＿

（五）具体改造对策调研

重要性评价（5分制）1—非常不重要；2—不太重要；3—一般；4—比较重要；5—非常重要

急迫性评价（5分制）1—非常不急迫；2—不太急迫；3—一般；4—比较急迫；5—非常急迫

此调研关涉将来小区适老化改造的方向与重点，请仔细斟酌填写。

例如，您觉得增设电梯非常重要且非常急迫，选择如下：

相关对策	非常不重要→非常重要					非常不急迫→非常急迫				
增设电梯	1	2	3	4	5√	1	2	3	4	5√

	相关对策	非常不重要→非常重要					非常不急迫→非常急迫				
户型改造	隔音降噪	1	2	3	4	5	1	2	3	4	5
	厕所改造	1	2	3	4	5	1	2	3	4	5
	厨房改造	1	2	3	4	5	1	2	3	4	5
	采光通风	1	2	3	4	5	1	2	3	4	5
	入户空间	1	2	3	4	5	1	2	3	4	5
	增设电梯	1	2	3	4	5	1	2	3	4	5
	公共楼道照明	1	2	3	4	5	1	2	3	4	5
	阳台改造	1	2	3	4	5	1	2	3	4	5

相关对策		非常不重要→非常重要					非常不急迫→非常急迫				
环境改造	入户坡道	1	2	3	4	5	1	2	3	4	5
	室外铺地	1	2	3	4	5	1	2	3	4	5
	活动广场	1	2	3	4	5	1	2	3	4	5
	非机动车停放	1	2	3	4	5	1	2	3	4	5
	机动车停放	1	2	3	4	5	1	2	3	4	5
	衣服晾晒	1	2	3	4	5	1	2	3	4	5
	健身器材	1	2	3	4	5	1	2	3	4	5
	门禁监控	1	2	3	4	5	1	2	3	4	5
	绿化环境	1	2	3	4	5	1	2	3	4	5
	照明环境	1	2	3	4	5	1	2	3	4	5
	排水环境	1	2	3	4	5	1	2	3	4	5
医疗设施	社区医疗服务	1	2	3	4	5	1	2	3	4	5
	签约医生	1	2	3	4	5	1	2	3	4	5
	老年呼叫系统	1	2	3	4	5	1	2	3	4	5
其他	小区无障碍	1	2	3	4	5	1	2	3	4	5

除此之外，您还觉得哪些方面非常重要亟须改进。

（六）经济与政策导向调研

1．住房反向抵押

（1）您对于住房反向抵押了解吗？（若选A或B，进行下一问题）

A.非常了解　　　B.比较了解　　　C.不了解

（2）愿意通过住房反向抵押来解决养老资金问题吗？

A.非常愿意　　　B.比较愿意　　　C.一般　　　D.反对

2．适老化改造

（1）"户型改造"适老化资金筹措

A.政府配套公益资金　　　B.房地产/物业投资　　　C.户主自行解决　　　D.相互结合

（2）资金筹措中户主摊派比例

相关选项	选项：A.全额公共资金→F.户主全资					
	公共资金	10%<x≤30%	30%<x≤50%	50%<x≤70%	70%<x<100%	户主全资
电梯增设	A	B	C	D	E	F
隔音窗安装	A	B	C	D	E	F
厕所改造	A	B	C	D	E	F
厨房改造	A	B	C	D	E	F
采光通风	A	B	C	D	E	F
入户空间	A	B	C	D	E	F
公共楼道照明	A	B	C	D	E	F

相关选项	选项：A.全额公共资金→F.户主全资					
	公共资金	10%＜x≤30%	30%＜x≤50%	50%＜x≤70%	70%＜x＜100%	户主全资
阳台改造	A	B	C	D	E	F
入户坡道	A	B	C	D	E	F
非机动车停放	A	B	C	D	E	F
门禁监控	A	B	C	D	E	F
签约医生	A	B	C	D	E	F
老年呼叫系统	A	B	C	D	E	F

除此之外，按照之前提及的"具体改造策略"中户型改造相应选项，您还觉得哪些方面您愿意出资进行适老化改造，比例如何？

_____

_____

因关乎政策制定，此次调研时间略长，真诚感谢您对本次调研的支持与协助!

二、里分社区居住环境满意度调查问卷

各位居民：

您好! 感谢您在百忙中参与本次问卷调研。本次调研旨在了解里分社区内部老人基本居住状况、对居住环境满意度等方面的内容，问卷采取不记名方式，涉及您隐私的部分将为您保密。其中所提供的答案没有正确错误之分，请您按实际情况和本人意愿填写，谢谢!

武汉理工大学 土木工程与建筑学院

2017.2

（一）基本资料

请在符合的选项字母下面打"√"。

1.您的性别。

　A.男　　　B.女

2.您的年龄。

　A.55～59岁　　　B.60～69岁　　　C.70～79岁　　　D.≥80岁

3.您的身体状况。

　A.身体健康可照顾家人　　　B.能自理　　　C.半自理　　　D.不能自理

4.您的受教育程度。

　A.未受过教育　　　B.小学　　　C.初中　　　D.中专、高中　　　E.大专及以上

5.您目前的居住状态。

　　A.独居　　　　B.夫妻合居　　　　C.与家人合居　　　　D.其他

6.您在此居住的时间。

　　A.10～19年　　　B.20～29年　　　C.30～39年　　　D.≥40年

（二）居住环境满意度调查

请在最能反映您满意程度的选项上打"√"。

		请您评价相关指标的满意程度	非常满意	一般满意	比较满意	不满意	非常不满意
人居环境	1	建筑质量					
	2	建筑外观					
	3	绿化水平					
	4	街巷宽度					
	5	入口空间大小					
	6	室外活动场地					
	7	环境卫生					
	8	文化建设					
	9	邻里关系					
	10	安全防护					
居住空间	11	居住面积					
	12	户型结构					
	13	通风采光条件					
	14	水电配套设施（水电、通信、网络等）					
	15	无障碍设计（坡道、扶手等）					
	16	住房私密性					
配套设施	17	休闲娱乐设施					
	18	便民服务设施					
区位条件	19	交通出行便利性					
	20	社区周边商业配套及便利性					
	21	社区周边医疗服务设施及便利性					
	22	社区周边文化教育设施及便利性					
	23	社区周边公共活动绿地及便利性					

您对社区改造的建议？请在下面告诉我们。

_____

_____

再次真诚感谢您对本次调研的支持与协助！

_____

_____

（三）汉润里适老化改造策略评价调查问卷

1.通过更新建筑界面、重构空间体系、优化景观环境对汉润里的人居环境进行改善。

　　A.非常赞同　　　B.比较赞同　　　C.不赞同

2.通过丰富居住类型、优化居住单元（添加适老化设施，改善通风采光，增大居住面积等）对汉润里居住空间进行改造，同时在社区内加入老年公寓建筑，为老人提供医疗照护服务。

　　A.非常赞同　　　B.比较赞同　　　C.不赞同

3.将原有部分居室改造成社区医疗中心，同时完善社区内活动室、便民超市、社区食堂、管理办公等配套设施。

　　A.非常赞同　　　B.比较赞同　　　C.不赞同

4.利用武汉市中心医院资源安排医师定期上门看诊。

　　A.非常赞同　　　B.比较赞同　　　C.不赞同

5.与武汉市中心医院形成绿色就医通道，使重大疾病得到快速转诊。

　　A.非常赞同　　　B.比较赞同　　　C.不赞同

（四）坤厚里适老化改造策略评价调查问卷

1.通过更新建筑界面、重构空间体系、优化景观环境对坤厚里的人居环境进行改善，同时丰富交往空间层次，为居民创造更多交往空间。

　　A.非常赞同　　　B.比较赞同　　　C.不赞同

2.通过丰富居住类型、优化居住单元（添加适老化设施，改善通风采光，增大居住面积等）对坤厚里居住空间进行改造。

　　A.非常赞同　　　B.比较赞同　　　C.不赞同

3.将原有部分居室改造成老年活动中心，开辟室外活动空间，同时完善社区内医疗卫生站、便民超市、社区食堂、管理办公等配套设施。

　　A.非常赞同　　　B.比较赞同　　　C.不赞同

4.利用江滩公园场地定期开展社区娱乐活动。

　　A.非常赞同　　　B.比较赞同　　　C.不赞同

5.坤厚里与江滩公园之间修建适老化休闲绿道。

　　A.非常赞同　　　B.比较赞同　　　C.不赞同

（五）同兴里适老化改造策略评价调查问卷

1.通过更新建筑界面、重构空间体系、优化景观环境对同兴里的人居环境进行改善。

　　A.非常赞同　　　B.比较赞同　　　C.不赞同

2.通过丰富居住类型、优化居住单元（添加适老化设施，改善通风采光，增大居住面积等）对同兴里居住空间进行改造。

    A.非常赞同   B.比较赞同   C.不赞同

3.将原有部分居室改造成老年教育中心，同时完善社区内医疗卫生站、便民超市、社区食堂、管理办公等配套设施。

    A.非常赞同   B.比较赞同   C.不赞同

4.结合黎黄陂路街头博物馆与周边历史建筑打造文化教育展廊，定期举行文化摄影展、书画展、革命历史展、政治时事专栏等展览。

    A.非常赞同   B.比较赞同   C.不赞同

参考文献

专（译）著

[1]穆光宗. 家庭养老制度的传统与变革——基于东亚和东南亚地区的一项比较研究[M]. 北京：华龄出版社，2002.

[2]《汉口租界志》编纂委员会. 汉口租界志[M]. 武汉：武汉出版社，2003.

[3]李百浩，湖北省建设厅. 湖北近代建筑[M]. 北京：中国建筑工业出版社，2005.

[4]邬沧萍，姜向群. 老年学概论[M]. 北京：中国人民大学出版社，2006.

[5]周燕珉，等. 住宅精细化设计[M]. 北京：中国建筑工业出版社，2008.

[6]陈露晓. 老年人的社会交往心理[M]. 北京：中国社会出版社，2009.

[7]周燕珉. 老年住宅[M]. 北京：中国建筑工业出版社，2011.

[8]吴玉韶，党俊武. 中国老龄产业发展报告[M]. 北京：社会科学文献出版社，2014.

[9]（丹麦）盖尔. 交往与空间[M]. 何人可，译. 北京：中国建筑工业出版社，2002.

[10]（加拿大）雅各布斯. 美国大城市的死与生[M]. 金衡山，译. 南京：译林出版社，2005.

[11]（日）芦原义信. 街道的美学[M]. 尹培桐，译. 天津：百花文艺出版社，2006.

[12]（美）柏金斯，霍格伦，金，等. 老年居住建筑[M]. 李菁，译. 北京：中国建筑工业出版社，2008.

[13]（日）财团法人 高龄者住宅财团. 老年住宅设计手册[M]. 博洛尼精装研究院，中国建筑标准设计研究院，日本市浦设计，译. 北京：中国建筑工业出版社，2011.

期刊

[14]叶耀先. 适应老龄社会的住宅[J]. 建筑学报，1997（11）：18-20.

[15]李百浩，徐宇甦，吴凌. 武汉近代里分住宅研究[J]. 华中建筑，2000，11（03）：116-117.

[16]李百浩，徐宇甦，吴凌. 武汉近代里分住宅发展、类型及其特征研究[J]. 华中建筑，2000，11（03）：103-105.

[17]王星云，张春煦. 略论"精神赡养"[J]. 胜利油田党校学报，2001，14（02）：105-106.

[18]刘颂. 老年精神生活：一个亟待关注的社会问题——老年人群精神生活现状的调查与研究[J]. 南京社会科学，2002（04）：80-86.

[19]邱宏伟. 关注老年人精神文化生活 提高生活质量[J]. 中南民族大学学报：人文社会科学版，2003，23（02）：21-22.

[20]穆光宗. 老龄人口的精神赡养问题[J]. 中国人民大学学报，2004（04）：124-129.

[21]李瑞芬，童春林. 中国老年人精神赡养问题[J]. 中国老年学杂志，2006，26（12）：1754-1755.

[22]顾林正. 家庭变迁与老龄化人口的精神赡养问题[J]. 医学与社会，2006，19（11）：19-21.

[23]周卫. 从等级空间切入的城市历史性住区改良——以汉润里住区更新为例[J]. 建筑学报，2008（04）：22-25.

[24]张莹. 旧住区人口老龄化与环境的适应性改造[J]. 山西建筑，2009（13）：43-44.

[25]翟宏，胡康. 人口老龄化进程中老年人精神赡养问题的探讨[J]. 赣南师范学院学报，2011（04）：111-114.

[26]罗睿，彭雷. 武汉近代里分住宅更新保护研究——以坤厚里片区为例[J]. 华中建筑，2012（06）：162-166.

[27]皮海峰，徐永丽. 和谐社会视野下农村老年人的精神赡养[J]. 中南民族大学学报：人文社会科学版，2013（03）：91-94.

[28]李纤滢，龚春. 城市老人精神赡养的社区模式探索[J]. 改革与开放，2014（05）：60-62.

学位论文

[29]田燕. 汉口原租界区里分住宅"再生式"更新策略研究——以汉口同兴里片区里分住宅为例[D]. 武汉：华中科技大学，2007.

[30]薛桂芳. 我国人口老龄化问题中的政策缺失及老龄政策体系建构[D]. 南京：东南大学，2008.

[31]张晓璇. 中国城市老年人精神赡养问题研究[D]. 保定：河北大学，2010.

[32]卢玉. 武汉里分的改造探讨：以汉口汉润里为例[D]. 武汉：华中科技大学，2010.

[33]谷鲁奇. 面向老人的旧住宅区公共活动空间更新方法研究[D]. 重庆：重庆大学，2010.

[34]王璐. 旧住宅的适老性改造[D]. 济南：山东建筑大学，2010.

[35]吴仕超. 基于养老问题的西安市旧住宅区改造研究[D]. 西安：西安建筑科技大学，2010.

[36]刘婧娇. 吉林省老龄人口精神赡养研究[D]. 长春：吉林大学，2011.

[37]陶澈. 我国城市混合老年社区规划研究[D]. 广州：华南理工大学，2012.

[38]何青峰. 老龄化背景下城市"适老化"住宅建设研究：以浙江省为例[D]. 杭州：浙江大学，2012.

[39]雷志铿. 广州地区1980年代多层住宅适老化改造研究[D]. 广州：华南理工大学，2012.

[40]李子文. 近代武汉里分街区的环境设计分析与景观再造：以武汉江岸区一元路岳飞街为例[D]. 武汉：湖北工业大学，2013.

[41]崔娌. 成都市社区综合养老服务配套设施规划研究[D]. 西安：西安交通大学，2014.

[42]钟青静. 杭州上世纪80年代住宅适老化改造研究[D]. 杭州：浙江大学，2014.

[43]戴靓华. 医养理念导向下的城市社区适老化设施营建体系与策略[D]. 杭州：浙江大学，2015.

[44]徐含成. 昆明地区度假养老社区建筑设计研究——以昆明转龙镇马鹿山度假养老社区为例[D]. 昆明：昆明理工大学，2015.

[45]梁明. 20世纪80年代城市多层单元式住宅适老化改造设计研究——以长江中下游的5种户型为例[D]. 武汉：华中科技大学，2015.

[46]苏清. 社区养老模式下旧住宅小区适老化改造设计研究——以徐州市为例[D]. 北京：中国矿业大学，2015.

国外文献

[47]NIERSTRASZ J. Building for the Aged[M]. Amsterdam：Elsevier Publishing Company，1961.

[48]CHRISTIAN Norberg-SCHULZ. Existence, Space and Architecture[M]. SanFrancisco：Praeger Publishers，1971.

[49]QUINN W H. Personal and Family Adjustment in Later Life[J]. Journal of Marriage and the

Family，1983（03）：57-73.

[50]CARSTENS D Y．Site Planning and Design for the Elderly[M]．NY：John Wiley & Sons，Inc.，1985.

[51]SMITH N，WILLIAMS P．Gentrification of the City[M]．Boston：Allen&Unwin，1986.

[52]CARSTENS D Y．Site Planning and Design for the Elderly：Issues，Guidelines，and Alternatives[M]．NY：John Wiley & Sons，Inc.，1993.

[53]TIESDELL S，OC T，HEALTH T．Revitalizing Historic Urban Quarters[M]．London：Routledge，1996.

[54]ROWE J W．Successful Aging[J]．The Gerontologist，1998，37（4）：433-440.

[55]WINES J．Green Architecture[M]．Koln：Taschen，2000.

[56]PALLONI A，MCENIRY M．Aging and Health Status of Elderly in Latin America and the Caribbean：Preliminary Findings[J]．Journal of Cross-Cultural Gerontology，2007（02）：56-59.